新工科×新商科·电子商务系列教材

南京大学研究生"三个一百"优质课程建设项目

企业资源计划(ERP)原理与应用

陈 曦 郑称德 姜 杨 编著

电子工业出版社
Publishing House of Electronics Industry
北京·BEIJING

内 容 简 介

企业资源计划(ERP)是现代企业普遍采用的一种先进的信息化管理模式。本书对 ERP 的基本原理、处理逻辑和功能模块及应用进行了详细而全面的介绍，重点介绍了 ERP 计划管理体系中的主生产计划、物料需求计划和能力需求计划等内容。

本书可作为高等院校的管理类专业，如工业工程、工商管理、物流管理、电子商务、信息管理与信息系统等专业本科生和研究生的专业课教材或参考书，也可作为企业相关管理人员的培训参考用书。

未经许可，不得以任何方式复制或抄袭本书之部分或全部内容。
版权所有，侵权必究。

图书在版编目（CIP）数据

企业资源计划（ERP）原理与应用 / 陈曦，郑称德，姜杨编著. —北京：电子工业出版社，2023.9
ISBN 978-7-121-46380-8

Ⅰ．①企… Ⅱ．①陈… ②郑… ③姜… Ⅲ．①企业管理－计算机管理系统 Ⅳ．①F272.7

中国国家版本馆 CIP 数据核字（2023）第 176798 号

责任编辑：王二华　　特约编辑：角志磐
印　　　刷：三河市良远印务有限公司
装　　　订：三河市良远印务有限公司
出版发行：电子工业出版社
　　　　　北京市海淀区万寿路 173 信箱　　邮编：100036
开　　本：787×1092　1/16　　印张：16.25　　字数：395.2 千字
版　　次：2023 年 9 月第 1 版
印　　次：2023 年 9 月第 1 次印刷
定　　价：49.00 元

凡所购买电子工业出版社图书有缺损问题，请向购买书店调换。若书店售缺，请与本社发行部联系，联系及邮购电话：（010）88254888，88258888。
质量投诉请发邮件至 zlts@phei.com.cn，盗版侵权举报请发邮件至 dbqq@phei.com.cn。
本书咨询联系方式：wangrh@phei.com.cn。

前　言

ERP（Enterprise Resource Planning，企业资源计划）是当前国际上应用最广泛、最有效的一种企业管理方法，为企业的信息化集成提供了最佳方案。在 ERP 漫长的发展过程中，ERP 的管理思想和方法通过相应的软件产品得到了实现，即 ERP 企业管理软件系统，其成熟的产品有 SAP、Oracle 等，而且这些 ERP 系统中大多也包含了来自现代企业的最佳实践和最佳业务流程的功能。ERP 的管理思想和方法已经在美国等工业发达国家得到了广泛的应用，并取得了显著的经济效益。

早在 20 世纪 80 年代，我国的企业开始接触 MRP Ⅱ（Manufacturing Resource Planning，制造资源计划）。MRP Ⅱ 的管理思想集中体现了企业生产经营过程中的客观规律和需求，MRP Ⅱ 的功能覆盖市场预测、生产计划、物料需求、能力需求、库存控制、车间管理、产品销售和生产过程及所有相关的财务活动，为企业提供了有效的计划、控制工具和完整的知识体系。ERP 则是在 MRP Ⅱ 基础上的扩充和发展，为企业的信息化建设提供了更为全面的解决方案，它的核心在于充分利用现代信息技术，将企业供应链流程中的物流、资金流和信息流统一起来进行管理，对企业所拥有的资金、物料、设备、技术、人力等资源进行合理调配，科学有效地管理企业各项生产运作活动，从而使企业在激烈的市场竞争中获得更强大的竞争力。

ERP 的管理思想和方法顺应了现代企业面临全球化市场竞争的管理需求，即在供应链流程中进行信息集成处理，具有先进的现代企业管理模式。国内外众多 ERP 成功实施的案例表明，实施 ERP 可以给企业带来如下好处：第一，提供集成的管理信息，实现业务数据和资料共享；第二，由于数据录入的单一性和数据处理的自动性，数据的准确性和及时性得到了极大的提高；第三，强化了风险管理，固化了业务流程；第四，可以提供绩效评估所需的数据；第五，通过与外部系统的集成，可以使企业员工、股东、合作伙伴、客户、供应商等进行及时、准确的沟通。

尽管已经有许多实施 ERP 给企业带来效益的成功案例，但仍然有很多企业未能成功地实施 ERP 系统并取得潜在收益，ERP 系统甚至成为企业的包袱。业界广为流传的说法是 ERP 在我国企业实施的成功率不到 20%。这些企业实施 ERP 并不理想的原因是多方面的，有复杂多变的市场环境的影响，也有企业自身的原因，而其中重要的一个方面就是由于人们对 ERP 的实施和应用存在很大的盲目性，对 ERP 的原理和方法的理解不够深刻，缺乏针对实施和应用过程中遇到问题的有效应对措施。

当代社会已经进入 21 世纪，ERP 迎来了它的普及时代，在新形势下会有越来越多的企业应用 ERP，希望由此实现企业管理的信息化，提高企业的应变能力和竞争优势。因此，对 ERP 的原理和方法的普及显得尤其重要。本书以此为出发点，紧紧围绕 ERP 的原理和方法的核心问题，系统地阐述了 ERP 的概念、计划层次、逻辑流程等内容，并结合具体案例来诠释 ERP 的管理思想和方法。

本书的特色在于：在内容范围上，全面介绍 ERP 的原理，涵盖基本概念、发展历程、应用现状及趋势、销售需求管理、主生产计划、物料需求计划、能力计划、车间作业计划、采购及库存管理、成本管理、财务管理、人力资源管理和质量管理等；在结构体系上，给出了 ERP 的整体框架，各章的研究内容依据该框架从不同视角进行陈述，具有关联性并构成了一个整体，且章节中加入思考题，有助于读者理解和巩固知识；在写作上，力求以通俗易懂的语言和方式呈现 ERP 的基础知识，以满足不同读者的需求。

  本书可作为高等院校的管理类专业，如工业工程、工商管理、物流管理、电子商务、信息管理与信息系统等专业本科生和研究生的专业课教材或参考书，也可作为企业相关管理人员的培训参考用书。

  本书在编写过程中，参考了来自众多专家学者、顾问、企业管理者的文献、资料，并得到了很多老师的热情帮助，由于时间关系并未在书中一一标注，在此特向文献、资料的原著者和原创者，以及老师和同学表示衷心的感谢。

  由于作者水平所限，书中难免存在不足之处，殷切希望读者批评指正。

目 录

第1章 绪论 ... 1
1.1 ERP基本概念 ... 1
1.1.1 ERP的定义 ... 1
1.1.2 ERP的内涵 ... 4
1.2 ERP的发展历程 ... 5
1.2.1 订货点法 ... 5
1.2.2 MRP ... 8
1.2.3 闭环MRP ... 9
1.2.4 MRP Ⅱ ... 9
1.2.5 ERP ... 10
1.2.6 ERP Ⅱ ... 14
1.2.7 ERP的发展历程总结 ... 15
1.3 ERP为企业带来的经济效益 ... 17
1.4 ERP的发展和应用现状 ... 20
本章思考题 ... 24

第2章 需求管理 ... 27
2.1 需求管理概述 ... 27
2.1.1 销售环境与生产类型 ... 27
2.1.2 销售管理 ... 28
2.1.3 销售预测 ... 29
2.2 分销网络的销售需求管理 ... 39
2.2.1 分销与分销网络 ... 39
2.2.2 分销需求计划的概念 ... 39
2.2.3 分销需求计划的基本原理 ... 40
2.2.4 分销需求计划的计算 ... 42
2.3 销售评估与控制 ... 43
2.3.1 销售分析 ... 43
2.3.2 市场份额分析 ... 44
2.3.3 费用与销售额的比率分析 ... 45
本章思考题 ... 45

第3章 ERP计划管理概述 ... 49
3.1 ERP计划管理体系 ... 49

3.1.1 企业生产计划层次 49
3.1.2 ERP 计划管理体系层次划分 51
3.2 生产计划大纲 54
3.2.1 生产计划大纲概述 54
3.2.2 生产计划大纲的制定过程 55
3.2.3 生产计划大纲的制定方法 56
本章思考题 60

第 4 章 主生产计划 61
4.1 主生产计划概述 61
4.1.1 主生产计划的概念和作用 61
4.1.2 主生产计划的计划对象 63
4.1.3 主生产计划与生产计划大纲的关系 64
4.1.4 主生产计划的时间基准 64
4.2 主生产计划的制订 68
4.2.1 主生产计划的制订原则和约束条件 68
4.2.2 主生产计划的制订步骤 70
4.2.3 主生产计划的计算 72
4.3 主生产计划的制订技巧 85
本章思考题 89

第 5 章 物料需求计划 91
5.1 物料清单 91
5.1.1 物料清单概述 91
5.1.2 物料清单的种类 95
5.1.3 物料清单的输出形式 96
5.2 物料需求计划概述 101
5.2.1 物料需求计划的定义和作用 101
5.2.2 物料需求计划的基本逻辑 102
5.2.3 物料需求计划的输入和输出 102
5.3 物料需求计划的计算 104
5.3.1 物料需求计划的计算过程 104
5.3.2 物料需求计划的计算示例 105
5.4 物料需求计划的运行方式 112
本章思考题 114

第 6 章 能力计划 116
6.1 能力计划概述 116
6.1.1 能力与能力计划的概念 116
6.1.2 工作中心与关键工作中心 117

  6.1.3 工艺路线 ·········· 121
 6.2 资源需求计划 ·········· 123
  6.2.1 资源需求计划概述 ·········· 123
  6.2.2 资源需求计划的制订 ·········· 124
 6.3 粗能力计划 ·········· 125
  6.3.1 粗能力计划概述 ·········· 125
  6.3.2 粗能力计划的制订 ·········· 126
 6.4 能力需求计划 ·········· 130
  6.4.1 能力需求计划概述 ·········· 130
  6.4.2 能力需求计划的制订 ·········· 132
 本章思考题 ·········· 138

第7章 车间作业计划 ·········· 139
 7.1 车间作业计划概述 ·········· 139
 7.2 车间作业计划的步骤及其内容 ·········· 141
 7.3 作业排序 ·········· 146
  7.3.1 作业排序概述 ·········· 146
  7.3.2 作业排序规则 ·········· 147
  7.3.3 作业排序方案评价 ·········· 152
 7.4 车间作业控制 ·········· 152
 本章思考题 ·········· 155

第8章 采购管理 ·········· 156
 8.1 采购管理概述 ·········· 156
  8.1.1 采购与采购管理的概念 ·········· 156
  8.1.2 采购管理的作用 ·········· 157
  8.1.3 采购管理的基本内容 ·········· 160
  8.1.4 采购管理的基本流程 ·········· 162
 8.2 供应商管理 ·········· 163
  8.2.1 供应商管理概述 ·········· 163
  8.2.2 供应商选择 ·········· 164
  8.2.3 供应商评价 ·········· 168
 8.3 采购绩效评价 ·········· 170
  8.3.1 采购绩效评价指标 ·········· 170
  8.3.2 采购绩效评价示例 ·········· 171
 8.4 ERP系统的采购管理 ·········· 172
  8.4.1 传统采购流程及变迁 ·········· 172
  8.4.2 ERP系统的采购管理业务流程 ·········· 173
  8.4.3 采购管理模块与其他模块的关系 ·········· 175
 本章思考题 ·········· 175

第 9 章　库存管理 ... 177

9.1　库存管理概述 ... 177
9.1.1　库存概述 ... 177
9.1.2　库存管理的基本内容 ... 179
9.1.3　库存管理的基本流程 ... 181

9.2　ERP 库存管理策略 ... 181
9.2.1　库存管理方法 ... 181
9.2.2　安全库存及其设定 ... 189
9.2.3　库存盘点方法 ... 190

9.3　ERP 库存管理系统业务处理 ... 191
9.3.1　库存控制任务 ... 191
9.3.2　库存管理业务 ... 192
9.3.3　库存管理模块与系统其他功能模块的关系 ... 195

本章思考题 ... 196

第 10 章　成本管理 ... 200

10.1　成本管理概述 ... 200
10.1.1　成本管理的概念和作用 ... 200
10.1.2　企业成本的构成 ... 201
10.1.3　ERP 系统的成本类型 ... 203

10.2　ERP 系统的成本计算 ... 204
10.2.1　ERP 系统成本计算数据 ... 204
10.2.2　ERP 系统成本计算方法 ... 204

10.3　成本管理方法 ... 207
10.3.1　作业成本法 ... 207
10.3.2　目标成本法 ... 210

10.4　成本差异分析 ... 214
本章思考题 ... 216

第 11 章　ERP 系统其他管理功能 ... 217

11.1　财务管理 ... 217
11.1.1　财务管理的功能 ... 217
11.1.2　财务管理的业务流程 ... 219
11.1.3　财务管理模块与其他模块的关系 ... 220

11.2　人力资源管理 ... 220
11.2.1　人力资源管理的功能 ... 221
11.2.2　人力资源管理的业务流程 ... 222
11.2.3　人力资源管理模块与其他模块的关系 ... 223

11.3　质量管理 ... 223
11.3.1　质量管理的功能 ... 224

	11.3.2 ERP 系统质量管理模块的功能	225
	11.3.3 质量管理模块与其他模块的关系	230
本章思考题		231

第 12 章 高级计划与排程 ·················· 232
12.1 APS 概述 ·················· 232
12.1.1 供应链计划问题 ·················· 232
12.1.2 APS 的概念与特点 ·················· 234
12.1.3 APS 的具体功能 ·················· 238
12.2 APS 的计划功能分析 ·················· 239
12.2.1 APS 的计划选项 ·················· 239
12.2.2 APS 的计划优化过程 ·················· 242
本章思考题 ·················· 244

参考文献 ·················· 247

第1章 绪 论

ERP 在中国有近 30 年的曲折历程，它曾使许多企业经受了信息化管理的失败，因而备受争议和质疑；它也曾为企业带来了令人瞩目的经济效益，为企业的信息化管理能力和综合管理水平的提高做出了巨大贡献。对于我们而言，ERP 不再是一个陌生的名词，但对其定义、内涵等相关的基本概念及在发展中的演变过程的认识是否正确呢？对此我们的脑海中可能存在着各种问题，首先解决好这些问题，才能进一步正确理解 ERP 的原理和应用。本书在绪论部分将讲述 ERP 的定义及内涵，介绍 ERP 系统的发展历程、ERP 为企业带来的经济效益及 ERP 的发展和应用现状，旨在为读者建立起对 ERP 的宏观认识。

1.1 ERP 基本概念

1.1.1 ERP 的定义

ERP(Enterprise Resource Planning，企业资源计划)虽然已经被广泛应用到企业的经营管理当中，但至今仍没有统一的定义。各地、各行业的专家、学者、研究界、企业界从不同的观察角度和理解程度对 ERP 进行表述，观察角度不同，理解程度不同，ERP 就有不同的内涵和外延。随着时代变迁，ERP 作为一个发展性的概念，其内涵和外延也越来越丰富。

1. 什么是 ERP

对 ERP 的定义比较一致的说法认为：ERP 是由 20 世纪 40 年代的订货点法、20 世纪 60 年代的 MRP(Material Requirements Planning，物料需求计划)、闭环 MRP，以及 20 世纪 80 年代的 MRP Ⅱ (Manufacturing Resource Planning，制造资源计划)发展而来的，是由美国著名的计算机技术咨询和评估集团 Gartner Group 在 20 世纪 90 年代初总结 MRP Ⅱ 的发展趋势而提出的。ERP 产生于市场竞争的需求和实践经验的总结，其思想和方法已经在美国等工业较发达的国家得到了广泛的应用并取得了显著的经济效益。

Gartner Group 还通过一系列的功能标准来界定 ERP，并从软件功能范围、软件应用环境、软件功能增强和软件支持技术 4 个方面对 ERP 进行了评价。

① 超越 MRP Ⅱ 范围的集成功能。相对于标准 MRP Ⅱ 来说，ERP 的扩展功能包括：质量管理、实验室管理、流程作业管理、配方管理、产品数据管理、维护管理、管制报告和

仓库管理。这些扩展功能仅是 ERP 超越 MRPⅡ 功能范围的首要扩展对象，并非包含全部 ERP 标准功能。由于 ERP 的发展尚未达到 MRPⅡ 的标准和规范，因此目前尚不能像 MRPⅡ 一样形成一个"ERP 标准系统"。

②支持混合方式的制造环境，包括 3 种情况：生产方式的混合，可支持离散型制造、连续型制造、MTO、MTS、ATO、ETO 及大批量生产的混合；环境经营方式的混合，适合于国内经营与国外经营的全球范围内的应用；生产、分销和服务等业务的混合，具有按照面向对象的业务模型组合业务过程的能力。

③支持能动的监控能力，包括在整个企业内采用控制和工程方法的能力、模拟能力、决策支持能力和用于生产及分析的图形能力。

④支持开放的客户机/服务器环境，包括客户机/服务器体系结构、图形用户界面(GUI)、计算机辅助设计工程(CASE)和面向对象技术、使用 SQL 语言对关系数据库进行查询、内部集成的工程系统、业务系统、数据采集和外部集成(EDI)。

以上 4 个方面分别从软件功能范围、软件应用环境、软件功能增强和软件支持技术上对 ERP 进行了界定，反映了 20 世纪 90 年代以来对制造系统在功能和技术上的客观需求。

从上述描述中可以看出，要理解 ERP，首先必须了解 MRPⅡ 及其发展历史，这段历史反映了传统制造企业管理思想和管理工具的发展历程。作为重要的阶段性成果，MRPⅡ 是一种以工业工程的计划和控制为主线的现代企业生产管理模式和组织生产的方式。而以此为基础扩展而来的 ERP，对管理者而言，首先是一种全面企业的管理模式，是一种以工业企业(特别是制造企业)特征为基础，并逐步推广、扩充，适用于各类企业(包括非制造企业)的一种管理思想和方法。

再者，无论是 MRPⅡ 还是 ERP，它们的发展和广泛应用与信息技术的发展和应用有着密不可分的关系。可以说，信息技术在最初的发展中主要是一种现代化的软件工具，管理思想借助软件工具得以实现，而 ERP 的发展在很大程度上得益于信息技术的发展，是技术与思想的融合、互动成就了 ERP 这一企业信息管理综合解决方案。从信息系统角度而言，下面两个定义分别从功能和技术特征两个方面描述了这类信息系统的特征。

- ERP 是一种集企业管理和信息管理技术于一体的企业信息系统，能够全面记录经营活动中各种业务流程操作，及时向管理层面提供有效果的决策支持。
- ERP 是一种功能非常全面的软件包解决方案，通过共享的信息和数据流整合企业流程。它试图将企业内的所有部门和功能整合在一个单一的计算机系统中，并满足各部门的特定需求。

此外，著名的 SAP 公司推出了 mySAP ERP，并对 ERP 进行了重新定义。SAP 公司认为：ERP 应该能够快速适应市场变化，实时感知并响应客户需求；能够将流程扩展到企业外部，把客户、供应商和合作伙伴包括进来；可升级的 ERP 软件与灵活的开放技术平台相结合，便于本系统内部及与其他系统的集成，并适应业务战略实施的敏捷性需求。ERP 还能对那些影响企业运营与收入增长的市场和技术变化做出计划和响应；能够提供支持国际运营的完整解决方案，使企业在全球范围实现有效而成功的运作和竞争。ERP 应具有完整的自主服务、智能分析、财务管理、人力资源管理、运营管理(包括采购、销售、生产与物流)及服务等功能，还应包括对用户管理、配置管理、集中数据管理和 Web 服务管理等系统管理功能的支持。

关于 ERP 的定义，也分别有了 IT 界的系统派与学术界的理念派的不同理解。IT 界的系统派强调 ERP 软件本身，如技术先进性、易用性及管理功能，关注软件包和流程设计的复杂性。学术界的理念派则认为：ERP 是一种理念，它的主要目的是帮助企业进行不同业务的整体集成，而 ERP 软件只不过是实现这个目的的工具和技术架构，他们关注 ERP 对不同业务职能绩效的潜在影响。[①]

2. ERP 概念层次图

ERP 是一个复杂的信息系统，对管理者而言也是一个复杂的概念。ERP 的概念层次图（图 1-1）遵循信息系统的认知规律，从不同角度为 ERP 提供了新的定义。

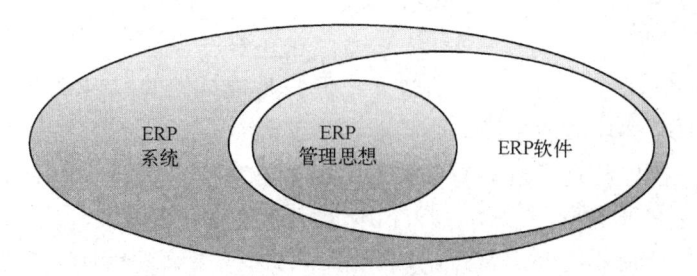

图 1-1　ERP 概念层次图

对应于图 1-1，通常从管理思想、软件、系统 3 个方面给出 ERP 的定义。
- 从管理思想的角度：ERP 管理思想是 Gartner Group 提出并为业界广为接受的一整套企业管理系统体系标准，其实质是在 MRP Ⅱ 的基础上进一步发展而成的面向供应链（Supply Chain）的管理思想。其核心是使用统一的计划与及时反馈的方法对整个供应链的资源进行管理。
- 从软件的角度：ERP 软件指软件开发商借助现代信息产业成果推出的基于 ERP 管理思想和整合了企业业务运营标准模式的商品化应用软件包。ERP 软件一般会综合应用客户机/服务器网络体系（C/S、B/S）、关系数据库结构、面向对象技术（OOT）、图形用户界面（GUI）、第四代语言（4GL）、网络通信等信息产业成果，构成信息沟通和共享网络，面向企业信息化管理。一方面，软件的发展历程不同，财务、人力资源、生产等软件均可能发展成为 ERP 软件；另一方面，软件定位不同，ERP 软件可能是针对大中小不同规模的企业提供的。因此，市场上的 ERP 软件也各有特色，无论是系统应用特点，还是功能模块的划分与深入程度，都不尽相同。不同 ERP 软件之间，虽然行业针对性、功能模块数量与名称有较大差别，但制造管理、供应链管理、财务管理、人力资源管理、项目管理、针对性的行业应用等功能是大部分 ERP 软件均可以提供的。
- 从系统的角度：ERP 系统指已经运行的，基于某种 ERP 软件的，整合了企业管理理念、业务流程、基础数据、管理者与操作人员等企业资源的，与实现 ERP 的计算机软硬件于一体的一个完整的企业资源管理系统。

3. 对 ERP 的总结性定义

综合以上各种对 ERP 的定义和解释，本书给出 ERP 的总结性定义：ERP 是一种对销

[①] JACOBS F, BENDOLY E. Enterprise Resource Planning: Developments and Directions for Operations Management Research[J]. European Journal of Operational Research, 2003, 146(2): 283-296.

售、采购、制造、成本、财务、质量和服务等所有业务进行集成的跨企业信息系统,以实现企业内外资源优化配置、消除生产经营中一切无效的劳动和资源,实现信息流、物流、资金流的集成与提高企业竞争力为目标,以计划与控制为主线,以网络和信息技术为平台,面向供应链管理的现代企业管理思想、方法和工具。ERP为整个企业提供统一的数据库、应用和界面,在这个系统中,所有来自人力资源、财务、销售、制造、配送和供应链的信息都高度集成,这种高度集成能为企业带来巨大的利益,如对竞争和市场机会更快的反应速度、更为柔性的产品设计、更低的库存及更为紧密的供应链连接。

1.1.2 ERP的内涵

1.1.1节从多个角度讲述了ERP的定义,但都是概括性的。ERP的管理思想主要体现了供应链管理的思想,还吸收了准时生产、精益生产、同步工程、敏捷制造等先进管理思想,其管理思想的核心就是实现对整个供应链和企业内部业务流程的有效管理。为更好地帮助读者理解ERP的概念,本小节从以下几个方面总结了其定义的内涵。

①ERP的对象是企业内外部资源,体现对企业供应链资源进行管理的思想。

现代企业的竞争已经不是单一企业与单一企业间的竞争,而是一个企业供应链与另一个企业供应链之间的竞争,即企业不但要靠自己的资源,还必须把经营过程中的相关各方,如供应商、制造工厂、分销网络、客户等纳入一条紧密的供应链中,才能在市场上获得竞争优势。ERP基于MRPⅡ,又超越了MRPⅡ,它把客户需求、企业内部的制造活动及供应商的制造资源整合在一起,形成一个完整的ERP系统。ERP系统实现了对整个供应链的管理,正是适应了这一企业市场竞争的需要。

②ERP对资源进行整合,以获得工作的协调与协同,这也是ERP系统的基本目的。

依据冲突理论,任何社会系统和组织都存在矛盾,企业也是如此,而ERP是协调职能部门间矛盾的有效手段。一方面,企业发展的重要标志便是合理调整和运用内外部各种资源,在没有ERP这样的现代化管理工具时,企业资源状况及调整方向不清楚,要进行调整安排是相当困难的,调整过程会相当漫长;另一方面,企业的组织架构只能是金字塔形的,职能部门间的协作交流相对较弱,资源的运行难以把握和调整。信息技术的发展,特别是针对企业资源进行管理的ERP系统正是针对这些问题设计的,它的成功推行必定能使企业更好地运用资源,获得工作的协调与协同。

③ERP是精益生产、敏捷制造、同步工程等先进管理思想自然延伸和归并的结果。

ERP系统支持混合型生产方式的管理,其管理思想表现在两个方面:一是"精益生产(Lean Production,LP)"的思想,即企业按大批量生产方式组织生产时,把客户、销售代理商、供应商、协作单位纳入生产体系,同它们建立起利益共享的合作伙伴关系,进而组成一个企业的供应链;二是"敏捷制造(Agile Manufacturing,AM)"的思想,当市场上出现新的机会,而已有的合作伙伴不能满足新产品开发生产的要求时,企业组织一个由特定的供应商和销售渠道组成的短期或一次性供应链,形成"虚拟工厂",把供应商和协作单位视为企业的一个组成部分,运用"同步工程(Simultaneous Engineering,SE)"组织生产,并用最短的时间将新产品打入市场,时刻保持产品的高质量、多样化和灵活性,这就是"敏捷制造"的核心思想。

④ERP强调事前计划和事中控制。

ERP系统中的计划体系主要包括：企业战略规划、生产计划大纲、主生产计划、物料需求计划、能力需求计划、车间作业计划、采购计划、销售执行计划、利润计划、财务预算和人力资源计划等，并且这些计划功能与价值控制功能已完全集成到整个供应链系统中。ERP系统通过定义事务处理相关的会计核算科目与核算方式，在事务处理发生的同时自动生成会计核算分录，保证资金流与物流的同步记录和数据的一致性，从而实现根据财务资金现状，追溯资金的来龙去脉，并进一步追溯所发生的相关业务活动，便于实现在事中控制时做出决策。例如，在ERP系统中，物料需求计划、能力需求计划等是事前计划，财务预算则是事中控制。此外，计划、事务处理、控制与决策功能，都要在整个供应链中实现。ERP之所以要求每个业务过程最大限度地发挥人的工作积极性和责任心，是因为流程与流程之间的衔接需要通过人与人之间的合作来实现，这样才能使组织架构从金字塔形架构转为扁平化架构，提高企业对内外部环境变化的响应速度。

⑤ERP是企业体制创新的结果。

ERP是企业管理模式从纵向一体化向横向一体化演变的结果，也是面向业务流程的系统，有别于传统的金字塔形组织架构；ERP的应用要求企业体制发生变革，采用流程式管理，打破职能部门间的信息壁垒，由金字塔形架构向扁平化架构转变，以进行业务流程重组。

1.2　ERP的发展历程

本书前面的介绍中提到，ERP由其前身MRPⅡ，即Manufacturing Resource Planning（制造资源计划）发展而来。这里的"制造资源"具有广泛的含义，是指企业一切用于生产制造和管理的资源，如物料、人工、资金、技术、信息、能源、设备和厂房等。而MRPⅡ的核心是MRP（Material Requirements Planning，物料需求计划）。这里的"物料"也同样有着广泛的含义，是指企业一切与生产有关的物料，如原材料、毛坯、配套件、标准件、外协件、易耗品、在制品、半成品和产成品等。

ERP的发展历程反映了近五十年来西方的管理思想和计算机技术相结合的发展史，可以简要地总结为以下6个时期。
- 20世纪40年代的订货点法。
- 20世纪60年代的物料需求计划（MRP）。
- 20世纪70年代的闭环MRP。
- 20世纪80年代的制造资源计划（MRPⅡ）。
- 20世纪90年代的企业资源计划（ERP）。
- 21世纪初的新一代信息化管理企业资源计划（ERPⅡ）。

1.2.1　订货点法

1. 订货点法的初衷

在20世纪40年代计算机出现之前，企业的库存管理系统的功能非常简单，能做的仅仅是发出订单和进行催货。库存管理系统虽然能发出生产订单和采购订单，但是想要获得对物料的真实需求却只能靠缺料表。缺料表里所列的是马上要用的物料，一旦发现某种物料没有库存，就派人根据缺料表进行订货或催货。

为避免缺货的发生，人们在当时的条件下提出了一种按过去的经验预测未来的物料需求的方法——订货点法。所谓订货点法就是对生产中需要的各种物料，根据生产需要量及其供应和储存条件，规定一个安全库存量和订货点库存量。各种物料的库存量在日常消耗中不得低于它的安全库存量，如果随着物料的逐渐耗用，库存量降到某个时刻的剩余库存量(订货点库存量)，那么就要发出订单以补充库存，使物料库存重新达到最大值，以保证物料供应的连续性。

订货点法有各种不同的形式，但都依据"库存补充"的原则。库存补充的原则是保证在任何时候仓库里都有一定数量的存货，以便需要时随时取用。当时人们希望用这种做法来弥补由于不能确定近期内准确的必要库存数量和需求时间所造成的缺陷。订货点法依靠对库存补充周期内的需求量进行预测，并保留一定的安全库存量，来确定订货点库存量。安全库存量的设置是为了应对需求的波动。一旦库存储备低于预先规定的数量，即订货点库存量，则立即进行订货来补充库存。

订货点库存量的基本公式是：

$$订货点库存量 = 单位时区的需求量 \times 订货提前期 + 安全库存量$$

例如，如果某项物料的需求量为每周 100 件，订货提前期为 6 周，并要求保持两周的安全库存量，那么该项物料的订货点库存量可计算如下：

$$100 \times 6 + 200 = 800 (件)$$

当某项物料的现有库存量和已发出的订单量之和低于订货点库存量时，必须进行新的订货，以保持足够的库存来支持新的需求，如图 1-2 所示。

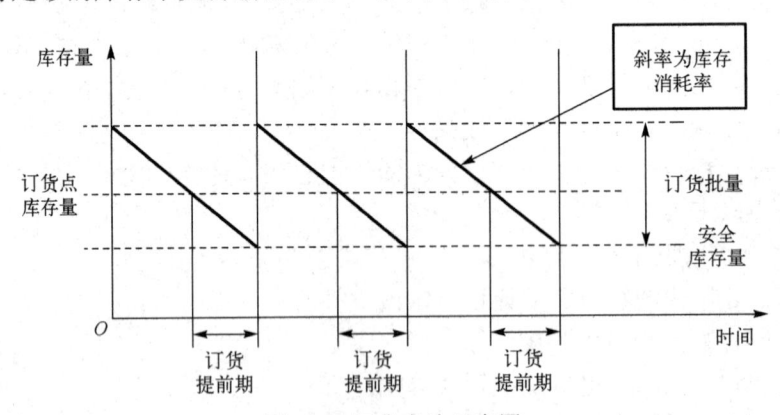

图 1-2 订货点法示意图

订货点法简便粗放，适用于那些企业经常需要或消耗的物料，并且较适用于产品单一、结构简单、需求或消费量比较稳定的物料，如企业的原辅材料。订货点法不适合产品种类繁多、结构复杂、物料需求量随产品数量和交货期变化而变化的企业。

2. 订货点法的缺陷

订货点法曾引起人们广泛的关注，按这种方法建立的库存模型也曾被称为"科学的库存模型"。然而，当我们对其赖以存在的基础——订货点法的基本假设进行质疑时，却发现了"科学"的相对性。订货点法基于以下基本假设。

(1) 各项物料需求相互独立

订货点法对每项物料分别独立地确定其订货点库存量，不考虑各项物料之间的关系。但实际情况是，在制造业中各项物料的数量必须配套，才能装配成产品。订货点法对各项物料分别独立地进行预测和订货，不可避免在装配时会发生各项物料数量不匹配的情况。在这个假设条件下，尽管能够做到提高单项物料的供货率，却不能保证总供货率的提高。这是因为每项物料的预测不可能都很准确，所以积累起来的误差反映在总供货率上将是相当大的。

例如，用 10 个零件装配成一件产品，每个零件的供货率都是 90%，而总供货率却降到 34.8%。当遇到一件产品由多个零件组成的情况时，总供货率就很难保证了。

(2) 物料需求的连续性

订货点法假设物料需求是连续的，即需求相对均衡，库存消耗率稳定。但实际制造企业对零部件和原材料的需求是不均衡、不连续的。

在实际制造企业中，对最终产品的需求可能是连续的，但往往生产过程中的批量需求会导致对零部件和原材料的需求是不连续的。需求不连续的现象提出了一个如何确定需求时间的问题。订货点法是根据以往的平均消耗率来间接地指出需求时间的，但是对于不连续的非独立需求来说，这种平均消耗率的概念是毫无意义的。事实上，采用订货点法的系统下达订货的时间常常偏早，在实际需求发生之前就有大批存货放在仓库中造成积压。而需求不均衡、不连续和库存管理模型本身的缺陷又会造成库存短缺。

(3) 订货提前期的已知与固定

订货提前期是已知的和固定的，这是订货点法最重要的假设。但在现实中，情况并非如此。对一项提前期为 6 个周期的物料，其实际的订货提前期可以在 2~90 天的范围内变化。把如此大的时间范围浓缩成一个数字作为订货提前期的已知数，显然是不合理的。

(4) 库存消耗后应被重新填满

按照这种假设，当物料库存量低于订货点库存量时，就必须进行订货，以重新填满库存。但如果需求是不连续的，那么这样做不但没有必要，而且也不合理，因为很可能因此而造成库存积压。例如，如果某种产品一年中可以得到客户的两次订货，那么制造此种产品所需的钢材则不必因库存量低于订货点库存量而立即进行订货。

20 世纪 60 年代中期，人们发现传统的订货点法不能适应新的情况。一是新产品、新材料的不断涌现。因为制造企业面临着日益激烈的市场竞争，许多企业不得不在新产品和新材料的开发上投入越来越多的资金。随着投入的增加和技术的进步，新产品、新材料不断涌进制造企业的生产管理系统中。由于传统的订货点法难以预测这些新产品、新材料的需求量，因此往往会过多地订货，从而导致库存的不合理增加。二是客户越来越挑剔。制造企业为了更好地满足市场需求，再也不能按习惯方式大批量生产、大批量销售了，必须根据市场情况及时调整生产计划。由于制造企业的生产计划和作业进度需要按市场情况及时灵活地做出调整,因此订货点法会因不能预知物料的需求时间,不得不保持一个较大数量的安全库存,其结果就是导致过多的库存。

很明显,订货点法之所以会在新的情况下造成库存过多的问题,是因为它没有按照各项物料真正需用的时间来确定订货日期。于是人们提出了这样的问题:"怎样才能在规定的时间、规定的地点、按照规定的数量得到真正需要的物料?"换句话说,库存管理怎样才能符合生产计划的要求?这是当时生产与库存管理专家们不断探索的中心问题。

1.2.2 MRP

20 世纪 60 年代中期,美国 IBM 公司的管理专家约瑟夫·奥利弗博士首先提出了新的库存解决方案。他把企业生产过程中涉及的所有产品、零部件、原材料、中间件等,在逻辑上视为相同的物料,再把企业生产中需要的各项物料分为独立需求物料和相关需求物料,提出独立需求和相关需求的概念,并按时间段确定不同时期的物料需求,由此产生了解决库存物料订货的新方法,并总结出一套新的管理理论——物料需求计划(Material Requirements Planning,MRP)。

1. MRP 的改进

MRP 是在解决订货点法缺陷的基础上发展而来的。针对订货点法的几项假设,MRP 做了以下重要改进。

(1) 引入了物料清单(Bill of Materials,BOM,将在本书第 5 章详细讲述)的概念,通过产品结构把所有物料的需求联系起来,考虑不同物料的需求之间的相互匹配关系,从而使各项物料的库存在数量和时间上均趋于合理。

(2) 将所有物料区分为独立需求物料和非独立需求物料。如果某项物料的需求量不依赖于企业内其他物料的需求量而独立存在,则称为独立需求物料;反之,某项物料的需求量可由企业内其他物料的需求量来确定,则称为非独立需求物料或相关需求物料。例如,企业中的原材料、零部件、组件等都是非独立需求物料,而最终产品则是独立需求物料,独立需求物料有时也包括维修件、可选件和工厂自用件。

(3) 对物料的库存状态数据引入时间分段的概念。时间分段是指给物料的库存状态数据加上时间坐标,即按具体的日期或计划时区记录和存储库存状态数据,使所有的库存状态数据都与具体的时间联系起来,这样就可以准确地回答与时间有关的各种问题。

2. MRP 的数据处理

MRP 的功能比订货点法有了很大提高,很好地回答了企业的"通用公式",如表 1-1 所示。MRP 通过主生产计划可以确定"我们将要生产什么";通过 BOM 可以回答"用什么来生产";把主生产计划等反映的需求按各自产品的 BOM 分解,从而得到"我们需要用些什么";然后通过比较库存信息来确定物料需求,系统对订货时间进行预测,即回答"我们还缺什么,何时订货"。通过这样的数据处理过程,使得在 MRP 控制下的每项物料的库存信息都能正确地反映真实的物料需求。

表 1-1 MRP 回答了企业的"通用公式"

问题	回答
1. 我们将要生产什么	1. 主生产计划(MPS)
2. 用什么来生产	2. 产品信息，物料清单(BOM)
3. 我们需要用些什么	3. 库存信息，物料可用量
4. 我们还缺什么，何时订货	4. 建议的加工及采购计划

1.2.3 闭环 MRP

MRP 能根据已知数据计算出相关物料需求的准确时间和数量，对制造企业的物资管理有重要意义。但它还不够完善，主要缺陷是没有考虑到生产企业现有的生产能力和采购的有关条件的约束。MRP 仅仅是生产管理的一部分，还要通过车间作业计划和采购管理来实现，同时还必须受到生产能力的约束，缺乏对完成计划所需的各项资源进行计划与保证的功能，也缺乏根据计划实施情况的反馈信息对计划进行调整的功能等。因此，MRP 主要应用于采购的情况，涉及的是企业与市场的层面，而没有深入到企业生产管理的核心中去。

20 世纪 70 年代，在 MRP 的基础上，人们又提出了闭环 MRP。闭环 MRP 除物料需求计划外，还将能力需求计划、车间作业计划和采购作业计划也全部纳入 MRP，形成一个闭环系统，如图 1-3 所示。

闭环 MRP 的原理是根据生产规划制订主生产计划，而这个主生产计划必须经过粗能力计划的检验，才能够真正具有可行性；然后再执行物料需求计划、能力需求计划和车间作业计划，并在计划执行过程中，根据来自车间、供应商和计划人员的反馈信息，进行计划的平衡调整，从而使生产活动的各个子系统得到协调统一。其工作过程是一个"计划—实施—评价—反馈—计划"的循环过程。它能对生产中的人力、机器和物料等各项资源进行计划与控制，这一点已大大超越了 MRP 的资源计划范围，从而使生产管理对市场的应变能力大大增强。

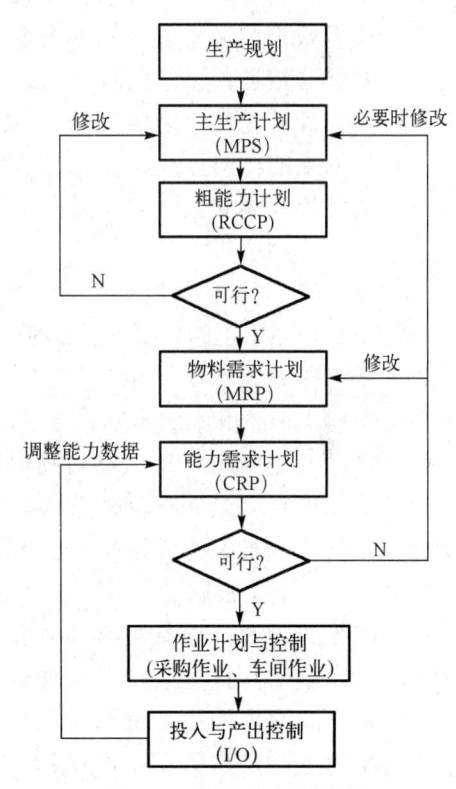

图 1-3 闭环 MRP 的流程

1.2.4 MRP II

闭环 MRP 的出现，使生产活动的各个子系统得到了协调统一。但这还不够，因为闭环 MRP 仅仅解决了企业管理中生产管理这一个方面，所涉及的仅仅是物流，而与物流密切相关的还有资金流、信息流等。资金流、信息流在许多企业中是由财务人员、销售人员等另行管理的，这显然造成了数据的重复录入与存储，甚至造成数据的不一致性。

于是人们想到建立一个一体化的管理系统，去掉不必要的重复性工作，减少数据间的不一致现象和提高工作效率。实现资金流与物流的统一管理，要求把财务子系统与生产子系统结合到一起，形成一个系统整体，这使得闭环 MRP 向 MRP II 前进了一大步。MRP II 由闭环 MRP 发展而来，两者在技术上类似，但 MRP II 包括了财务管理和模拟功能，这就导致它们在本质上存在差异。

最终，人们把生产、财务、销售、工程技术、采购等各个子系统集成为一个一体化的系统，并称为制造资源计划，英文缩写还是 MRP，为了区别物料需求计划（亦缩写为 MRP）而记为 MRP II。MRP II 具有如下特点。

- 把企业中各子系统有机结合起来，组成了一个经营管理的集成化管理系统。其中，生产和财务两个子系统的关系尤为密切。
- 所有数据来源于企业的中央数据库。各子系统在统一的数据环境下工作，实现了各方面的数据共享，同时也保证了数据的一致性。
- 具有模拟功能，能根据不同的决策方针模拟出各种未来将会出现的结果。例如，模拟未来的物料需求，提出任何物料短缺的警告；模拟生产能力需求，发出能力不足的警告。因此，这大大提高了原 MRP 的应用效果，与此同时，它也是企业高层管理机构的决策工具。

MRP 解决了企业物料供需信息集成的问题，但是还没有说明企业的经营效益从何而来。MRP II 与 MRP 的主要区别就是它运用管理会计的概念，用货币形式说明了执行企业生产经营所带来的效益，实现了物料信息同资金信息的集成。衡量企业经营效益首先要计算产品成本，产品成本的实际发生过程要以 MRP 的产品结构为基础，从底层采购件的材料费开始，逐层向上将每项物料的材料费、人工费和制造费（间接成本）进行累积，得出每一层零部件直至最终产品的成本，再进一步结合市场营销，分析各类产品的获利性。MRP II 把传统的账务处理与发生账务的事务结合起来，不但能说明财务的现金状况，而且能追索现金的来龙去脉。

MRP II 的逻辑流程图如图 1-4 所示。逻辑流程图的右侧是计划与控制的流程，包括决策层、计划层和执行层，可以理解为经营计划管理的流程。中间是基础数据，存储在计算机系统的数据库中，供系统反复调用，这些数据信息将企业的各个部门的业务联系起来。左侧主要是财务信息，仅列出部分项目。连线的箭头表明了信息的流向及相互之间的联系。

从 MRP II 的逻辑流程图中可以看出，MRP II 的基本思想是将企业作为一个有机整体，从整体最优的目标出发，对企业的各种资源和生产、销售、供应、财务等各个环节进行有效的计划、控制和实施，协调各个环节充分发挥作用，从而提高企业的运营效率。

1.2.5 ERP

20 世纪末，随着经济全球化和市场国际化的发展趋势，企业竞争空间与范围进一步扩大，市场与客户需求的变化进一步加速。以客户为中心、基于时间、面向整个供应链成为在新的形势下制造企业发展的基本动向。以客户为中心的经营战略要求企业的组织为动态的、灵活的、可组合的弹性结构；企业的管理需要着眼于按客户需求形成的增值链，客户和供应商被集成在增值链中，成为企业受控对象的一部分；实施以客户为中心的经营战略就要对客户需求迅速做出响应，并在最短的时间内向客户交付高质量和低成本的产品；企业的产品不再是定型的，而是根据客户需求进行选配，企业业务流程也不再是一成不变的，而是需要针对客户需求进行重新组合，这涉及企业的再造工程。显然，这种需求变化是传统的 MRP II 所难以满足的。

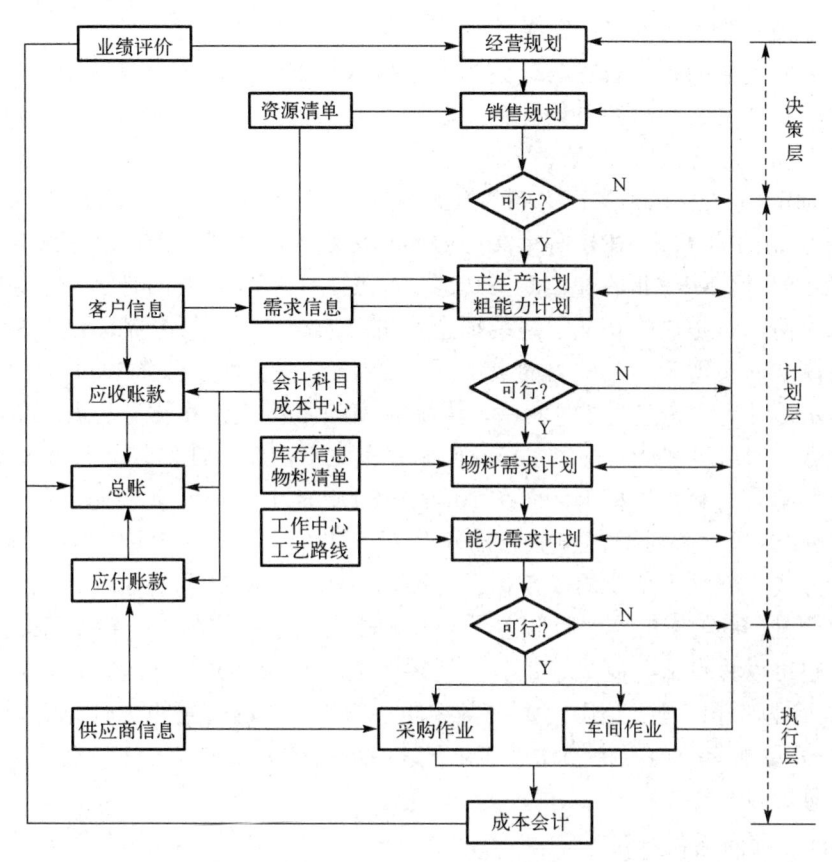

图 1-4 MRP II 的逻辑流程图

1. ERP 的思想

ERP 就是在这种时代背景下面世的。从 ERP 的含义中可以知道，ERP 是建立在 MRP II 的基础之上的，以实现企业内部与外部信息的集成为主要目标，扩展了 MRP II 的管理范围，与先进的信息技术集成，得以更广泛地应用到各大领域。面向对象的技术、计算机辅助软件工程，以及开放的客户/服务器计算环境又为实现这种转变提供了技术基础。

在 ERP 的设计过程中，考虑到仅靠企业自己的资源无法有效地参与市场竞争，还必须把经营过程中的有关各方，如供应商、制造工厂、分销网络、客户等纳入一条紧密的供应链中，这样才能有效地安排企业的产、供、销活动，满足企业利用全社会一切市场资源快速高效地进行生产经营的需求，以进一步提高效率和在市场上获得竞争优势。

ERP 的思想体现出以下 3 方面内容。第一，它把客户需求、企业内部的制造活动及供应商的制造资源整合在一起，体现了完全以客户为中心、按客户需求制造的思想，这使得企业适应市场与客户需求快速变化的能力增强。第二，它将制造企业的制造流程看作一条在全社会范围内紧密连接的供应链，即面向供应链进行信息集成，其中包括供应商、制造工厂、分销网络和客户等；同时将企业内部划分成几个相互协同作业的支持子系统，如财务、营销、生产制造、质量控制、服务与维护、工程技术等。ERP 提供了可对供应链上所有环节进行有效管理的功能，这些环节包括订单、采购、库存、计划、生产制造、质量控制、运输、分销、服务与维护、财务管理、人事管理、实验室管理、项目管理、配方管理等。第三，它将先进的管理思想与最新的信息技术紧密结合，充分利用现代信息技术来架设服务平台，实现更为开放的不同平台相互操作，加强用户自定义的灵活性和可配置性功能，以适应不同行业客户的需求。

传统的 MRPⅡ 主要包括生产、销售和财务 3 大部分，它们依然是 ERP 不可缺少的重要组成，但与 MRPⅡ 相比 ERP 有更深的内涵和更强大的集成功能。从系统功能上来看，首先 ERP 虽然只比 MRPⅡ 增加了一些功能子系统，但更为重要的是这些子系统的紧密联系及配合与平衡。正是这些功能子系统把企业所有的制造场所、营销系统、财务系统紧密结合在一起，从而实现全球范围内的多工厂、多地点的跨国经营运作，并以客户需求为中心进行运作，适时响应客户需求。其次，传统的 MRPⅡ 把企业根据几种典型的生产方式来进行分类管理，如重复制造、批量生产、面向订单生产、面向订单装配、面向库存生产等，对每一种类型都有一套管理标准。而在 20 世纪 80 年代末、90 年代初期，企业为了紧跟市场的变化，纷纷从单一的生产方式向混合型生产方式发展，而 ERP 则能很好地支持和管理混合型生产方式，满足了企业的多角化经营需求。再次，MRPⅡ 是通过计划的及时滚动来控制整个生产过程的，它的实时性较差，一般只能实现事中控制。而 ERP 强调企业的事前控制能力，它可以将设计、制造、销售、运输等通过集成来并行地进行各种相关的作业，为企业提供了对质量、适应变化、客户满意度、绩效等关键问题的实时分析能力。最后，ERP 比 MRPⅡ 更加充分地发挥了先进信息技术，特别是网络通信技术的作用，实现对整个供应链的信息集成。

2．ERP 的主要功能模块

目前，市场上有众多 ERP 软件厂商，提供的产品模块结构的差别也很大。在本书中，我们撇开了实际产品，仅从企业的角度来简单描述 ERP 的主要功能模块。

ERP 将企业内外部的所有资源进行整合集成管理，简单地说它是将企业的三大流（物流、资金流、信息流）进行全面一体化管理的面向供应链的管理信息系统。ERP 主要有以下功能模块。

- 销售管理模块：从销售计划开始，对销售产品、销售地区、销售客户等各种信息进行管理和统计，并对销售数量、金额、利润、绩效、客户服务做出全面的分析。
- 生产管理模块：ERP 的核心所在，它将企业的整个生产过程有机地结合在一起，使得企业能够有效降低库存，提高效率。
- 采购管理模块：确定合理的定货量、优秀的供应商和保持最佳的安全储备；能够随时提供订购、验收的信息，跟踪和催促对外订购或委外加工的物料，保证货物及时到达；建立供应商的档案，用最新的成本信息来调整库存的成本。

- 库存管理模块：也称仓储管理模块，用来控制存储物料的数量，以保证稳定的物流支持正常的生产，但又能最小限度地占用资本。
- 财务管理模块：主要包括会计核算和财务管理功能。会计核算功能是记录、核算、反映和分析资金在企业经济活动中的变动过程及其结果；财务管理功能主要是基于会计核算功能的数据，再加以分析，从而进行相应的预测、管理和控制活动。
- 人力资源管理模块：人力资源被视为企业的资源之本。人力资源管理作为一个独立的模块，被加入到了 ERP 的系统中，和 ERP 中的财务管理、生产管理模块组成了一个高效的、具有高度集成性的企业资源系统。它与传统模式下的人事管理有着根本的不同。
- 设备管理模块：设备管理模块对企业的设备与仪器台账的基本信息、运行情况、保养情况、故障和事故情况处理、设备使用部门的变动情况及有关备件管理等信息进行管理，使各级部门能及时地了解设备从安装、使用、变动到报废全过程的信息。
- 质量管理模块：包含产品质量和工作质量的内容，监控和管理所有与质量相关的信息和分析活动，并且将其反馈到相应的控制点上。

在上述主要的功能模块中，ERP 核心的功能模块是销售管理模块、生产管理模块和采购管理模块。图 1-5 是 ERP 的框架示意图。

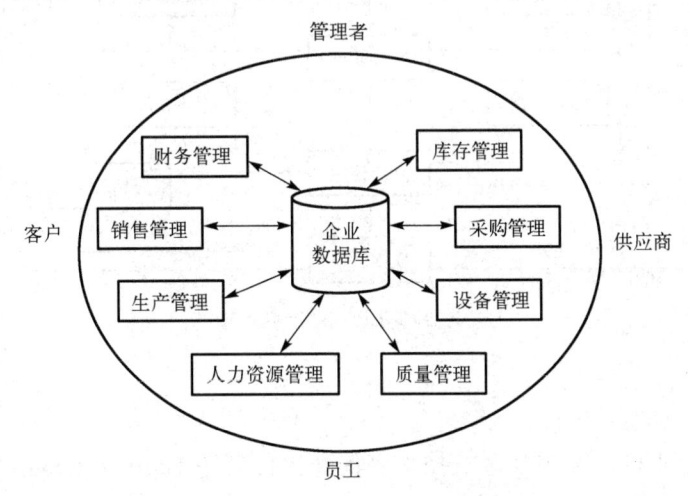

图 1-5　ERP 的框架示意图

3. ERP 的结构

ERP 以企业的业务流程为导向、应用价值为主题，将企业的基础资源、需求链、供应链管理与竞争核心构筑成三角形业务应用体系，再以业务应用为基础，构筑战略决策应用模式，从而形成金字塔形的总体应用价值体系，总体架构如图 1-6 所示。

ERP 覆盖企业财务、销售、采购、客户关系、人力资源、生产制造、资产管理、工程项目、商业智能及电子商务等业务。ERP 可以向企业交付以下各种应用方案：财务管理、生产制造、网络分销、供应链管理、客户关系管理、人力资源管理、资产管理、企业门户、商业智能、电子商务等。

ERP 的一般构成如图 1-7 所示。

图 1-6 ERP 总体架构

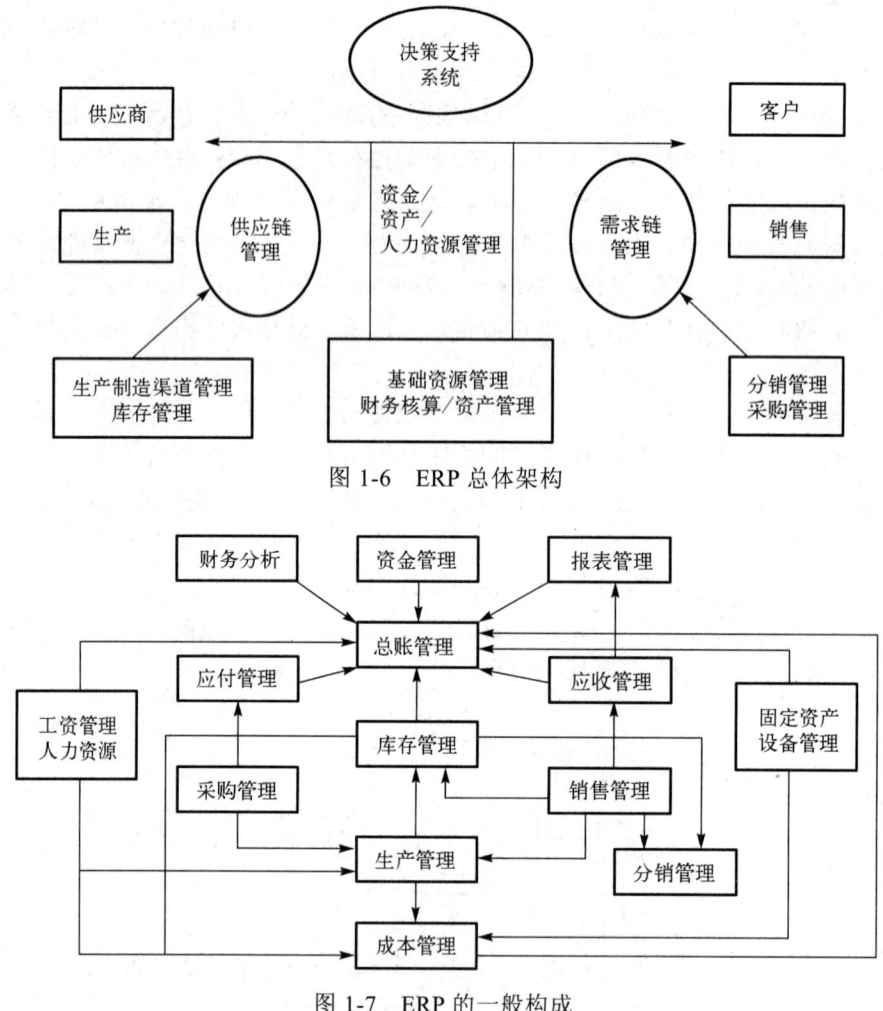

图 1-7 ERP 的一般构成

1.2.6 ERP Ⅱ

2000 年 10 月 4 日，美国计算机技术咨询和评估集团 Gartner Group 发布了 B.Bond 等署名的报告"ERP Is Dead-Long Live ERP Ⅱ"，其中提出了 ERP Ⅱ的概念。ERP Ⅱ的定义：ERP Ⅱ是通过支持和优化企业内部和企业之间的协同运作和财务过程，以创造客户和股东价值的一种商务战略和一套面向具体行业领域的应用系统。

Gartner Group 指出，虽然近年来 ERP 仍然呈现出高速增长的势头，并被越来越多的企业所重视和应用，但是新一代的信息化管理企业资源计划——"ERP Ⅱ"已经在 SAP、PeopleSoft 等企业的产品中出现。其特征在于，一方面企业正在由纵向、高度集成、注重内部功能优化的大而全模式向更灵活、更专注于核心竞争力的实体模式转化，从而企业可以在整个供应链和价值网络中优化其经济和组织结构；另一方面，企业在 Internet 上的 B2B 和 B2C 的电子商务应用，正在由单一的销售、采购行为转向整个从消费者到生产者、从供应商到生产者的协同商务过程。在协同商务的协作世界中，企业之间的竞争不仅取决于自身的管理水平和竞争力，更对企业与协作伙伴之间的信息协作提出了极高的要求。为了使

ERP 的流程和系统适应这种改变,企业对 ERP 的流程及外部因素提出了更多的要求,这就是"ERP Ⅱ"。

为了与 ERP 对企业内部管理的关注相区别,Gartner Group 在描述 ERP Ⅱ 时,引入了"协同商务"的概念。协同商务(Collaborative Commerce 或 C-Commerce),是指企业内部人员、企业与业务伙伴、企业与客户之间的电子化业务的交互过程,是一种各个经济实体之间的实时、互动的供应链管理模式。ERP Ⅱ 通过信息技术强化了供应链上的各个实体之间的沟通和互相依存关系,使其不再局限于生产与供销计划的协同,还包含产品开发的协同。

通过 Gartner Group 对 ERP Ⅱ 的描述不难发现,ERP Ⅱ 的核心是企业从过去主要强调内部运作转向企业之间的外部协作,也就是协同商务。Gartner Group 甚至将协同商务定义为 21 世纪的第一个五年中企业信息技术的主流应用。或者说,在"新经济"中电子商务退潮的背景下,企业与"新经济"电子商务之间已经找到了一种更好的运作模式——协同商务。ERP Ⅱ 与 ERP 的主要区别在于 ERP Ⅱ 强调了协同商务的作用,它们的主要差别如表 1-2 所示。

表 1-2 ERP 与 ERP Ⅱ 的主要差别

对比项	ERP	ERP Ⅱ
角色	企业优化	价值链、协同商务
领域	制造、分销	所有领域
功能	制造、销售、分销、财务	跨行业及特殊行业
处理	内部信息	外部信息
平台	封闭、关注 Web	基于 Web、开放、组件技术
数据	内部集成和使用	内部及外部、公开及共享

国外对于 ERP Ⅱ 的定义有不少争议,认为对 ERP Ⅱ 所下的定义都是 ERP 已经包含了的内容,如"许多问题 ERP 已经解决了""ERP Ⅱ 是新瓶装旧酒""ERP Ⅱ 只是 ERP 的扩充,ERP 并没有死"等,除表 1-2 中第 1 项"角色"外,其他各项都是最初赋予 ERP 的内容。可见,列举的各种评论是有道理的。

由于现代信息技术的飞速发展,ERP Ⅱ 可以采用更加先进的开放标准,采用基于组件或构件开发平台的体系结构,更有利于适应各种"与时俱进"的管理思想的发展和需求,实现各种应用系统之间的信息集成。

1.2.7 ERP 的发展历程总结

综观 ERP 的发展历程可以总结如下:市场竞争激烈程度、市场竞争范围及市场与客户需求变化速度这 3 个因素的不断变化,推动了早期的 MRP,经历了闭环 MRP 和 MRP Ⅱ,一直发展到今天的 ERP 乃至 ERP Ⅱ。

从 MRP 到 ERP Ⅱ 的发展过程,是信息集成覆盖范围不断扩大的过程,从物流到资金流,从企业内部到整个供应链,就像水中的波纹一样,由中心逐渐向外扩张。MRP 是制造企业 ERP 的核心,它处在水波的中心,而且波纹首先是由它引发的,如图 1-8 所示。

计算机刚出现的五六十年代,企业处在有限范围的竞争市场中,市场与客户的需求相对稳定,企业管理主要解决资金占用与资金周转问题,资金占用愈少、周转速度愈快,企业的成本就愈低,产品的市场竞争力就愈强。因此,利用 MRP 解决库存优化管理或实现对企业物料这一单项资源的计划管理是当时企业管理的主要目标。

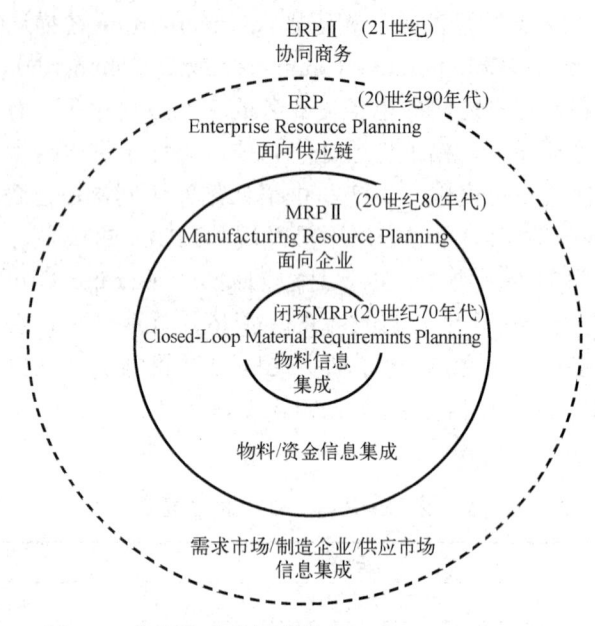

```
                    ERP Ⅱ   (21世纪)
                    协同商务

                    ERP        (20世纪90年代)
                    Enterprise Resource Planning
                    面向供应链

                    MRP Ⅱ  (20世纪80年代)
                    Manufacturing Resource Planning
                    面向企业

                    闭环MRP(20世纪70年代)
                    Closed-Loop Material Requiremints Planning
                    物料信息
                    集成

                    物料/资金信息集成

                    需求市场/制造企业/供应市场
                    信息集成
```

图 1-8 信息集成范围的扩展:从 MRP 到 ERP Ⅱ

20 世纪 70 年代,市场竞争进一步激烈,市场需求变动加快,企业对内部资源计划管理的范围随之扩大,从以前单纯的物料计划扩展到对生产过程的物料、人力和机器各项资源进行计划和控制,为此闭环 MRP 增强了企业生产管理的应变能力和市场竞争力。

20 世纪 80 年代,市场竞争激烈程度加剧,市场和客户需求变动加速,企业对内部资源的计划管理范围进一步扩大,实现了对企业物料、人力、机器设备、资金和时间等全部资源的有效管理,并对企业超出生产活动之外的各项活动,如产品销售、财务管理、企业决策等进行集成一体化管理。MRP Ⅱ 极大地提高了企业的生产效率、市场应变能力与市场竞争力。

20 世纪 80 年代中期以前的管理一般面向企业内部,管理的目标也是生产成本与生产效率。80 年代后期直至进入 90 年代,社会经济发生了巨大变化,技术的持续创新、市场需求的瞬息万变及企业竞争空间的迅速扩大,使得传统的成本与效率管理不再成为企业取得市场竞争优势的主要目标。企业管理从面向内部资源管理转向面向全社会一切市场资源的有效利用,实现对企业与社会各方组成供应链的各个环节的良好管理是 ERP 出现的必然。现代企业对于信息技术的应用越来越广泛,为了适应这种趋势,ERP 也处于不断的发展和进步之中。纵观全球 ERP 现状及各供应厂商的追求目标,其发展趋势主要呈现如下 3 个特征。

①ERP 与供应链的整合。ERP 管理的范围覆盖企业内外部的资源,并延伸到整个供应链。实施 ERP 的企业在强调提高内部效率的同时,需要调整客户服务驱动的物流运作流程,实施与业务合作伙伴(供应商、客户等)协同商务的供应链管理,注重对企业外部资源,如供应商、客户和营运商的协调管理。因此,新一代 ERP 将更加符合现代供应链管理的理念,为企业实现现代供应链管理提供更为坚实的信息平台。

②与信息管理技术、电子商务技术的集成。新一代 ERP 一方面要实现从管理思想到企业管理的集成,另一方面要实现 ERP 自身内部子系统之间、ERP 与其他应用系统之间的集成。第一方面集成的目的是解决管理思想、管理方法与管理系统之间的应用互动。第二方面的集成主要实现 ERP 与其他功能分系统之间的集成,包括与 CRM(客户关系管理)、电子商务和协同商务、PDM(产品数据管理)、MES(制造执行系统)、工作流管理系统的进一步整合,加强 DW(数据仓库)和 OLAP(联机分析处理)等功能。同时,ERP 将结合新的技术应用,将内部功能进一步优化(APS),使得 ERP 具备足够的灵活性,以适应企业在实施中及实施后的业务环境的不断变化。

③软件应用范围更广。ERP 可以应用到更为广阔的领域,将根据应用的行业、应用的企业进行细分,从而适应各种类型企业的不同需求。目前 ERP 主要应用在制造业领域,在其他领域(如服务业)相对较少。随着软件行业技术的不断进步,ERP 软件将来会在更多的领域得到应用,特别是服务业领域,这种应用将会使这些行业在效率、质量等各方面取得重大进步,为社会的发展带来新的突破。

1.3 ERP 为企业带来的经济效益

企业的经营管理是一个庞大的工程,管理者每天都要面对各种各样头痛的问题,如订单忽多忽少,客户需求随意变动,生产计划不准确,订单无法及时交付,销售网点众多,卖出去多少货、卖出去哪些货说不清,库存积压严重等。企业管理者总希望在以下这些方面做得更好:满足多变的市场需求,准确及时地做出客户承诺,处理紧急的客户订单,保持均衡的生产计划和活动,准确及时地了解生产情况,避免物料短缺,避免库存积压,提高产品质量,降低产品成本,做好财务分析和财务管理工作。ERP 在上述方面都能为企业提供有效的帮助,下面从 ERP 为企业带来的显性和非显性经济效益两个方面进行探讨。

1. ERP 带来的显性经济效益

ERP 的管理思想经历了几十年市场实践的检验,如今已发展成为成熟的软件产品,应用到越来越多的大中型企业中。据统计,全球 500 强中 80%以上的企业都已购买了 ERP 软件,而且它正在为企业的发展发挥重要作用。

根据美国生产与库存控制协会(American Product and Inventory Control Society,APICS)的统计结果,使用一个 ERP 系统,可为企业带来的显性的经济效益有如下方面。

- 库存下降 30%~50%。这是人们说得最多的效益。因为它可使一般 ERP 用户的库存投资减少 40%~50%,库存周转率提高 50%。ERP 通过它的核心部分——MRP 能够比较好地解决这个问题。首先,MRP 根据主生产计划能够对物料需求进行详细的计算;其次,ERP 要求库存数据具有较高的准确度,库存数据的高准确度可以保证 MRP 计算产生的净需求量是准确的,采购部门可以清楚地知道某项物料何时需要、库存有多少、还需要多少、何时订货,从而使该物料在生产需要时及时出现在仓库中,及时供应生产,同时减少库存积压。
- 延期交货减少 80%。当库存减少并稳定的时候,客户服务水平提高了,使用 ERP/

MRPⅡ的企业准时交货率平均提高 55%，误期率平均降低 35%，这就使得销售部门的信誉大大提高。
- 采购提前期[①]缩短 50%。采购人员有了及时准确的生产计划信息，就能集中精力进行价值分析、货源选择、研究谈判策略、了解生产问题，缩短了采购时间并节省了采购费用。
- 停工待料现象减少 60%。由于零件需求的透明度提高，计划也做了改进，能够做到及时与准确，零件也能以更合理的速度准时到达，因此生产线上的停工待料现象将会大大减少。
- 制造成本降低 12%。库存费用下降、劳力的节约、采购费用节省等一系列人、财、物的效应，必然会引起制造成本的降低。
- 管理水平提高，管理人员减少 10%，生产能力提高 10%～15%。

2．ERP 带来的非显性经济效益

除上述的显性经济效益外，企业应用 ERP 还将带来如下的非显性经济效益。
- 使企业的基本数据更加完备、精细，准确度提高。ERP 能够保持企业均衡生产的关键在于按产品的实际需求或预测需求计算企业的产能，提前做出生产计划，针对大量的产品需求提前预知产能不足、提前生产或提前做准备，使企业生产在一段时间内保持相对的稳定性。
- 使企业高层的决策更加快捷、科学，企业对市场的应变能力和速度得到提高，提高供货承诺的准确度。ERP 利用销售部门数据、生产部门数据、库存数据可以有效掌握产销信息的变化，并计算出在不同时段内对客户可承诺的供货数量，专门用来支持供货承诺。借助于 ERP，销售人员对客户做出供货承诺时，可以做到心中有数，从而把对客户的供货承诺做得更好。
- 使企业员工从烦琐的手工管理中解脱出来，从而能有更多的时间从事真正的管理工作。
- 理顺了企业的业务流程，打破了企业各部门之间条块分割的格局，加强了员工的全局观念，使企业部门间的协同工作成为可能，实现流程式管理。没有 ERP 的企业，部门间的信息不能流通和共享，影响了各部门的工作绩效，信息沟通渠道不畅极大地影响了企业的整体效益。ERP 采用流程式管理打破了部门间的信息壁垒，使各部门能及时准确地得到其他部门的信息，有效提高了企业的运营效率。
- 使企业的管理更加规范，减少了企业管理中的随意性，提高了企业管理的计划性。

对于以上 ERP 为企业带来的显性和非显性经济效益，中国企业自身的实践可能更有说服力。下面列举联想集团和美的集团这两个国内企业应用 ERP 收到的经济效益的例子。

【例 1-1】

联想集团是国内典型的实施 ERP 的企业，1998 年联想集团开始实施 ERP。据了解，联想集团当初决定实施 ERP，主要从 3 个方面进行战略考虑：集团业务高速增长，原有的

[①] 有关"提前期"的概念请参考本书第 4 章。

管理信息系统已经成为企业发展的瓶颈；国内外竞争加剧，如何提升企业的核心竞争力已经成为联想集团的重要课题；联想集团的整体战略需要通过管理信息系统与国际先进水平接轨。

随后联想集团成为我国企业信息化的一面旗帜，ERP 的实施大大提高了企业的核心竞争力，具体表现在以下几方面。

①培养了一批具有典型联想精神的人才。通过 ERP 的实施使企业发现并培养了一批复合型人才，这是一批既熟悉业务又是 IT 能手，还精通管理的人才，为企业高速发展打下了基础。

②企业对市场变化的反应加快。ERP 把客户需求、企业内部的制造活动及供应商的供应活动集成在一起，这使得联想集团对于市场的变化能做出快速的反应，订单周期由 75 小时减少到 58 小时。

③成本降低。整个经营链上业务流程的优化和集成，减少了生产时间、资金损耗，成本也随之降低。

④加强了对风险的控制能力。企业因为 ERP 得到了优化，为决策提供了信息，所以企业对风险的控制能力得到了加强。

⑤为制订战略计划提供数据。ERP 为企业提供了大量的数据，如积累的历史资料，通过对这些资料进行统计分析，进而可以制订战略计划。

表 1-3 是联想集团在实施 ERP 前、后的情况对比。

表 1-3 联想集团在实施 ERP 前、后的情况对比

指标	实施前（以 1996 年为例）	实施后（以 2000 年为例）
平均交货时间	11 天	5.7 天
存货周转天数	35 天	19.2 天
应收账款周转天数	23 天	15 天
订单人均日处理量	13 件	314 件
结账天数	30 天	6 天

（资料来源：《七种角色与 ERP》）

【例 1-2】

美的集团是典型的拥有多个类别各异的分公司的电器集团，从 1999 年开始全面应用了 ERP。美的集团内部的产、供、销、财务、成本完全实现了电脑化、集成化、自动化，为管理人员提供了强有力的管理工具；在企业外部，关系紧密的供应商可以访问美的集团的 ERP 系统，了解美的集团的订单情况，提高了与供应商之间的沟通效率。另外，通过实现集团内及全国销售网络的联网，销售信息实时、在线传到美的集团的 ERP 系统，使销售管理实现了有效的监控，营销效率得到了非常大的提高。据美的集团不完全统计，实施 ERP 之后，各分公司的产、供、销总体运行效率提高了 30%左右、库存降低了 30%左右、产量增加了 30%以上、成本降低了 5%以上。ERP 完善了异地销售的管理，每年为企业减少了大量的经济损失。

从理论上讲，ERP 是一套完整的体现现代企业管理要求的管理思想体系，但是管理阶层往往对 ERP 有过高的期望，认为 ERP 无所不包，是万能的。然而，ERP 对企业发挥作用受一系列因素制约，包括 ERP 软件本身的限制、企业内部条件(包括企业的组织结构、企业的管理体制和管理机制、企业文化、企业员工素质、企业管理水平和计算机应用水平)的限制及企业外部环境的限制。了解这些限制因素对企业实施 ERP 同样十分重要。

1.4 ERP 的发展和应用现状

1. 欧美和亚洲 ERP 市场

早在 1998 年，也就是在 ERP 的概念正式提出的 8 年之后，全球 ERP 年销售额已经达到 150 亿美元。当时仅在美国就有 200 多家软件公司专门从事制造业管理软件的开发和技术服务。市场研究公司 IDC 公布的调查报告显示，2004 年全球 ERP 软件销售额增长了 7%，其中几家大型厂商将攫取大部分市场份额。该调查报告指出，由于全球 IT 开销的日益反弹及消费者对新应用需求的持续增长，中等规模的消费者、政府机构和保健等行业将成为推动此次 ERP 软件销售额增长的主要动力，2008 年该市场规模达到了 370 亿美元。而 IDC 随后发表的研究报告称，截至 2012 年年底，全球中小企业应用软件市场的规模达到了 803 亿美元，这个市场从 2008 年至 2012 年的复合年增长率达到了 10.6%。

20 世纪全球 ERP 产业主要分布在欧洲和北美，21 世纪伴随着欧洲经济与企业的发展，在模式创新的基础上，以中国、日本、韩国为代表的亚洲经济板块正在迅速崛起，这为亚洲 ERP 软件企业的成长和亚洲企业中 ERP 的应用奠定了良好基础。亚洲地区特别是东亚国家，拥有甚至比欧美地区更先进、更普及的通信网络等基础设施，政府和相关的社会机构也在积极地推动企业信息化，这些都加速了 ERP 的应用和普及。亚洲将依靠 ERP 产业作为世界第三个产业中心在世界崛起，亚洲将会出现一批世界级水平的 ERP 软件厂商。预计未来全球 ERP 软件厂商的分布会出现欧洲、北美、亚洲三足鼎立的局面。

市场研究公司 Springboard Research 发表的研究报告称，2012 年亚太地区基于软件服务(SaaS)的 ERP 的市场规模从 2008 年的 3500 万美元增长到 1.93 亿美元。这家市场研究公司称，基于软件服务的 ERP 市场再加上供应链管理(SCM)和产品生命周期管理(PLM)市场一共占亚太地区软件服务市场份额的 7%。该公司通过对亚太地区各地的 530 名首席信息官和 IT 决策者的调查发现，基于软件服务的 ERP 有潜在的被抑制的需求，35% 的潜在软件服务购买者表示有兴趣在未来的 12 个月里购买基于软件服务的 ERP。这项调查涉及了整个亚太地区的软件服务用户，20% 的受访者表示他们正在使用基于软件服务的 ERP。

Springboard Research 新兴软件高级市场分析师 Balaka Baruah Aggarwal 称，考虑到亚太地区目前 ERP 应用软件普及率比较低，特别是在中国和印度等增长的市场，预计这些市场将经历速度更快的增长。整个亚太地区宽带网络日益增长的可用性和可靠性及亚太地区新兴市场的整个动力还将推动需求的增长。

这项调查还发现，基于软件服务的 ERP 目前在制造业的普及率是非常高的。中国在亚太地区显示了基于软件服务的 ERP 应用的最高水平。到目前为止，基于软件服务的 ERP

一直不太普及的部分原因是软件服务模式进行客户化的灵活性不足。随着企业继续改善其产品的客户化能力，也将有机会改善应用，特别是对于那些首次使用 ERP 的企业。

2．中国 ERP 市场

(1) ERP 行业的发展情况

中国 ERP 行业的发展经历了近三十年的历程。1981 年，沈阳第一机床厂从德国引进了第一套 MRPⅡ，开创了我国企业实施 ERP 的先河。之后许多国内企业开始步入运用 ERP 来经营企业的时代。1995 至 1997 年，我国 MRPⅡ/ERP 市场的平均增长幅度约为 27%，而 1998 年增长幅度则高达 35%，这里还不包括财务软件，市场销售额达到了 4.2 亿元。

进入 21 世纪，2000 年中国 ERP 市场的销售总额为 5.7 亿元；2001 年迅速增长 63.9%，达到 9.34 亿元，2002 年更是增长了 25%，在华东地区增长幅度超过了 40%。

随着信息化成为企业重新架构商业模式、优化业务流程的关键手段和全新动力，企业对 ERP 的需求大幅增长，这也推动了 ERP 软件行业规模快速扩张。虽然我国 EPR 软件行业起步较晚，但发展速度较快。图 1-9 为 2016—2022 年中国 ERP 软件行业市场规模及增速情况。截至 2019 年我国 ERP 软件行业市场规模达到 302 亿元，同比增长 14%，2022 年市场规模达到 432 亿元，同比增长 12%。根据中国 ERP 软件行业现状深度研究与投资前景分析报告（2023—2030 年），预计 2027 年我国 ERP 软件行业市场规模为 682 亿元。

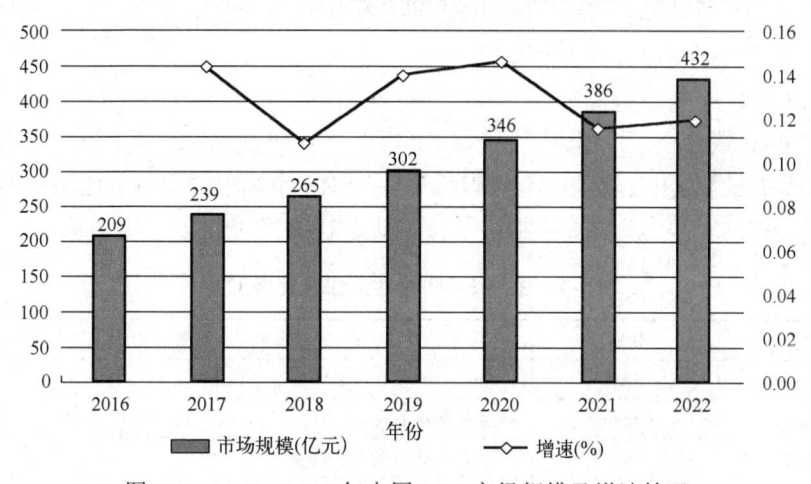

图 1-9　2016—2022 年中国 ERP 市场规模及增速情况

（资料来源：观知海内信息网）

(2) ERP 产业链图谱

我国 ERP 产业链经过了作坊式、工厂化和供应链 3 个阶段，目前位于供应链阶段。供应链阶段的 ERP 产业链主要特征是大型软件开发商从开发能力的整合出发，开始联合外部力量来加强软件开发和实施能力；从独立软件开发商到渠道伙伴、中间件供应商，合作伙伴的范围不断扩大，分工也越来越精细。与此同时，一些软件供应商和渠道商从交付模式的创新出发，发展了在线软件交付模式，如 SaaS。在在线交付模式下，服务提供商采用自行开发或采购外部应用系统组件的方式，完成 ERP 系统的集成工作，通过对该系统的运行和维护，为用户提供在线应用服务，极大地简化了 ERP 应用过程，并在软件交付前解决了系统的兼容性问题。服务提供商也要联合其他软件供应商，共同完成系统的开发过程。

围绕不同核心企业，软件供应商依照新软件开发流程形成了上下游供求关系，它们相互之间围绕某一类 ERP 系统，紧密合作，逐渐形成了供应链式的产业结构。图 1-10 给出了 ERP 产业链图谱。

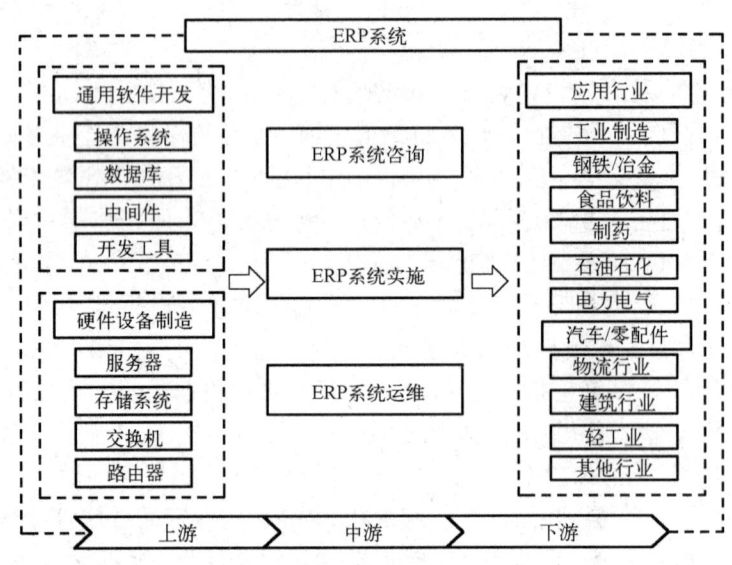

图 1-10　ERP 产业链图谱

（资料来源：前瞻产业研究院）

(3) ERP 软件行业竞争格局分析

我国本土 ERP 软件企业，相较于国际 ERP 巨头企业研发起步较晚，但技术水平提升速度较快，行业龙头企业(如用友软件、金蝶国际等)在 ERP 市场中的份额占比逐年增大，在高端领域也形成了一定的竞争力。表 1-4 给出了各主要 ERP 软件企业及业务对比。

表 1-4　主要 ERP 软件企业及业务对比

企业层次	企业	主要业务
国际 ERP 巨头	SAP	ERP 程序设计、系统安装与维护
	Oracle	服务器及工具、企业应用软件、ERP 软件
	IBM	ERP 实施和战略咨询规划
	埃森哲	高端 ERP 实施
	HP	高端 ERP 实施
国内 ERP 领导阶层（行业龙头企业）	用友软件	人力资源管理软件，客户关系软件，小型企业、财政及行政单位等管理软件开发与设计
	金蝶国际	管理软件开发与服务提供、云服务
国内 ERP 中产阶层	浪潮通软	云计算、大数据服务
	新中大	计算机软件的开发、技术咨询、技术转让及服务
	金算盘	提供企业资源计划系统(包括传统 ERP 和云 ERP)
国内中小型 ERP 软件企业	佳软	软件的研发、系统集成、服务等业务
	英克	计算机软/硬件的研制、开发与生产等业务
	金航数码	IT 基础设施与信息安全、管理与 IT 咨询等业务

（资料来源：华经情报网）

如图 1-11 所示，从整体 ERP 市场份额来看，用友软件占据 40%的市场份额，拥有绝对优势，是行业中的龙头企业。排名第二的是浪潮通软，市场份额为 20%。在我国高端 ERP 市场中，国外厂商占据主导地位。SAP 和 Oracle 分别占据第一、第二的位置，两者占比总和达到了 53%。相比之下，国内的 ERP 软件行业龙头企业用友软件和金蝶国际分别仅占 14%和 6%，相较于国外企业处于弱势。

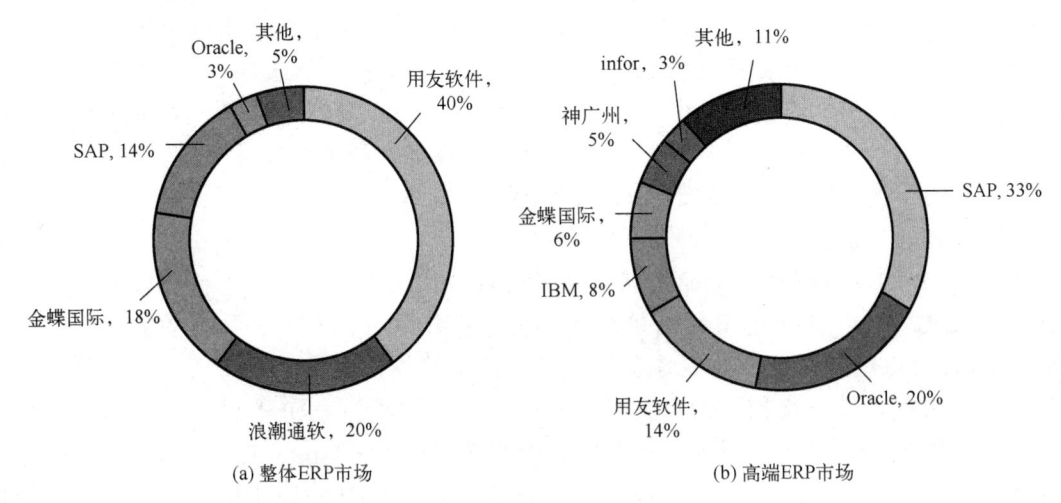

(a) 整体ERP市场

(b) 高端ERP市场

图 1-11 中国 ERP 软件行业竞争格局

（资料来源：华经情报网）

3. ERP 行业未来发展趋势

（1）云 ERP 快速发展

随着云服务的加速，云 ERP 为传统 ERP 带来了新的发展机遇。云 ERP 较传统 ERP 具有产品性能更全面、使用费用更划算、数据信息更安全、完善升级更高效及服务响应更快捷等优势。传统 ERP 在本地部署，这使得企业能够由自己控制内部数据，并且能更好地根据需求来定制个性化功能。但是这需要大量的硬件部署资金与专业团队进行维护，通常实施的周期也更长。相比较而言，云 ERP 前期投入资金更少，系统稳定性更高，由服务商提供相应的技术维护，同时也更易被访问。因此，对定制化需求和安全性需求高的大型企业往往会选择本地化部署，而技术、资金比较薄弱，需要灵活访问的中小型企业更适合选择云 ERP 进行部署。

云 ERP 模式降低了部署 ERP 的固定成本，同时缩短了交付的周期，这事实上降低了用户对 ERP 产品的黏性，消除了国内企业替换国外企业的壁垒。从我国云 ERP 市场的发展来看，国外 ERP 巨头在中国 ERP 云化浪潮中已丧失先机，如早在 2010 年 SAP 就已经推出了 SAP ByD 和 SAP 分析云，分别对应中小型企业的 ERP 应用和各类型企业的商务分析应用，但直到 2015 年 S/4HANA 发布，针对大型企业的高端 ERP 产品才具备云端部署能力，能够实现本地部署(On-Premise)和私有、混合云部署(On-Cloud)。2016 年，S/4HANA Cloud 的推出，补足了高端 ERP 产品的公有云部署能力。2018 年起 S/4HANA Cloud 在中国推广，截至目前尚未有公开标杆项目落地。而国内企业已积极布局，完成了 ERP 的云化升级，借云计算带来的系统替换机会，以期在高端 ERP 市场实现弯道超车。截至 2019 年，用友软件、金蝶国际、浪潮通软的云业务收入占各自总收入的比重分别为 23%、40%、20%，除金蝶国际 2019 年云业务增幅为 55% 外，用友软件和浪潮通软的云业务增幅均在 100% 以上，整体进展较为迅速。

(2) 中小型企业 ERP 发展前景广阔

在未来 ERP 的发展中，中小型企业 ERP 的建设将逐渐成为主流。当前大型企业的 ERP 市场正逐步走向饱和，在企业信息化管理日益重要的今天，中小型企业纷纷开始对 ERP 进行尝试。未来 ERP 的发展将更加专注于中小型企业的发展，一方面，这将有利于提升云 ERP 的市场份额；另一方面，随着电子商务概念的普及，以及网络技术、全球经济的发展，协同商务可以进一步发展，中小型企业的 ERP 系统将集成电子商务系统，改变单一的订货方式，拓宽上下游渠道，更有助于实现跨国企业合作。

(3) "ERP+" 概念普及[①]

未来 ERP 的发展将从制造业扩展到更多的行业，"ERP+" 的理念或将成为行业内的新词汇。"ERP+" 指 ERP 与其他有形或无形的东西相结合得到另一种有效的应用。未来的 ERP 或许可以将企业的公共关系管理、慈善活动等纳入系统中，将信息集成覆盖到企业的每一个方面，进一步加大信息集成的范围。各个行业与 ERP 的融合也将为社会服务业带来更大的机遇。当前，国内很多医院已经部署 "HIS(Hospital Information System)"，将医院的信息进行集成进而优化流程。与之类似，未来 ERP 的发展将扩展至社会上的各个行业，最终实现各行业信息的集成，并可能逐步发展成 "SRP(Society Resource Planning)"。

本章思考题

1. 简述 ERP 的内涵。
2. ERP 主要包含哪些功能模块？请画出 ERP 结构图并加以说明。
3. ERP 的发展经历了哪几个阶段？
4. ERP 与 MRP II 有什么区别和联系？
5. ERP 对于现代企业的经营的主要作用是什么？通过自己查找资料，结合书中的内容，谈一下你对 ERP 的理解。
6. ERP II 与 ERP 有何区别？未来的 ERP 将具有哪些特点？

延伸阅读

金蝶云 ERP

1. 关于金蝶云 ERP

金蝶国际软件集团有限公司（简称为"金蝶国际"或"金蝶集团"；股份编号：00268.HK）的总部位于中国深圳，始创于 1993 年。金蝶国际以"让数据驱动成功"为使命，以"成为最值得信赖的大数据服务公司"为愿景，以"走正道、行王道"为核心价值观，秉承"用

[①]《2020—2025 年中国 ERP 软件行业投资研究分析及发展前景预测报告》，华经产业研究院。

户至上、小、美、快"的产品服务理念，为全世界范围内超过 600 万家企业、医院、政府等组织提供软件产品与云服务，用户数超过 6000 万。

随着云计算和移动互联网技术的发展，作为中国管理软件行业的领导企业之一，金蝶国际也积极向云服务转型。金蝶云 ERP 是金蝶国际在移动互联网时代基于先进的技术研发的一款战略性 ERP 产品。它是基于云平台的全面业务信息化管理解决方案。金蝶云 ERP 采用 SOA 架构，完全基于 BOS 平台组建而成，业务架构上贯穿流程驱动与角色驱动思想，结合中国管理模式与中国管理实践积累，精细化支持企业财务管理、供应链管理、生产管理、供应链协同管理等核心应用。

企业使用金蝶云 ERP 不需要购买服务器、数据库，可以极大地降低 IT 运维的工作量，使得 IT 运维人员能够将时间和精力放到更重要的事情上。应用金蝶云 ERP，每年的使用成本相比传统 ERP 部署模式可以降低 70%以上。另外，金蝶云 ERP 的升级和扩容方式非常灵活，可以适应成长型企业的业务变化和快速扩张。更重要的是它可以按需租用，用户只需为正在使用的资源付费。此外，金蝶云 ERP 的售后服务是由金蝶国际总部的专业技术团队提供的(7×24 小时的在线服务)，当用户应用出现问题时，可以实现十分钟内响应，马上处理。

2. 面临的挑战

从企业级服务市场的现状来看，互联网化浪潮带来了新的机遇，也带来了更多挑战。传统企业虽然开始尝试互联网模式，学会了开网店及构建互联网商城，但从企业整体商业模式来看，并未带来颠覆式的改变。于是，传统企业开始寻找"互联网 DNA"，期望能够有一款适应时代发展的 ERP 产品。

2015 年 4 月 23 日，金蝶国际与亚马逊 AWS 签署全球战略合作协议，宣布将基于 AWS 云服务平台打造面向世界级的企业 ERP 云服务平台。通过本次战略合作，金蝶国际成为亚马逊 AWS 在全球云服务领域的核心合作伙伴，亚马逊 AWS 将与金蝶国际分享云计算领域的技术、方法、经验与知识，全力支持金蝶云 ERP 能力建设。在双方的共同努力下，基于互联网的云时代的 ERP——金蝶云 ERP 诞生了！随着金蝶云 ERP 用户数量的增加，如何增强云平台的可扩展性、提高自动化运维能力、提升云 ERP 服务的稳定性成为金蝶云 ERP 面临的主要挑战。

3. 为什么选择亚马逊 AWS

金蝶国际在选择云服务商时主要考虑 3 个因素：云平台的技术领先性、自动化运维和优异的技术支持服务及云服务商在云计算行业中所处的地位。在进行了详细的测试和对比之后，金蝶国际最终选择与亚马逊 AWS 合作，以实现金蝶云 ERP 的快速部署和自动化运维，降低成本，提升效率。

亚马逊 AWS 从 2006 年起就开始以云服务的方式为各种规模的公司提供 IT 基础架构，所采用的技术经过全球大量用户的检验，并被证明是安全、可靠且可扩展的。金蝶云 ERP 在正式迁移到亚马逊 AWS 云平台之前进行了小规模的部署测试，结果表明，亚马逊 AWS 云平台在安全性、可靠性、稳定性、可扩展性等方面都能充分满足金蝶云 ERP 的需求。目前，金蝶云 ERP 使用的亚马逊 AWS 云服务包括 Amazon EC2、Amazon S3、Amazon CloudWatch、Amazon VPC、Amazon DynamoDB、Amazon SNS、Amazon SQS、Elastic Load Balancing、Amazon Glacier、Amazon CloudFront。其中，Amazon EC2 和 Amazon S3 提供了最基础的计算和存储服务，金蝶云 ERP 可以依据用户规模随时扩展 Amazon EC2 实例的数量，再也不需要超量配置服务器来应对 ERP 用户的快速增长；而 Amazon S3 所提供的 99.999999999%的数据耐用性和 99.99%的数据可用性更是为金蝶云 ERP 的稳定性和可靠性提供了坚实的保障。

亚马逊 AWS 云平台采用开放的技术架构并提供了丰富的 AWS SDK 和大量的技术文档，这使金蝶国际能够非常方便地进行二次开发，结合 Amazon CloudWatch、Auto Scaling 等服务，实现金蝶云 ERP 的运维自动化。此外，在实际部署过程中，亚马逊 AWS 专业的技术服务支持团队会帮助用户进行多种测试，选择适当的配置以节省成本。金蝶云 ERP 采用了 Amazon VPC 环境，在两个 Amazon EC2 实例上部署 IIS 和 SQL Server，并希望在满足性能要求的前提下将成本控制到最优的程度。为了满足金蝶国际的需求，亚马逊 AWS 技术服务支持团队复制了金蝶云 ERP 的部署环境，并采用金蝶云 ERP 的压力测试工具进行测试比较，最终找到了解决问题的方法，帮助金蝶云 ERP 选择合理的 Amazon EC2 实例，节省成本。

此外，在云计算领域，亚马逊 AWS 无论是技术上还是市场上都一直是行业内的知名品牌，与亚马逊 AWS 的合作也提升了金蝶云 ERP 的品牌知名度，吸引了更多的用户使用金蝶云 ERP。

4. 获得的成效

使用亚马逊 AWS 云平台不仅大幅度提升了金蝶云 ERP 的运维自动化水平，节省了硬件购买成本和运维成本，同时还大幅度提升了系统的部署速度。过去在 IDC 托管模式下，部署一个新系统需要 2 小时，而在亚马逊 AWS 云平台上，只需要 15 分钟就能完成新系统的部署；完成金蝶云 ERP 的 SaaS 化改造所需的时间也从过去的 3 个月缩短到 1 个月。

更重要的是，部署在亚马逊 AWS 云平台上的金蝶云 ERP 彻底打消了企业部署 ERP 时的种种顾虑。首先，金蝶云 ERP 降低了 ERP 的部署成本，企业不需要购买软件和硬件，也不需要 IT 的运维人员，不需要购买服务器；其次，金蝶云 ERP 无须安装部署，用户可以即租即用，并且随时享受最新的金蝶云 ERP 软件服务，没有软件升级费用；最后，当企业业务快速发展时，ERP 部署不再成为瓶颈，因为部署在亚马逊 AWS 云平台上的金蝶云 ERP 可以根据用户的需求快速扩容，满足用户的应用需求。

(资料来源：AWS 案例研究——金蝶云 ERP)

第2章 需求管理

市场需求是企业生存的基础，企业的生产计划和经营活动也是由市场需求驱动的。销售是企业生产经营活动的中心，是实现企业生产经营成果的过程。销售管理则是计划、执行及控制企业的销售活动，以达到企业的销售目标。实现准确的销售预测和进行高效的销售管理是 ERP 系统需要完成的重要任务。本章将讲述销售预测的步骤和基本方法，以及分销需求计划、销售评估与控制等销售管理相关内容。

2.1 需求管理概述

2.1.1 销售环境与生产类型

本章首先介绍企业的销售环境与生产类型，因为企业的生产与销售密切联系，相互影响。各企业的产品结构和销售环境、方式的不同，导致了生产类型的千差万别，因而也就有了不同的计划与控制方法。从本质上说，生产类型的不同，在很大程度上反映的就是销售环境的不同。了解销售环境和生产类型对于我们理解销售预测和后面章节将讲到的 MPS、MRP 等内容是很重要的。

企业的生产类型可以分为以下 4 种。

- 面向库存生产（Make to Stock，MTS），也称现货生产或备货生产，是指在尚未收到客户订单的前提下，制订生产计划并组织生产，产品在接到订单之前就已经生产出来。这种生产类型的计划对象一般是最终产品，企业通过从市场收集到的信息（来源于市场调查或分销网络）对原材料、半成品或零配件等按比例组织生产，并由此产生产成品库存，直接供客户选择。MTS 不受生产订单的约束，生产计划的主动权比较大。

- 面向订单生产（Make to Order，MTO），也称订单生产或订货生产，是指按照实际的客户订单量来组织企业的生产活动。MTO 的计划对象一般也是最终产品，主要是标准型的定型产品，企业在接到订单后再开始生产产品，不需要重新设计和编制工艺。其特点是保证按订单合同期交货，库存量很少甚至没有，这样可以避免库存积压。

- 面向订单装配（Assembled to Order，ATO），也称订货组装。在很多情况下，企业要生产的最终产品往往是由很多个标准模块组合起来的。例如，客户可以对汽车的车身颜色、驱动系统、座椅、音响等不同部件进行自由选择，最终的汽车就是将客户选定的这些部件组合起来，从而成为满足客户需求的最终产品。如果最终产品的需求多样化并且稳定，但构成最终产品的组合部件种类较少，预测这些主要部件的需求就变得更为容易也更为精确。ATO 就是企业通常只持有生产最终产品所需的主要部件和组件的库存，当最终产品的订货到达以后再开始按订单组织生产。

- 面向订单设计（Engineer to Order，ETO），也称专项生产或订单设计，是指在接到客户的订单后，按客户的订单要求进行专门设计和组织生产过程，整个过程的管理按工程管理的方法进行，适用于复杂结构的产品的生产，如航天、造船、专用测试设备等，其计划对象是最终产品。

2.1.2 销售管理

销售是企业生产经营成果的实现过程，是企业经营活动的中心，是企业的价值来源。销售活动包括两个方面：一方面是将生产出来的产品发送给购货单位，另一方面是按照销售价格收取货款。销售在企业运作中是十分重要的活动，它要保证企业资金周转持续进行，企业的再生产过程才能得以进行。因此，对企业的销售数据进行科学分析，为企业经营管理者提供可靠、合理的决策依据，是十分重要的工作。

销售业务的完成需要企业的销售、仓库、财务等部门的协调工作，手工信息的传递无法满足销售业务的实时要求。在销售业务处理中，数据量大、日常数据处理频繁且实时性要求高、业务处理复杂且可靠性要求高，并且它与其他子系统的数据交换多，因此必须建立能够集中销售业务处理、计划、核算、监督、分析功能的销售管理系统，以完成销售业务的处理和管理。ERP 的销售管理功能就符合以上要求。

做好销售工作，首先要做好销售管理工作。许多企业销售业绩不佳，如产品销售不畅、应收账款未收、销售人员没有积极性、销售费用居高不下等问题，不是因为销售策略不正确、销售人员不愿努力，而是销售管理工作不到位造成的。

销售管理的主要业务包括以下几方面。

①开拓市场，并对企业的客户进行分类管理，维护客户档案信息，制定针对客户的合理价格政策，建立长期稳定的销售渠道。

②进行销售预测。销售预测指根据市场需求信息，进行产品销售的分析与预测。其过程是通过对历史的、现在的销售数据进行分析，同时结合市场调查的统计结果，对未来的市场情况及发展趋势做出推测，指导今后的销售活动和企业生产活动。销售预测是企业制订销售计划和生产计划的重要依据。

③制订销售计划。销售计划的制订是按照客户订单、销售预测情况和企业生产情况，对某一段时期内企业的销售品种、各品种的销售量与销售价格做出安排。企业的销售计划通常按月制订（或按连续几个月的计划滚动）。企业也可以制订针对某个地区或某个销售人员的销售计划。

④根据客户需求信息、交货信息、产品的相关信息及其他注意事项管理销售订单，并通过对企业生产可供货情况、产品定价情况和客户信誉情况的考察结果来确认销售订单。销售部门将销售订单信息传递给生产计划人员，以便安排生产，并进行订单跟踪与管理。销售订单是企业生产、销售发货和销售货款结算的依据。对销售订单的管理是销售工作的核心。

⑤按销售订单的交货期组织货源，下达提货单并组织发货，然后将发货情况转给财务部门。销售发货管理的内容包括根据销售订单中已到交货期的订单进行库存分配，下达提货单。

⑥开出销售发票并向客户催收销售货款，并将发票转给财务部门记账，即销售发票管理。

⑦为客户提供各种相关服务，为进一步稳固市场与开拓市场打下基础。

⑧进行销售统计分析。销售统计分析是指对各种销售信息进行汇总统计分析，即对各种产品的订单订货情况、销售情况、订单收款情况、销售发货情况、销售计划完成情况及销售盈利情况等，从地区、客户、销售人员及销售方式等多角度进行统计和分析。

2.1.3 销售预测

对销售和制造的有效管理，始于对市场需求的理解和预测，企业的计划、执行与控制活动最关心的还是未来的事情，因为过去的事已经无法控制，所以必须从现状出发为未来做好准备。由于企业的一切计划活动都与满足客户的未来需求有关，因此企业各部门都与销售预测有关。从企业管理的角度看，需求管理不仅要求企业了解和捕捉客户需求，还要求企业善于创造客户需求，用发展的眼光和辩证的方法分析客户需求、发展潜在需求，并把它转化成现实需求。

1. 独立需求与相关需求

了解需求预测之前，我们先来了解独立需求和相关需求的概念及其区别，因为它们在需求预测中的计算方式是不同的。

20 世纪 60 年代，IBM 公司的约瑟夫·奥利弗博士提出了把对物料的需求分为独立需求和相关需求的概念，相应地，物料分为独立需求物料和相关需求物料。

产品及其零部件各有不同的需求来源，某些项目的需求来自客户的指定，而另一些项目的需求则取决于其他项目的需求，会间接地受到客户需求的影响。

独立需求是指这一项目的需求与其他项目的需求无关，不受其他项目需求的影响。例如，产成品的需求、备品或备件的需求等，这类需求通常要做销售预测。独立需求最明显的特征是需求的对象和数量是不确定的，只能通过预测的方法粗略地估计。

相关需求是指企业内部物料转化各环节之间所发生的需求，也称为非独立需求。它可以根据对最终产品的独立需求精确地计算出来。一旦独立需求确定，即生产任务确定以后，对构成该产品的零部件和原材料的需求数量和时间是可以通过精确计算得到的。

需要注意的是，一个特定的存货项目在特定的时间内可能同时为独立需求和相关需求。例如，汽车制造厂对轮胎的需求是由计划生产的汽车数量决定的，属于相关需求；而对用于更换轮胎服务的轮胎的需求属于独立需求，在很大程度上由随机因素决定。

2. 销售预测的概念

在激烈的市场竞争环境当中，往往企业接到的客户订单所要求的交货提前期短于产品的生产提前期。在其他条件都相同的情况下，企业要想赢得市场竞争优势，就必须能够快速地满足客户的需求。为了达到这一目标，企业在接到客户订单之前必须根据销售预测先把许多工作做好。销售预测是对未来的客户需求的估计，企业中的一切计划活动都与满足客户的未来需求有关，企业许多方面的活动必须根据销售预测来开展。

销售预测是指充分估计未来特定的时间内，所有或某些特定产品的销售数量和金额。通常，销售预测是在充分考虑未来各种影响因素的基础上，结合企业及销售渠道以往的实际销售业绩，通过一定的分析得出可行的销售目标。

销售预测用过去的销售数量来预报未来的需求量，良好的销售预测有助于企业做好以下规划性的决策：

- 销售订单承接；
- 库存管理；
- 交货的承诺；
- 生产能力的要求；
- 资金的预算；
- 新产品的研发；
- 人力资源的配置。

市场营销人员常说在拿到客户订单之前，什么事也不会或没有发生。特别是很多企业是面向订单生产的，即接到订单以后按客户订单所要求的内容和交货时间来安排相关的生产活动，所以它们很容易忽视销售预测的重要性。但实际上，在收到客户订单之前已经发生了许多事情。由于市场变化愈来愈快，市场竞争日益加剧，客户要求的交货提前期越来越短，企业在接到客户订单后，很多原材料和半成品已经来不及采购和制作了。当产品的交货提前期小于该产品的累计提前期时，必须做好销售预测。另外，销售预测最明显的特征是"预测将是错误的"，即预测总是有偏差的。

3．销售预测的分类

大多数企业需要有多种销售预测。销售预测有多种分类方法，其中之一是按其所预测的期间长短来区分。

- 长期预测：用于工厂扩建与添置新机器、新设备，以便提前3年或更早地计划资本投资。
- 中期预测：用于设备、资金等资源的准备，或者制订具有较长提前期的物料的购买或生产计划，提前1～2年考虑季节性或周期性的产品。
- 短期预测：用于为采购件或自制件确定恰当的订货量与订货时机，计划恰当的制造能力，并考虑提前3～6个月调整工作负荷的可行性。
- 近期预测：用于每周或每日的装配进度的控制与产成品库存的分配。

长期预测涉及复杂的考虑，它的视界为向前看3～5年甚至更多年。较大的企业对这种预测越来越重视，但中小型企业大多忽视这种预测。一般说来，较短期的预测要具有更高的准确度。

此外，根据预测范围不同，销售预测可以分为宏观市场销售预测、行业销售预测及企业销售预测；按预测定性、定量原则，可以分为定性预测和定量预测两类；按照预测的对象划分，还可以分为对单个产品的预测和对产品类的预测。

不同生产类型的预测对象是不同的。面向库存生产的主要依据是预测结果，即使企业不预测，代销商也会进行预测。面向订单生产主要对原材料储备进行预测，可以运行计划物料单。面向订单装配，要对基本组件和可选件进行预测，一旦有了实际需求（销售订单），就要冲销产品的预测值，相关低层物料的预测值也同时冲销，以免重复计算增加库存。

4．销售预测的步骤

销售预测一般按照如图 2-1 所示的步骤进行。

第一步，确定预测目标。应明确预测对象，界定问题范围，确定要达到的预测目标，包括预测量、预测时间期限及计量单位等。

第二步，收集分析资料。根据预测目标，尽可能全面地收集与预测目标有关的各种资料和数据，并进行分析、整理和选择，去伪存真，尽可能保证数据的完整性和可靠性。

第三步，选择预测方案。根据预测目标及对数据资料的分析，选择合适的预测方案，建立相应的预测模型，并对预测模型在可行性、效率、精度、费用方面进行评价选择。

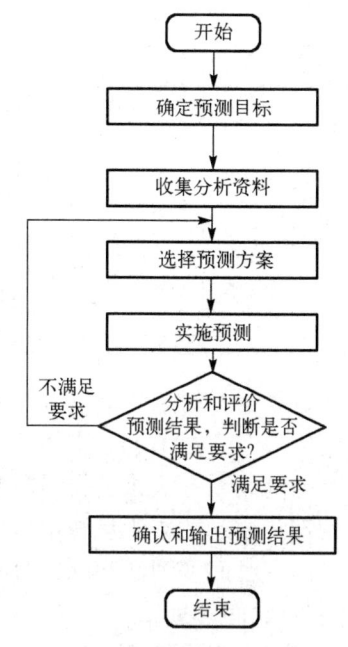

图 2-1　销售预测的步骤

第四步，实施预测。根据所选择的预测方案及所建立的预测模型，输入数据进行预测，求出预测的初步结果。

第五步，分析和评价预测结果，判断是否满足要求。如果预测结果满足了技术、经济和误差等要求，那么可以选择最佳的预测结果作为决策和制订 MPS 的依据。如果预测结果无法满足技术、经济和误差等要求，则返回第三步，重新选择预测方案进行预测。

通过上述步骤可以看出，销售预测这项工作并不是一次性的工作，而是一个反复修正、滚动进行的过程。当外界环境发生变化时（如市场增长率发生变化、新趋势出现、用户行为发生变化、竞争者的状况发生变化），需要根据这些新变化对预测模型进行修正或对预测模型中的相关参数进行修正，从而使得预测的结果与实际情况的偏离程度在可接受范围之内。

5．销售预测的方法

销售预测可以采用的方法有很多，不同的方法存在不同之处，各自适用于不同类型的企业。这些预测方法有许多共同的特征，具体总结为以下 3 点。

- 假设未来存在过去发生某一事件的状态。企业的管理层必须进行详尽的分析，对未来可能发生的突发事件予以足够的重视，并做好重新进行预测的准备。
- 受各种随机因素的影响，预测极少是准确的，实际情况与预测总存在差异。因此，预测时必须考虑这种差异。
- 预测的时间跨度越大，准确度越低。一般来说，短期预测的准确度更高。

现有的销售预测方法分为定性预测方法和定量预测方法。其中，定性预测方法一直是预测中不可缺少的分析方法，具有能快速发现问题、直观性强、主观性强的特点。常用的定性预测方法如表 2-1 所示。

表 2-1 常用的定性预测方法

方法	说明	应用
德尔菲法	通过调查问卷方式收集专家意见，并经过多次意见与信息反馈，直到对某个问题形成一致意见为止	常对于不确定性高的、时间较长的而且较为重大的问题进行预测
市场调查法	通过各种方法收集市场信息与相关数据，通过数据分析得出产品销售预测结果	应用于长期预测与新产品开发中
专家意见法	根据专家小组的预测，取得共识性的结论作为预测结果	对关键性问题进行预测
销售人员意见汇集法	销售人员通过与客户直接接触，能比较好地掌握客户需求，从而对各自负责的区域与产品进行预测，综合统计后可得出产品总销售预测结果	应用于需求比较稳定的产品的预测

这些不同的定性预测方法各自适用于不同类型的企业，方法比较灵活，视企业的需要而变化，在此并不一一讲述。

定量预测方法通过收集所观测的对象的相关属性数据，运用一定的数学方法对数据进行处理，通过数据所呈现出来的某种规律或某些特点得出可能的结论。销售预测的定量预测方法有时间序列法和回归分析法两类，下面介绍几种常用的定量预测方法。

(1) 时间序列法

时间序列模型以时间为独立变量，利用过去需求随时间变化的关系来估计未来需求。时间序列构成：趋势值、平均值、周期、季节因素和随机因素。模型类型有时间序列平滑模型和时间序列分解模型。

时间序列平滑模型通过对多期数据采用各种求平均的办法，尽量消除或减少随机因素的影响，以使预测结果可以较好地反映需求水平。具体方法有如下几种。

① **朴素法**：即假定下一期需求与最近的一期需求相同。这样仅仅需要上一期的实际数据就可以进行预测。

② **移动平均法**：即用一组最近的实际(数据)值来进行预测。当产品需求既不快速增长也不快速下降，且不存在季节因素时，移动平均法能有效地消除预测中的随机因素。

这里介绍简单移动平均法，其计算公式为：

$$预测值 = \frac{\sum 前 n 期实际值总和}{n} \quad (n 为移动平均期数) \quad (2-1)$$

【例 2-1】

某电脑公司品牌机的逐月销售量如表 2-2 所示，试取移动平均期数为 3 进行预测。

表 2-2 某电脑公司品牌机的逐月销售量

月份	实际销售量/千台	预测值/千台
1	16	
2	19	
3	23	
4	26	
5	30	

续表

月份	实际销售量/千台	预测值/千台
6	28	
7	18	
8	16	

本例解答：按照简单移动平均法，得到本例计算过程及结果如表 2-3 所示。

表 2-3 本例计算过程及结果

月份	实际销售量/千台	预测值/千台
1	16	
2	19	
3	23	
4	26	(16+19+23)/3=19.33
5	30	(19+23+26)/3=22.67
6	28	(23+26+30)/3=26.33
7	18	(26+30+28)/3=28
8	16	(30+28+18)/3=25.33

③**加权移动平均法**：当存在可察觉的趋势时，可以用权数来强调最近的数据，也就是说给最近的数据以更大的权数。权数的选择可以使用经验法和试算法。

加权移动平均法的计算公式为：

$$预测值 = \frac{\sum 第 n 期权数 \times 第 n 期实际值}{\sum 权数} \quad (n 为移动平均期数) \qquad (2-2)$$

【例 2-2】

公司实际销售数据同例 2-1，移动平均期数同样为 3，权数分别为 3、2、1，越接近预测期的数据权数越大。加权移动平均法的计算过程及结果如表 2-4 所示。

表 2-4 加权移动平均法的计算过程及结果

月份	实际销售量/千台	预测值/千台
1	16	
2	19	
3	23	
4	26	(1×16+2×19+3×23)/6=20.5
5	30	(1×19+2×23+3×26)/6=23.83
6	28	(1×23+2×26+3×30)/6=27.5
7	18	(1×26+2×30+3×28)/6=28.33
8	16	(1×30+2×28+3×18)/6=23.33

简单移动平均法和加权移动平均法在去除随机因素方面是很有效的，加大移动平均期

数会使平滑效果更好，但从另一方面讲，预测值对实际数据的变化就会不敏感。而且在数据呈现增加或减少趋势的情况下，简单移动平均法总是有一定的滞后效应，如图 2-2 所示。

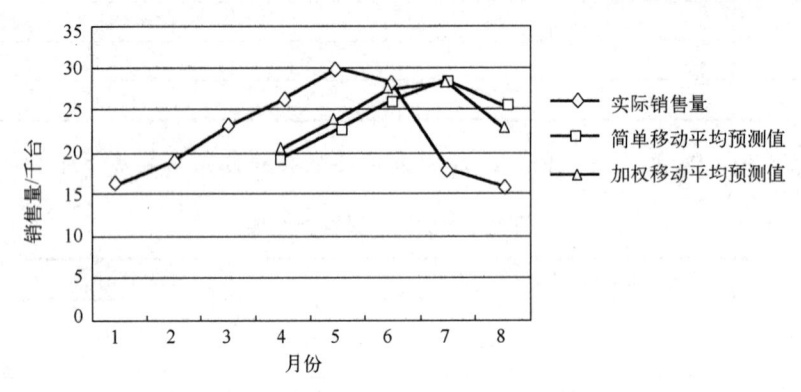

图 2-2 简单移动平均法的平滑和滞后效应

④**指数平滑法**：指数平滑法是另一种形式的加权移动平均法。加权移动平均法只考虑最近的 n 期历史数据，而指数平滑法考虑所有的历史数据，而且近期数据的权重大，远期数据的权重小。具体方法有一次指数平滑法和二次指数平滑法。

一次指数平滑法的计算公式为：

$$F_t = F_{t-1} + \alpha(A_{t-1} - F_{t-1}) \tag{2-3}$$

其中，F_t=当期预测值；F_{t-1}=上期预测值；A_{t-1}=上期实际值；α=平滑系数。

【例 2-3】

表 2-5 中第二列为某机械设备销售公司 2004 年的销售数据。用一次指数平滑法计算的预测值如表 2-5 所示，第三列、第四列分别是平滑系数为 0.4 和 0.6 情形下的预测结果。

表 2-5 一次指数平滑预测　　　　　　　　　　　　　　　　单位：千台

月份	上期实际值 A_{t-1}	当期预测值 F_t（α 取 0.4）	当期预测值 F_t（α 取 0.6）
1	1200		
2	1300	1200	1200
3	1600	1240	1260
4	1900	1384	1464
5	2300	1590.4	1725.6
6	2600	1874.2	2070.2
7	3000	2164.5	2388.1
8	2800	2498.7	2755.2
9	1800	2619.2	2782.1
10	1600	2291.5	2192.8

平滑系数 α 的取值不同会影响预测值，图 2-3 显示了不同平滑系数取值下的预测值和实际值。

第 2 章 需求管理

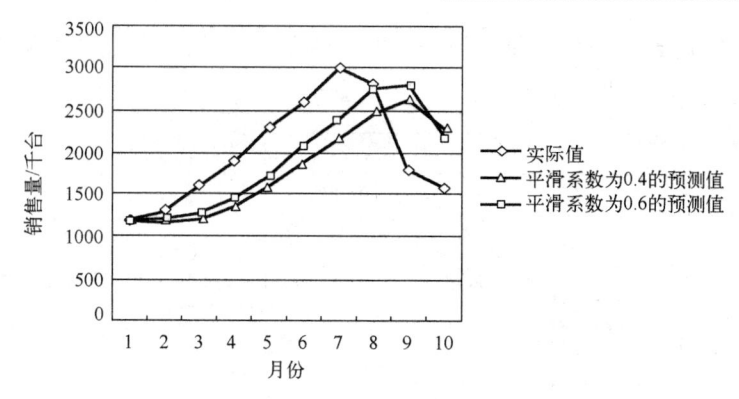

图 2-3 不同平滑系数取值下的预测值和实际值

在处理有上升或下降趋势的时间序列数据时,最好用二次指数平滑法,其计算公式如下。

二次指数平滑预测值 = 一次指数平滑预测值+趋势校正值,即:

$$T_t = (1-\beta)T_{t-1} + \beta(F_t - F_{t-1}) \tag{2-4}$$

其中,T_t = 二次指数平滑预测值;
T_{t-1} = 第 $t-1$ 期的趋势校正值;
β = 二次指数平滑系数;
F_t = 第 t 期一次指数平滑预测值;
F_{t-1} = 第 $t-1$ 期一次指数平滑预测值。

【例 2-4】

表 2-6 中的数据同例 2-3。用二次指数平滑法计算的结果如表 2-6 所示。图 2-4 显示了不同平滑系数取值下预测值和实际值的比较。

表 2-6 二次指数平滑预测计算　　　　　　　　　　　　　　　单位:千台

月份	上期实际值 A_{t-1}	一次指数平滑预测值 F_t(α 取 0.4)	二次指数平滑预测值 T_t(β 取 0.5)
1	1200		
2	1300	1200	1200
3	1600	1240	1260
4	1900	1384	1466
5	2300	1590.4	1734.6
6	2600	1874.2	2088.3
7	3000	2164.5	2416.7
8	2800	2498.7	2791.9
9	1800	2619.2	2826.1
10	1600	2291.5	2231.1

以上几种方法均采用时间序列平滑模型。此外还有时间序列分解模型,该模型把时间序列数据分解为趋势值、季节因素、周期因素和随机因素 4 个分量,并在对各种预测分量

单独进行预测的基础上，综合处理各种分量的预测值，以得到最终的预测结果，常用于预测季节变动情况下的销售量。

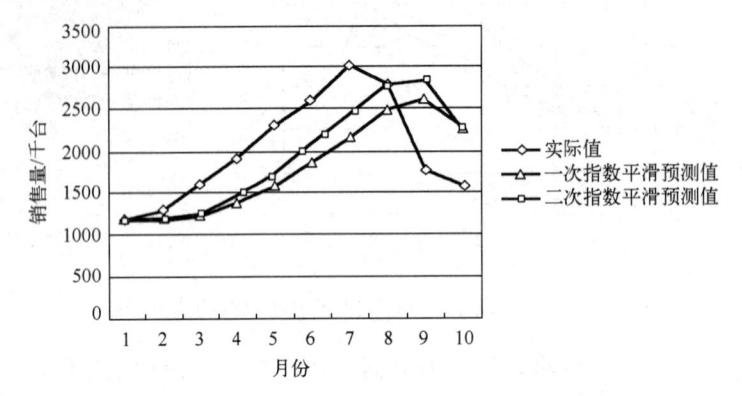

图 2-4　二次指数平滑法预测值和实际值

时间序列分解模型的方法有乘法模型法和加法模型法①，具体如下。

乘法模型法：预测值=趋势值×季节因素×周期因素×随机因素。

加法模型法：预测值=趋势值+季节因素+周期因素+随机因素。

(2) 回归分析法

回归分析法常用的有一元线性回归分析法和多元线性回归分析法。在此仅介绍一元线性回归分析法。

一元线性回归分析法比较适用于销售金额呈线性增长的企业进行销售预测，它的基本逻辑可以用一元线性回归方程 $Y = a + bX$ 表示。其中，X 为自变量，表示时间；Y 为因变量，表示随着时间变化的销售数量或金额，即一元线性回归分析法的预测值；a 为回归直线在 Y 轴上的截距；b 为回归直线的斜率。

利用一元线性回归分析法进行销售预测的重点是根据历史销售数据，求出方程中的 a 和 b 的值。计算过程一般有以下几步。

① 设有 n 个销售期间，构成 n 个点 (X_i, Y_i)，$i = 1, 2, 3, \cdots, n$，找到最接近这些点的一条直线，就能得到 a、b 的值和回归直线。

② 设现有的 X 所对应的估计值为 $y_i = bX_i + a$，$i = 1, 2, 3, \cdots, n$，并令：

$$Q = \sum_{i=1}^{n}(Y_i - y_i)^2 = \sum_{i=1}^{n}(Y_i - bX_i - a)^2$$

③ 为了求得这条与所有 (X_i, Y_i) 最接近的一条直线，令：

$$\begin{cases} \dfrac{\partial Q}{\partial a} = 2\sum_{i=1}^{n}(Y_i - bX_i - a) = 0 \\ \dfrac{\partial Q}{\partial b} = 2\sum_{i=1}^{n}(Y_i - bX_i - a)X_i = 0 \end{cases}$$

---

① 感兴趣的读者可以参考《ERP 原理与应用教程》第 4 章(陈庄，杨立星，刘永梅. ERP 原理与应用教程[M]. 北京：电子工业出版社，2003.)。

④求解以上方程组，得到：

$$\begin{cases} b = \dfrac{n\sum XY - \sum X \sum Y}{n\sum X^2 - \left(\sum X\right)^2} \\ a = \dfrac{\sum Y - b\sum X}{n} \end{cases} \quad (2\text{-}5)$$

这样，计算出 a 和 b 的值，就能得到回归直线，由此得到销售预测值。

【例 2-5】

一元线性回归分析法举例：利用表 2-7 中的数据求解一元线性回归方程。

表 2-7　自变量和因变量原始数据及计算中间数据

X	Y	X^2	XY
1.5	156	2.25	234
2	153	4	306
2.3	157	5.29	361.1
2.2	168	4.84	369.6
2.1	162	4.41	340.2
2.6	165	6.76	429
3.2	185	10.24	592
3	179	9	537
3.5	190	12.25	665
3.4	188	11.56	639.2
$\sum X = 25.8$	$\sum Y = 1703$	$\sum X^2 = 70.6$	$\sum XY = 4473.1$

根据以上数据和式(2-5)，可以求得：

$$b = \frac{10 \times 4473.1 - 25.8 \times 1703}{10 \times 70.6 - 25.8^2} = 19.66$$

$$a = \frac{1703 - 19.66 \times 25.8}{10} = 119.58$$

所以，一元线性回归方程为 $Y = 119.58 + 19.66X$。

下面举一个 ERP 销售预测的实例。

【例 2-6】

某水泥企业 2000—2006 年销售数据如表 2-8 所示，请对该企业 2007 年每月市场需求进行预测。

表 2-8 某水泥企业 2000—2006 年销售数据　　　　　　　　　　单位：万吨

年份	\multicolumn{13}{c}{月销售量}
	1月	2月	3月	4月	5月	6月	7月	8月	9月	10月	11月	12月	合计
2000	5	5	7	10	12	13	8	6	12	12	8	7	105
2001	7	9	8	12	15	18	16	10	17	21	9	10	152
2002	9	8	13	13	18	23	14	12	24	22	9	9	174
2003	10	12	15	16	18	20	15	14	25	24	10	9	188
2004	13	11	16	15	20	24	18	16	30	28	14	12	217
2005	16	15	19	24	30	35	23	20	36	36	26	20	300
2006	16	17	20	25	32	34	26	21	37	34	23	25	310

解题过程如下。

第一步：预测 2007 年销售总量。

根据表 2-8 中的数据和式(2-5)，建立一元线性回归方程：$Y = 70.29 + 34.07X$；2007 年销售总量预测：当 $X = 8$ 时，$Y = 342.85$。

第二步：计算季节指数。

表 2-9 为 2000—2006 年的月均销量，按各个月份分别加总后再求月均销量。

表 2-9 月均销量　　　　　　　　　　单位：万吨

月份	1	2	3	4	5	6	7	8	9	10	11	12
月均销量	10.86	11.00	14.00	16.43	20.71	23.86	17.14	14.14	25.86	25.29	14.14	13.14

2000—2006 年，7 年的总平均月销量=7 年总销量/(7×12)=17.21。接下来计算季节指数，季节指数=2000—2006 年月销量/总平均月销量，得到的结果如表 2-10 所示。

表 2-10 季节指数　　　　　　　　　　单位：万吨

月份	1	2	3	4	5	6	7	8	9	10	11	12
季节指数	0.63	0.64	0.81	0.95	1.20	1.39	1.00	0.82	1.50	1.47	0.82	0.76

第三步：预测 2007 年月销量。

2007 年月均销量预测值=2007 年销售总量预测值/12 = 28.57，考虑季节指数的影响，2007 年月销量预测值=月均销量预测值×季节指数，因此预测得到的 2007 年月销量如表 2-11 所示。

表 2-11 2007 年月销量预测　　　　　　　　　　单位：万吨

月份	1	2	3	4	5	6	7	8	9	10	11	12
月均销量	28.57	28.57	28.57	28.57	28.57	28.57	28.57	28.57	28.57	28.57	28.57	28.57
季节指数	0.63	0.64	0.81	0.95	1.20	1.39	1.00	0.82	1.50	1.47	0.82	0.76
月销量	18.00	18.28	23.14	27.14	34.28	39.71	28.57	23.43	42.86	42.00	23.43	21.71

2.2　分销网络的销售需求管理

2.2.1　分销与分销网络

众所周知，产品、价格、促销和分销是企业市场营销组合策略的 4 个要素(简称 4PS)，成功的市场营销要求企业拥有优良的产品、合理的价格、有力的促销手段及保证产品顺利运输到正确的地点。在供应链中实现物资实体由产品供应商送达消费者或最终客户的服务过程中涉及的一系列活动，就是实物分销(Physical Distribution)。

分销渠道是产品从制造商手中传至消费者或最终客户手中所经过的各中间商连接起来的通道。分销渠道的成员包括制造商、中间商和消费者或最终客户。由于存在各种中间商，不同产品或同一产品的分销渠道可以大不相同，因而可以有多条分销渠道。在这个整体中的每一条分销渠道，既要满足市场需求，又要发挥渠道成员的最大功效。不同的渠道之间通过相互补充和配合共同满足市场需求，从而完成整体分销的目标。这个有机整体所形成的是一个包括多种分销渠道的网络系统，也就是分销网络。

简要而言，分销网络是分销实现过程中所涉及的一系列相互联系、相互依赖的组织和个人的集合。这些组织和个人通过分工和协作，形成系统的跨越企业边界的网络组织，使产品和服务能够有效地从制造商转移至消费者或最终客户手中。分销网络是网络组织的一种特定模式，也可以认为它是以独立个体或群体为节点，以彼此之间复杂多样的经济联系为线路而形成的介于企业与市场之间的一种制度安排。因此，它具有网络组织的一些典型特征，如合作性、创造性及复杂性等。图 2-5 是一个二级分销网络示意图。

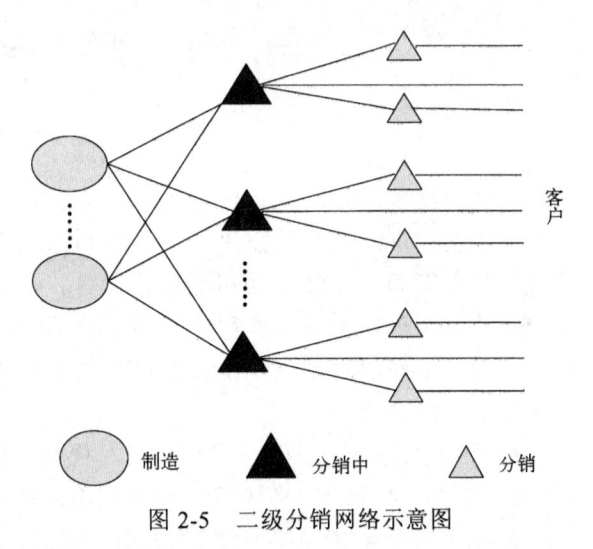

图 2-5　二级分销网络示意图

2.2.2　分销需求计划的概念

当企业从项目发展到产品、从局部市场发展到全国市场甚至世界市场时，产品销售是建立在与分销商的合作之上的，而且需要有吸引力的目标和体系，来保证分销渠道的不断发展，形成覆盖面广、销售力强的分销网络，这样才能为企业发展构建起牢固的基础。

分销需求计划(Distribution Requirements Planning，DRP)，是 ERP 的销售管理功能在分销网络中的应用扩展，是为具有多地点而各地点之间有着相互依赖的供给和需求关系的企业而设计的。企业实施分销需求计划的目的是有效地控制、管理分销网络中的各种资源，使企业对订单和供货具有快速反应和持续补充库存的能力，从而实现最大的经济效益。

图 2-6 是企业分销需求计划示意图。在分销网络中，下层零售点向上一层订货，最上层直接向生产企业订货，最低零售点直接将产品卖给客户，这些零售点就形成了一个多级分销网络(Multilevel Distribution Network，MDN)。分销需求计划不仅面向各类商业贸易企业，而且也可以帮助许多其他类型的企业(如一些非生产、公益事业的企业)进行资源计划和管理。

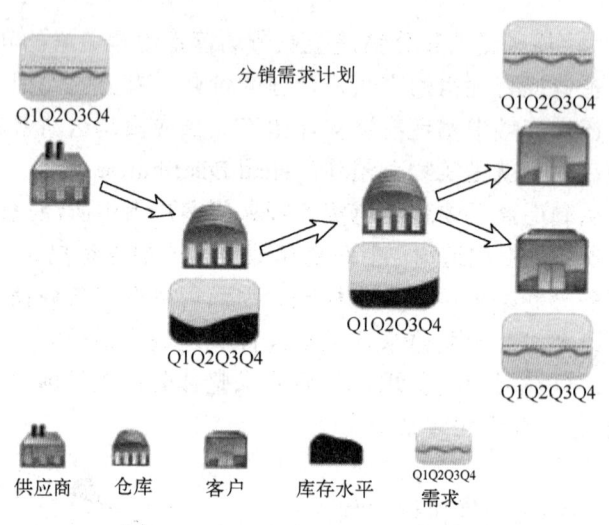

图 2-6　企业分销需求计划示意图

而我们提到的分销资源计划(Distribution Resource Planning，DRPⅡ)，其实是对分销需求计划的扩展，除分销需求计划的物料需求外，还包括仓库管理和布局设计、人力资源管理、资金管理、运输工具和运输计划等。两者的功能覆盖范围有所区别。

分销资源计划就是为了解决在整个分销网络中因缺乏准确、高效的信息支持而导致计划不准确、生产混乱、企业错过商机、产品积压等问题而产生的。概括地说，这些问题集中在以下方面。

- 采取什么样的销售方式？直销？代销？代理？特许专卖？销售架构？
- 制定什么样的价格政策才能适应不同的地区、不同的销售业绩等情况？
- 如何分配销售网络资源(如人员、库存)？
- 如何及时收集市场信息(如产品销售情况、对手销售情况与市场销售环境)？
- 怎样制订销售计划？
- 如何进行销售网络核算、控制销售回款？
- 如何更合理地优化总部、分部库存机构，制订采购计划、生产计划及配货计划？

数据分析和销售计划是分销资源计划的核心，其主要作用是帮助企业制定销售政策、制定需求大纲(作为生产、采购的依据)、合理分配资源、改善分销网络管理。

2.2.3　分销需求计划的基本原理

分销需求计划的处理逻辑主要围绕这些问题：要卖什么？在哪里卖？已经有了什么？已经订购了什么？还缺什么？什么时间订货？分销需求计划汇总了各地的销售需求量，提供给制造商制订销售计划或主生产计划。

分销需求计划的处理过程如图 2-7 所示，可见分销需求计划的主要功能有库存配置、车辆负荷计划等。

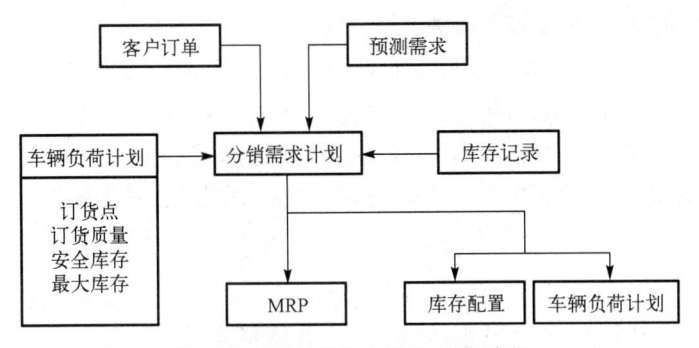

图 2-7 分销需求计划的处理过程

当仓库某项物料的库存量小于需求量时，库存配置功能将发生作用，它能自动进行计算，将多级仓库网中上一层仓库的物料库存按一定比例进行分配。车辆负荷计划是分销需求计划的一个辅助功能，它能够按照物料的重量、体积、仓位及优先顺序给各类车辆分派装运任务，确定发运计划、装货次序及装货方式。

由于多工厂、多分销中心、多仓库、多地点的企业的各个地点之间存在着互相依赖的供应和需求关系，因此在每个点上都可以运行分销需求计划，并且按照需求点至供应点的先后次序运行。它们形成了网络，供应点和需求点通过网络相互连接，根据网络模型制订供需计划，根据运输进度表管理发货计划。

分销需求计划采用的基本原理与物料需求计划(MRP)相同，都是一种分时段的计算方法(本书第 5 章将详细介绍 MRP)，在订货批量规则上，往往采用订货点法或周期批量法，并考虑安全库存。分销需求计划依据客户的需求，对照各代销点、零售商、批发商、区域仓库和中心仓库的库存量及在途的库存量(逻辑仓库)，集成销售网点、区域仓库和制造厂家的信息，决定多级分销网络中各网点的订货量和订货时间，用补库单的形式，提出对物料的需求，并据此生成制造厂家的主生产计划(MPS，将在本书第 4 章详细介绍)。分销需求计划的处理逻辑如图 2-8 所示。

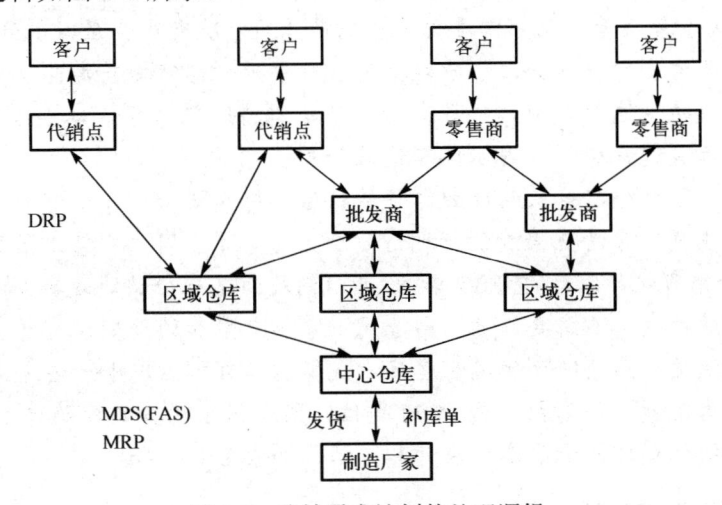

图 2-8 分销需求计划的处理逻辑

2.2.4 分销需求计划的计算

分销需求计划的计算逻辑如下所述[①]。
- 各网点的毛需求量计算：零售点（底层网点）的毛需求量根据以往销售情况进行预测；上级网点的毛需求量根据下级网点的计划订货量进行计算。
- 各网点进行订货的条件：预计现有库存量到达规定的安全库存量以下时进行订货。计划订货量根据净需求量来计算，并通过相应的批量规则决定最终的计划订货量。

【例 2-7】

某城市有一个分销商和两个零售点 A、B，具体销售情况如下。

零售点 A：订货提前期为 2 周，安全库存量为 50 单位，现有库存量为 250 单位，订货批量为 200 单位；

零售点 B：订货提前期为 3 周，安全库存量为 70 单位，现有库存量为 100 单位，订货批量为 300 单位，第一周计划收货量为 300 单位；

分销商：订货提前期为 2 周，安全库存量为 500 单位，现有库存量为 800 单位，订货批量为 1000 单位。

两个零售点的需求如表 2-12 所示。试计算确定该分销商和两个零售点的计划订货量。

表 2-12 零售点 A、B 的需求情况

周数		1	2	3	4	5	6	7	8
零售点 A	计划需求量（单位）	50	60	70	40	50	40	80	60
零售点 B	计划需求量（单位）	60	60	60	65	65	60	60	70

本例的计算过程如下。

根据分销需求计划的计算逻辑，首先应确定 A、B 两个零售点的计划订货量。第 1 周，零售点 A 的计划需求量为 50 单位，现有库存量=期初库存量 250－计划需求量 50＝200 单位，大于安全库存量，不需要订货。第 2 周计划需求量为 60 单位，计算出现有库存量为 140 单位，大于安全库存量，仍不需要订货。到第 4 周，现有库存量减少到 30 单位，低于安全库存量，需要发出订货计划，订货批量为 200 单位，订货提前期为 2 周，因此需要在第 2 周订货 200 单位，这样发出订货计划后，第 4 周的现有库存量为 230 单位。零售点 B 的计划订货量的计算过程相同。具体计算结果如表 2-13 所示。

在计算出 A、B 两个零售点的计划订货量以后，将其累加，分销商的计划订货量将据此进行调整。第 1 周，零售点累加的计划订货量为 0；第 2 周，零售点累加的计划订货量为 200 单位，分销商此时的库存（800 单位）可以满足；这样分销商现有库存量减少到 600 单位，大于安全库存量，不需要订货；第 3 周，零售点累加的计划订货量为 300 单位，分销商的库存可以满足，则分销商的现有库存量减少到 300 单位，小于安全库存量，需要订货，订货提前期为 2 周，订货批量为 1000 单位，因此第 1 周分销商的计划订货量为 1000 单位。以后各周的计划订货量依本方法计算，结果如表 2-13 所示。

[①] 有关"毛需求量""净需求量""批量规则"等概念可以参考本书 4.2.3 节。

表 2-13 分销商和零售点 A、B 的需求和库存情况

	周数	1	2	3	4	5	6	7	8
零售点 A	计划需求量(单位)	50	60	70	40	50	40	80	60
	现有库存量(单位)	200	140	70	30 (230)	180	140	60	0 (200)
	计划订货量(单位)		200				200		
零售点 B	计划需求量(单位)	60	60	60	65	65	60	60	70
	现有库存量(单位)	340	280	220	155	90	30 (330)	270	200
	计划订货量(单位)			300					
分销商	计划需求量(单位)		200	300			200		
	现有库存量(单位)	800	600	300 (1300)	1300	1300	1100	1100	1100
	计划订货量(单位)	1000							

在后面的第 5 章讲到 MRP 时，会发现其计算逻辑和分销需求计划是基本相同的。但 MRP 与分销需求计划是有区别的：MRP 主要应用在制造领域，物料的形态不断变化，而分销需求计划应用在流通领域，物料形态并不发生改变；MRP 按照产品结构文件自上而下进行处理，而分销需求计划则是从局部出发，按分销网络自下而上地处理，覆盖全局。

2.3 销售评估与控制

销售评估与控制是指通过对销售计划、销售产品、销售区域、销售额、客户等数据进行统计分析，对销售活动进行评估，进而指导企业采取合适的措施确保达到计划销售目标。

销售评估与控制主要有以下 3 个目的。
- 分析销售人员在销售过程中获得利润的效率与效果，并对其进行监督。
- 了解销售业绩，分析各种费用使用的情况。
- 评估销售活动，并指导企业采取措施确保达到计划销售目标。

下面介绍几种具体的评估方式。

2.3.1 销售分析

销售分析是指测量和评价实际销售额与预期销售额的关系。分析的目的在于实现科学决策，分析建立在真实数据基础之上，ERP 可以为分析提供准确而详细的各种销售记录。销售分析基于系统的原始销售业务数据记录，对历史销售情况进行定量分析，以便正确评价企业过去的销售经营业绩，准确估计销售业务的潜力，找出销售业务的不足，这样不仅可以判断实际生产经营是否已达到预期的目标，而且可以从中发现系统存在的各种问题，如企业的销售策略是否正确、组织机构是否合适、措施是否得当等。

销售分析的具体方法有销售差额分析和微观销售分析，下面结合具体例子介绍这两种分析方法。

1. 销售差额分析

销售差额分析的目的是测量不同因素对销售差额的相对作用,具体如下面的例子。

【例 2-8】

某公司年度计划要求第一季度以单价 1 元售出 5000 个产品,销售额为 5000 元。公司实际售出单价为 0.8 元,数量为 4000 个,销售额为 3200 元。实际销售额与计划要求差额是 1800 元。

根据以上情况,分析出没有达到预期销售目标的原因有:

因降价引起的差额=(1−0.8)×4000 = 800(元)(占 44.5%)

因销售数量下降引起的差额= 1×(5000−4000)= 1000(元)(占 55.5%)

2. 微观销售分析

微观销售分析则是分别从产品销售及其有关方面来考虑未能达到预期销售目标的原因。

【例 2-9】

某公司产品 B 的销售情况如表 2-14 所示。

表 2-14 某公司预期和实际销售情况

地区	销售区 1	销售区 2	销售区 3	合计
预期销售额(元)	1500	500	2000	4000
实际销售额(元)	1400	525	1075	3000
差额(元)	−100	+25	−925	−1000
比例	−7%	+5%	−46%	−25%

根据上表的数据,分析结果为销售区 3 是引起销量下降的主要原因。公司需要对销售区 3 销量下降的原因进行调查,可能是销售人员不努力,也可能是出现了新的竞争对手,或者是该区经济下滑等。

2.3.2 市场份额分析

一般而言,销售额的高低并不能表明企业比竞争对手做得好或做得差,管理部门需要跟踪市场份额,因为市场份额的增减能说明相对于竞争对手企业自己做得如何。

市场份额分析的方法可以用以下公式进行计算:

总体市场份额=客户渗透率×客户忠诚度×客户选择性×价格选择性

其中,客户渗透率为向本企业购买产品的客户与总客户数之比;客户忠诚度为客户从本企业购买产品的数量与这些客户从其他提供同类产品的供应商购买数量之比;客户选择性为本企业客户购买的平均量与某个一般企业客户购买量之比;价格选择性为企业平均价格与所有企业平均价格之比。

作为一个营销管理者，必须要把销售目标转化为市场份额，因为市场份额能显示出企业的销售目标是通过扩大市场还是争夺竞争对手的份额达到的。所以，市场份额又是市场变化的指示器，可以为企业制定竞争战略提供依据。

2.3.3 费用与销售额的比率分析

该方法通过计算各种费用与销售额之间的比率，以对超标的费用进行原因分析和控制。这些费用比率指标主要有以下几种：

- 销售人员费用与销售额之比；
- 广告费用与销售额之比；
- 促销费用与销售额之比；
- 市场调查费用与销售额之比；
- 销售管理费用与销售额之比。

当某一项费用超过正常波动幅度时，应该加以注意，并及时采取措施进行控制。

【例 2-10】

图 2-9 显示了 8 个地区 A～H 的某种费用与销售额的比率关系。费用与销售额正常比率关系应如图中对角线所示。

本例分析结果如下。

地区 G 的销售额与费用的比率与预期一致。

地区 A、B 以较高的费用完成了较高的销售额。

第二象限的地区 D 没有完成预期销售额，却花费了很高的费用，对该地区应该加以关注，查究原因。

地区 H 的费用不高，但销售额也不高，应该加大销售力度。

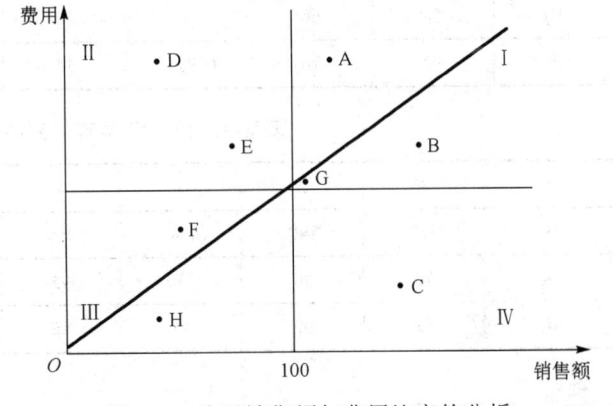

图 2-9 地区销售额与费用比率的分析

本章思考题

1. 需求预测有哪些基本方法？
2. 说明移动平均法和指数平滑法的原理。
3. 什么是分销资源计划？它的作用是什么？分销资源计划适合应用于什么样的环境？
4. 销售评估与控制的作用是什么？
5. 销售评估与控制有哪些方法？
6. 分销需求计划计算练习：假设某城市有一个分销商 A，为三个零售点 B_1、B_2 和 B_3 配送商品 X 和商品 Y。现已知分销商和零售点的商品 X 和 Y 的现有库存、安全库存、订货批量、订货提前期，如表 2-15(a)所示(分销商和零售点的计划订货量均为 0)；各零售点每周对商品 X 和 Y 的计划需求如表 2-15(b) 和 2-15(c) 所示。请计算分销商 A 和零售点 B_1、B_2 和 B_3 的计划订货量。

表 2-15(a)　分销商和零售点的基本数据　　　　　单位：吨

项目	现有库存		安全库存		订货批量		订货提前期	
商品	X	Y	X	Y	X	Y	X	Y
A	600	800	400	500	800	1000	2	2
B_1	450	900	60	160	200	800	2	3
B_2	300	600	60	90	300	300	2	2
B_3	340	750	70	100	200	300	2	2

表 2-15(b)　各零售点对商品 X 的计划需求　　　　　单位：吨

周	1	2	3	4	5	6	7	8
B_1	40	50	70	80	50	40	40	40
B_2	60	60	50	50	50	70	70	60
B_3	70	70	70	50	50	50	65	65

表 2-15(c)　各零售点对商品 Y 的计划需求　　　　　单位：吨

周	1	2	3	4	5	6	7	8
B_1	120	140	140	150	120	135	135	150
B_2	80	80	100	95	95	100	70	70
B_3	90	90	80	80	100	100	80	80

延伸阅读

客户分析及客户画像

在大数据环境下，客户分析是企业更好地进行客户选择、产品定位的基础。横向来看，可以分析客户的购买类型，发现不同类型客户购买数量的变化、老客户的重复购买情况、新客户的类型，根据分类情况设计有针对性的客户促销策略；分析客户的贡献率，找出符合 20/80 规律的优质和重点客户，做好主动服务。纵向来看，可以分析客户购买周期、购买行为的变化，分析客户满意度及客户保持率、流失率的情况，调整销售人员的销售方法，优化公司的销售流程，完善公司的销售管理[①]。

客户分析的重要方法之一是客户画像。如图 2-10 所示，其基本步骤包括：数据建模、确立客户画像维度、形成标签及分类、形成初步客户画像、评估客户画像及持续优化。在实践中，为便于管理标签，分类的深度通常控制在四级，如表 2-16 所示。

[①] 张涛，邵志芳，吴继兰. 企业资源计划(ERP)原理与实践(第 3 版)[M]. 北京：机械工业出版社，2020.

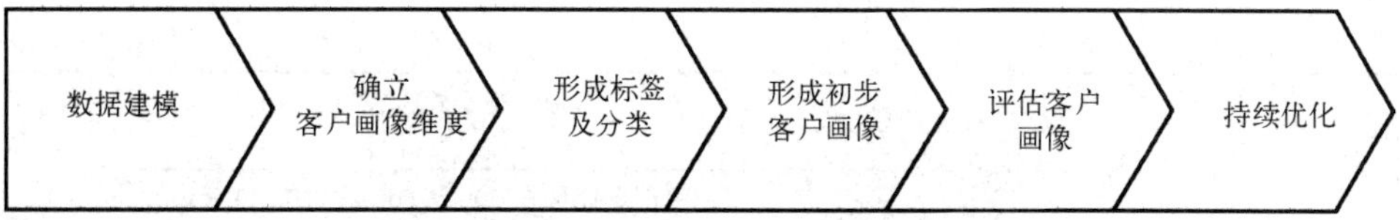

数据建模 → 确立客户画像维度 → 形成标签及分类 → 形成初步客户画像 → 评估客户画像 → 持续优化

图 2-10　客户画像步骤

表 2-16　客户画像标签分类示例

人口属性	基本信息	性别	性别-男	系统标注	事实标签
			性别-女	系统标注	事实标签
			性别-未知	系统标注	事实标签
		年龄	年龄-XX 岁	系统标注	事实标签
		生日	生日-XX	实名认证获取	事实标签
		星座	星座-XX	根据生日-星座得到	事实标签
行为属性	上网习惯	终端类型	终端类型-Android	系统标注	事实标签
			终端类型-iOS	系统标注	事实标签
		活跃情况	活跃情况-核心用户	满足其中条件之一即视为核心用户： 1. 过去 30 天内，发生 a 行为至少 3 次 2. 过去 30 天内，发生 b 行为至少 3 次 3. 过去 30 天内，发生 c 行为至少 3 次	模型标签
			活跃情况-活跃用户	满足其中条件之一即视为活跃用户： 1. 过去 30 天内，发生 a 行为 1~2 次 2. 过去 30 天内，发生 b 行为 1~2 次 3. 过去 30 天内，发生 c 行为 1~2 次	模型标签
			活跃情况-新用户	从未进行与业务相关的操作： 1. a 行为　2. b 行为　3. c 行为	模型标签
			活跃情况-老用户	账号开通以来，发生以下之一的业务： 1. 发生 a 行为至少 1 次 2. 发生 b 行为至少 1 次 3. 发生 c 行为至少 1 次	模型标签
			活跃情况-流失用户	属于老用户，但不符合以下条件之一： 1. 过去 30 天内，发生 a 行为 1 次 2. 过去 30 天内，发生 b 行为 1 次	模型标签
			活跃情况-微信 48 小时活跃粉丝	符合微信活跃粉丝条件，48 小时进行以下操作： 1. 新关注　2. 点击自定义菜单	事实标签
客户分类	人群属性	年龄阶段	年龄阶段-80 后	出生时间：1980—1989	事实标签
			年龄阶段-90 后	出生时间：1990—1999	事实标签
		地区分布	地区分布-XX	选择城市	事实标签
商业属性	支付特征	电商业务	购买频度-高频用户	过去 12 个月内，累计订单数超过 24 单	模型标签
			购买频度-中频用户	过去 12 个月内，累计订单数 5~24 单	模型标签
			购买频度-低频用户	过去 12 个月内，累计订单数小于 5 单	模型标签
			购买频度-新用户	至今，累计订单数为 0 单	模型标签
		金融支付	支付频度-高频用户	过去 30 天内，累计支付笔数大于 150 笔	模型标签
			支付频度-中频用户	过去 30 天内，累计支付笔数在 20~150 笔	模型标签
			支付频度-低频用户	过去 30 天内，累计支付笔数小于 20 笔	模型标签
			支付频度-新用户	至今，支付笔数为 0 笔	模型标签

续表

商业属性	支付特征	金融支付	消费订单比例-消费狂	消费订单比例高于60%或过去30天内，超过30件	模型标签
			消费订单比例-消费达人	消费订单比例在20%~60%或过去30天内，在10~30件之间	模型标签
			消费订单比例-普通者	消费订单比例低于10%或过去30天内，低于10件	模型标签
		充值	充值-充值新用户	至今，未充过值	模型标签
			充值-土豪	过去12个月内，累计充值超过1500元	模型标签
			充值-充值大户	过去12个月内，累计充值在200~1500元之间	模型标签
			充值-群众	过去12个月内，累计充值低于200元	模型标签
		优惠券	优惠券-敏感度高用户	过去6个月内，优惠券使用率超过50%	模型标签
			优惠券-敏感度中用户	过去6个月内，优惠券使用率在10%~50%	模型标签
			优惠券-敏感度低用户	过去6个月内，优惠券使用率低于10%	模型标签
		积分值	积分-等级高用户	积分值超过XXX	模型标签
			积分-等级中用户	积分值在XXX~XXX之间	模型标签
			积分-等级低用户	积分值低于XXX	模型标签
	消费习惯	品牌偏好	品牌偏好-高端	过去12个月内，买过a类产品占比超过50%	模型标签
			品牌偏好-中端	过去12个月内，买过b类产品占比超过50%	模型标签
			品牌偏好-低端	过去12个月内，买过c类产品占比超过50%	模型标签
		支付偏好	支付偏好-微信	最近3个月内，微信支付占比大于50%	模型标签
			支付偏好-支付宝	最近3个月内，支付宝支付占比大于50%	模型标签
			支付偏好-钱包	最近3个月内，钱包支付占比大于50%	模型标签

(资料来源：人人都是产品经理)

第 3 章 ERP 计划管理概述

管理的首要职能是计划，企业管理的首要职能也是计划。只有具备强有力的计划能力，企业才能指导各项生产经营活动有条不紊地顺利进行。ERP 是计划主导型的生产计划与控制系统，生产计划是 ERP 系统的前提和基础。本章将概述 ERP 的计划管理体系和执行过程，并介绍企业的生产计划大纲。

3.1 ERP 计划管理体系

3.1.1 企业生产计划层次

在一定规模的工业企业中，生产计划由一系列不同类别的计划所组成。生产计划的层次与结构可以按时间范围(计划期的长度)和按决策层次划分。从时间范围上，生产计划可以分为长期计划、中期计划和短期计划，从决策层次上可以分为战略层、战术层和作业层，具体如图 3-1 所示。

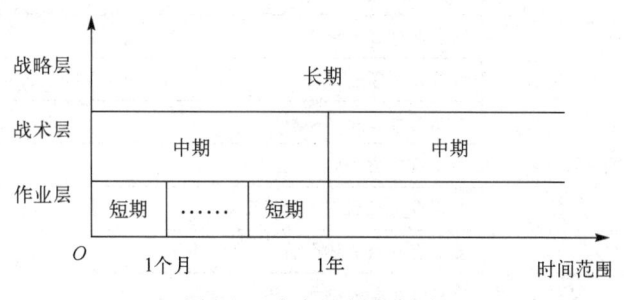

图 3-1 生产计划的划分

每个层次的计划在其总任务、管理层次、时间范围等各方面有着很明显的区别。表 3-1 对企业的生产计划层次及各层次特点进行了详细比较；表 3-2 则给出了生产计划视界解决的企业问题。

表 3-1 企业的生产计划层次及各层次特点的比较

	长期计划	中期计划	短期计划
计划层总任务	制定总目标及获取所需的资源	有效利用现有资源，满足市场需求	最适当地配置生产能力，是计划的具体执行
计划管理层次	高层	中层	基层

续表

	长期计划	中期计划	短期计划
计划时间范围	3～5 年	1～1.5 年	小于 6 个月
详细程度	非常概括	概略	具体、详细
不确定性程度	高	中	低
决策对象	产品线 工厂规模 设备选择 供应渠道 人员培训 生产与库存管理系统类型选择	工厂工作时间 劳动力数量 库存水平 外包量 生产速率	生产品种 生产数量 生产顺序 何处生产 何时生产 物料库存控制方式

表 3-2 生产计划视界解决的企业问题

计划视界	企业回答
战略计划 5～10 年	我们现在是在什么行业之中
	我们要到什么行业中去
	为了做好准备现在必须做些什么
	下一步将要求什么
经营计划 2～5 年	现在产品市场占位如何
	哪些正在下降？降多快
	哪些是成熟的、稳定的
	哪些是成长中的？有多快
	需要什么新产品
	需要采取什么行动
生产计划 1～2 年	现在工厂利用得如何
	对它有什么要求
	涉及什么新技术
	将引进什么新产品
	将淘汰什么产品
	将需要什么新工厂、新设备
主生产计划 1/4～1 年	要制造什么具体产品？多少？何时
	需要什么其他物料？多少？何时
	存在什么能力制约
	存在什么物料约束

(1) 长期计划：长期计划的计划时间范围一般为 3～5 年，也可长达 10 年。它是企业在生产、技术、财务等方面重大问题的规划，提出了企业的长远发展目标及为实现目标所制订的战略计划和经营计划(或称"业务计划")。

战略计划一般是企业为未来 5～10 年而制订的，计划内容包括确定企业当前所处的行业、5～10 年后将进入何种行业、为此企业必须达到的目标，以及下一步企业要求怎样的发展。

经营计划也称业务计划，一般是企业为未来 2～5 年的发展制订的，计划内容包括确定企业目前的产品市场占位、确定哪些产品的市场份额在下降及下降速度、哪些产品是成熟稳定的、哪些产品处于成长中及成长速度、企业需要开发哪些新产品及为此企业应当采取的行动。

(2) 中期计划：中期计划的计划时间范围一般为 1～1.5 年，或者更长一些。计划内容包括生产计划大纲和主生产计划。生产计划大纲规定企业在计划年度内的生产目标，用一系列指标来表示，以规定企业在品种、质量、产量和产值等方面应达到的水平，这将在本章后面讲述。主生产计划将生产计划大纲具体化为按产品品种、规格来规定的年度、分月的产量计划。

(3) 短期计划：短期计划的计划时间范围在 6 个月以下，一般为月或跨月计划，它包括物料需求计划、能力需求计划、最终装配计划及在这些计划实施过程中的车间作业计划。

3.1.2 ERP 计划管理体系层次划分

按照企业的生产计划层次划分，ERP 的计划管理体系层次和执行过程如图 3-2 所示。

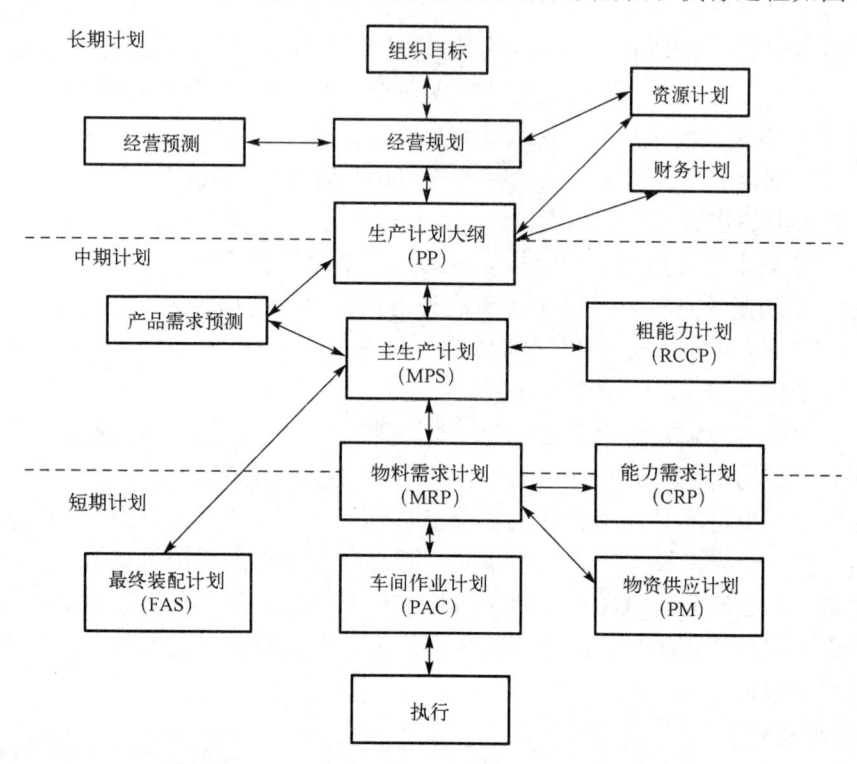

图 3-2 ERP 的计划管理体系层次和执行过程

从上图中可以看到，ERP 主要包括 5 个计划层次，即经营规划、生产计划大纲、主生产计划、物料需求计划、车间作业计划。其中，经营规划也称产品和市场计划，生产计划大纲也称销售与运作规划。这 5 个层次的计划实现了由长期到短期、由宏观到微观、由战略级到战术级、由粗到细的深化过程。越接近顶层的计划，对需求的预测成分越大，计划内容也越粗略和概括，计划展望期[①]也越长。越接近底层的计划，需求由估计变为现实，因而计划的内容也就越具体详细，计划展望期也越短。

1. 经营规划

企业的计划是从长远规划开始的。这个战略规划层次在 ERP 中称为经营规划。经营规划要确定企业的经营目标和策略，为企业长远发展做出规划，主要内容有以下几点：
- 产品开发方向及市场定位，预期的市场占有率；
- 营业额、销售收入与利润、资金周转次数、销售利润率和资金利润率（ROI）；
- 长远能力规划、技术改造、企业扩建或基本建设；
- 员工培训及员工队伍建设。

企业经营规划的目标，通常以货币或金额来表达。这是企业的总体目标，是 ERP 其他各层计划的依据。所有层次的计划，只是对经营规划进行进一步具体细化，而不允许偏离经营规划。经营规划在企业高层领导的主持下同市场、生产、计划、物料、技术与财务各部门的负责人共同制订。在执行过程中可能有意外情况，下层计划人员只有反馈信息的义务，没有变更规划的权限，变更经营规划只能由企业高层领导决策。

2. 生产计划大纲

生产计划大纲（Production Planning，PP）也称销售与运作规划或总生产计划，是 ERP 的第二个计划层次。生产计划大纲是为了体现企业经营规划而制定的产品系列生产大纲，按 ERP 标准系统要求，软件应包括这个计划层次，但由于它主要以人工方式进行决策并录入数据，不由系统运算得出结果，因此并非所有的软件都包括这层计划功能。

生产计划大纲的作用有以下几点：
- 把经营规划中用货币表达的目标转换为用产品系列的产量来表达；
- 制定一个均衡的月产率，以便均衡地利用资源，保持稳定生产；
- 控制拖欠量（对应 MTO）或库存量（对应 MTS）；
- 作为制订主生产计划（MPS）的依据。

生产计划大纲不一定和经营规划完全一致。例如，生产计划大纲要反映季节性需求，而经营规划要考虑均衡生产。在不同的销售环境下，经营规划的侧重点也不同。对于面向库存生产（MTS）类型的产品，经营规划在确定月产率时，要考虑现有库存。如果要提高库存资金周转次数，年末库存水准要低于年初，那么经营规划的月产量就低于生产计划大纲的预测销售量，不足部分用消耗库存量来弥补。对于面向订单生产（MTO）类型的产品，经营规划要考虑未交付的订单量，如果要减少拖欠量，那么经营规划的月产量要大于生产计划大纲的预测销售量。

3. 主生产计划

主生产计划（Master Production Schedule，MPS）在 ERP 中是一个重要的计划层次，主生产计划的计划对象是将生产计划大纲中的产品系列具体化以后的出厂产品——最终产品。最终产品通常是独立需求产品，但是由于销售环境不同，作为计划对象的最终产品其含义也不相同。

[①] 有关"计划展望期"的概念请参考本书第 4.1.4 节。

主生产计划根据客户订单和销售预测，把经营规划的产品系列具体化，确定出厂产品，使之成为展开物料需求计划(MRP)与能力需求计划(CRP)运算的主要依据，起了从宏观计划向微观计划过渡的承上启下作用。主生产计划又是联系市场、主机厂或配套厂、销售网点(面向企业外部)同生产制造(面向企业内部)的桥梁，使主生产计划和能力需求计划符合销售计划要求的优先顺序，并能适应不断变化的市场需求。同时，主生产计划又能向销售部门提供生产和库存信息，以及可供销售量的信息等，作为同客户洽商的依据，起到了沟通内外的作用。总之，主生产计划在 ERP 中起到了上下内外交叉的枢纽作用，地位十分重要。

主生产计划必须是现实可行的，产品的需求量和需求时间都是符合实际的，没有夸大或缩小，而且必须是一种可以执行的目标。只有可执行的目标才能使企业全体员工认真负责地完成计划。因此，主生产计划的制订和控制是否得当，在相当大的程度上关系到 ERP 的成败。它之所以称为"主"生产计划，就是因为它在 ERP 中起着"主控"的作用。

从图 3-2 中可以看到，在运行主生产计划时要相伴运行粗能力计划(Rough-Cut Capability Planning，RCCP)。只有经过按时段平衡了供应与需求后的主生产计划，才能作为下一个计划层次——物料需求计划的输入信息。对主生产计划的改变进行有效的管理是物料需求计划中最富挑战性和最困难的工作之一。有效的方法是正确地评估计划改变可能产生的影响并找出问题所在，这是通过制订粗能力计划来实现的。粗能力计划的处理过程是将主生产计划转换成对相关的工作中心的能力需求，其详细内容将在本书的第 6 章讲述。

4．物料需求计划

在第 1 章"ERP 的发展历程"中已经介绍过物料需求计划(Materials Requirement Planning，MRP)。物料需求计划实现在需要的时候提供所需数量的物料。物料需求计划基于主生产计划确定来自企业内部和外部的各项目订单数量及发布日期。有关物料需求计划更详细的讲解见本书第 5 章。

能力需求计划以物料需求计划的输出为输入，通过物料需求计划所计算出的物料需求及生产设备、工作中心的数据，生产设备与能力需求量、负荷量，来判断生产能力是否足够，然后进行能力平衡。能力需求计划与粗能力计划类似，使用 BOM、工艺路线顺序、作业标准时间计算资源负荷。有关能力需求计划的详细介绍见本书第 6 章。

5．车间作业计划

车间作业计划(Production Activity Control，PAC)在物料需求计划所产生的加工制造订单(即自制零部件生产计划)的基础上，按照交货期的前后、生产优先级选择原则及车间的生产资源情况(如设备、人员、物料的可用性，加工能力的大小等)，将零部件的生产计划以订单的形式下达给适当的车间。如果车间的日常生产很正常，完全与计划相符，就无须对生产情况进行监控了。但实际的情况并非是十全十美，总会出现这样或那样的问题，如生产拖期、加工报废、设备故障等，因此要对车间作业计划进行经常性的监视、控制和调整。其中，对车间作业计划的监视是通过收集有关车间的数据来实现的，而对车间作业计划的控制则主要表现在解决车间中出现的问题。

3.2 生产计划大纲

3.2.1 生产计划大纲概述

1. 生产计划大纲的概念

生产计划大纲(Production Planning,PP)是根据经营规划的市场目标而制定的,是对企业经营规划的细化,用于确定企业在可用资源的条件下,在一定时期内的如下计划:
- 每一品种类别的月(季度)生产量;
- 所有产品类的月汇总量;
- 每一产品类的年汇总量;
- 所有产品的年汇总量。

生产计划大纲确定的所有产品的年汇总量应该与经营规划中的市场目标相适应。在ERP中,生产计划大纲也常常称为销售与运作规划(Sales and Operating Planning,S&OP)。

需要注意的是,生产计划大纲不是对企业单个产品或服务的关注,而是着眼于整体生产水平,考虑总体资源的需求,考虑如何调整资源利用以满足需求波动。它是企业的整体计划,不是一个部门的计划,因此其目标与部门目标也有所不同。而且,这些目标的综合实现与部门目标有时是矛盾的。因此,在制定过程中必须处理好这些关系。

生产计划大纲的目标通常包括:成本最小/利润最大、客户服务最大化(最大限度满足客户需求)、最小库存费用、生产率稳定(变动最小)、人员水平变动最小、设施和设备的有效利用等。

然而,实现以上目标的过程中往往是存在矛盾的,如企业最大限度满足客户需求,做到快速和按时交货,这可以通过增加库存实现,但这就与目标中的最小库存费用矛盾。因此,制定生产计划大纲时需要权衡目标各因素。生产计划大纲最终要确定生产率(单位时间完成的数量)、劳动力水平(工人数量)与当前存货(上期期末库存)的最优组合,计划期一般为 6~18 个月。

在生产计划大纲的制定过程中,需要根据组织战略、产品或服务的市场需求预测,以及企业面对的政治、经济、市场、竞争、社会和技术等因素,协调运营、人力资源、营销、财务等职能部门的关系,制定具体的计划战略,与企业长期目标和长期战略框架相一致,并符合企业战略生产能力决策和资金预算决策。

生产计划大纲的制定应考虑如下外部因素和内部因素,平衡综合需求与生产能力,使之相匹配。外部因素主要是指经济状况、市场需求量、竞争者行为、外部能力(如分包商)、现有原材料等。有些外部因素,生产作业计划人员是不能直接控制的,只能尽量利用掌握的信息和可预测的需求量变化做出恰当的反应。对于某些其他因素,有些企业只能利用短期价格折扣、促销、服务手段、客户关系等调节、控制有限的需求。内部因素指企业当前的生产能力(受弹性工作时间、临时工、转包合同及柔性生产线的影响)、现有劳动力、库存水平、生产中的活动等。

2. 生产计划大纲的表示形式和作用

生产计划大纲一般针对企业的所有产品以报表汇总的方式来表示。表 3-3 是某摩托车厂 2001 年的生产计划大纲,其计划展望期为 1 年,计划周期为 1 个月[①]。

表 3-3　某摩托车厂 2001 年的生产计划大纲　　　　　　单位:辆

产品类	1	2	3	4	5	6	7	8	9	10	11	12	合计
二轮车	1200	1200	1350	1500	1500	1500	1500	1500	1350	1350	1300	1200	16450
三轮车	500	500	500	550	600	600	750	750	600	500	500	500	6850
四轮车	1000	1000	1000	1000	1000	1200	1300	1500	1550	1400	1200	1000	14150
汇总(月)	2700	2700	2850	3050	3100	3300	3550	3750	3500	3250	3000	2700	37450

从以上的介绍和例子中可以看出,生产计划大纲是在一定的计划区域内,以生产计划期内成本最小化为目标,用已知每个时段的需求预测数量,确定不同时段的产品生产数量、生产中的库存量和需要的员工总数。生产计划大纲建立在企业生产战略和总体生产能力计划的基础之上,决定了企业的主生产计划和以后的具体作业计划的制订。

因此,生产计划大纲的作用主要有以下 3 个。

①把经营规划中用货币表达的目标转换成用产品系列的产量来表达,即每个月生产哪些产品、生产多少、销售多少才能实现全年的经营规划目标。

②用于协调满足经营规划所要求的产量与可用资源之间的差距。制定一个均衡的月产率以便均衡地利用资源,保持稳定的生产,因为需求往往是起伏的,而生产能力是有限和稳定的。

③最终定稿的生产计划大纲将作为下一层次计划——主生产计划(MPS)的制订依据。

3.2.2　生产计划大纲的制定过程

生产计划大纲的制定过程主要包括搜集需求资料、制定生产计划大纲初稿、确定资源需求、生产计划大纲的确定与批准等步骤。以下分别介绍各步骤的主要工作。

1. 搜集需求资料

为制定生产计划大纲,需要从许多需求数据源收集具体数据,这些数据源包括:经营规划、市场部门、工程部门、生产部门和财务部门。

①经营规划提出了企业未来的销售额目标和利润目标,通常用金额来表示,如一个自行车企业来年的销售额目标为 1000 万元。

②市场部门根据对产品类分时间段的销售预测,得到客户对某类产品或零件的未来需求的预测,如对自行车产品类的预测是一年 3000 辆。

③工程部门提供资源清单,即生产每单位产品类所需的人力、设备和材料清单。例如,企业的工程部门提供每生产一辆自行车需要用的钢材数量、所需要的人力和装配工时。

④生产部门提供关于能力,即关于资源的可用性方面的数据,如可用的人力工时、可用的设备小时、工作中心小时,还提供当前库存水平、当前未交付的订货等实时的数据。

[①] "计划展望期"指计划的时间跨度,具体可参本书第 4 章的详细介绍。

⑤从财务部门获得经核算确定的单位产品的收入和成本、增加资源(如设备)的财务预算、可用的资金(如流动资金的限额、信贷资金的限额)等。

总之，经营规划、市场部门和工程部门提供的是需求方面的数据，这些需求来自市场、客户，也来自企业自身。需求数据的表现形式可以是销售额，产品数量，所需的人力、设备和材料。生产部门和财务部门提供的主要是能力方面的数据，关于人力、设备、库存品及资金方面的可用性。

生产计划大纲的制定过程是一个需求和能力平衡的过程，而需求和能力数据的正确与否直接影响生产计划大纲的制定与实现的可能性，必须予以足够的重视。

2. 制定生产计划大纲初稿

制定生产计划大纲的初稿，需要区分不同的生产环境，在后文介绍均衡生产率时将举例讲述在面向库存生产(MTS)和面向订单生产(MTO)环境下的生产计划大纲的制定方法。

3. 确定资源需求

在制定生产计划大纲的过程中，当确定某个产品类或产品系列的生产量时，需要考虑这些产品需要占用多少有效资源(材料、人力、设备等)，如果资源不足，应该协调需求与资源之间的差距。这个协调的过程就是资源需求计划(Resources Requirement Planning, RRP)，它对生产计划大纲进行能力平衡，具体将在第6章详细讲述。

4. 生产计划大纲的确定与批准

生产计划大纲初稿经过资源需求计划进行能力平衡后，可以作为生产计划大纲的定稿。定稿后的生产计划大纲应满足经营规划的目标，并得到市场部门、工程部门、生产部门、财务部门等部门的认可。

3.2.3 生产计划大纲的制定方法

在上文讲到，制定生产计划大纲需要区分生产的特征或环境。下面将介绍面向库存生产和面向订单生产环境下的生产计划大纲的制定方法，并举例讲解。

1. 均衡生产率法

均衡生产率法假定企业的生产率是平稳的，库存是可变的，即在保持生产平稳时考虑改变库存以满足需求，因此将预测的需求量平均分布在生产计划大纲的计划展望期上。

(1)面向库存生产环境下的生产计划大纲制定

面向库存生产环境下制定生产计划大纲，其目标是使生产满足预测需求量、保持一定的库存量及平稳的生产率，以此来确定月生产量和年生产量。

具体制定步骤如下所述。

- 把预测数量(预测需求量)分布在计划展望期上。
- 期初库存 = 当前库存−拖欠订货量。
- 库存改变量 = 目标库存−期初库存。
- 总生产量 = 预测数量+库存改变量(注：该算式表明，若库存增加了，则多生产；否则少生产)。

- 把总生产量和库存改变量按时间段分布在整个计划展望期上，分配时通常要求按均衡生产率原则。

【例3-1】

面向库存生产环境下生产计划大纲的制定。某企业生产自行车，年预测数量为4200辆，月预测数量为350辆，当前库存为1750辆，拖欠订货量为1050辆，目标库存为350辆。请制定其生产计划大纲。

本例解答：按照面向库存生产环境下生产计划大纲的制定方法，得到以下算式。

把预测数量分布在计划展望期上（表3-4中第2行）。

期初库存 = 当前库存–拖欠订货量 = 1750–1050 = 700（辆）。

库存改变量 = 目标库存–期初库存 = 350–700 = –350（辆）。

总生产量 = 预测数量+库存改变量 = 4200+（–350）= 3850（辆）。

因此，该企业的生产计划大纲如表3-4所示。

表3-4 某企业的生产计划大纲（面向库存生产环境） 单位：辆

月份	1	2	3	4	5	6	7	8	9	10	11	12	全年
销售预测	350	350	350	350	350	350	350	350	350	350	350	350	4200
生产计划大纲	315	315	315	315	315	315	315	315	315	315	350	350	3850
预计库存	665	630	595	560	525	490	455	420	385	350	350	350	350

(2) 面向订单生产环境下的生产计划大纲制定

面向订单生产环境下生产计划大纲初稿的制定，其目标是使生产满足预测数量和拖欠订货量。其具体的制定步骤如下所述。

- 把预测数量分布在计划展望期上。
- 把未完成的订单分布在计划展望期上。
- 拖欠量变化 = 期末拖欠量–期初拖欠量。
- 总生产量 = 预测数量–拖欠量变化（注：该算式表明，若拖欠量增加，则少生产，否则多生产）。
- 把总生产量和未完成的订单按时间段分布在整个计划展望期上，分配时通常要求按均衡生产率原则，且月生产量应保证满足月末完成的订单的数据。

【例3-2】

面向订单生产环境下生产大纲的制定。某企业生产医疗器械，其年预测数量为4200台，月预测数量350台，期初拖欠量预计为1470台，其数量1月和2月为315台，3月245台，4月210台，5月175台，6月和7月105台，期末拖欠量为1050台，请制定生产计划大纲。

本例解答：按照面向订单生产环境下生产计划大纲的制定方法，得到以下算式。

把预测数量分布在计划展望期上（表3-5中第2行）。

把未完成的订单分布在计划展望期上（表3-5中第3行）。

拖欠量变化 = 期末拖欠量−期初拖欠量 = 1050−1470 = −420(台)。
总产量 = 预测数量−拖欠量变化 = 4200−(−420) = 4620(台)。
该企业的生产计划大纲如表3-5所示。

表3-5 某企业的生产计划大纲(面向订单生产环境)　　　　　单位：台

月份	1	2	3	4	5	6	7	8	9	10	11	12	全年
销售预测	350	350	350	350	350	350	350	350	350	350	350	350	4200
未完成订单	315	315	245	210	175	105	105						
预计未完成订单	1435	1400	1365	1330	1295	1260	125	1190	1155	1120	1085	1050	1050
生产计划大纲	385	385	385	385	385	385	385	385	385	385	385	385	4620

2. 线性规划法

生产计划大纲对企业中期的生产进行规划，目的是确定生产率、劳动力和当前库存的最优组合，从而保证计划展望期内需求和生产的平衡。生产率是每单位时间的生产产品数量；劳动力是生产所需的人数；当前库存是上期期末库存。

因此，生产计划大纲解决的问题可以描述为数学问题：目标是使得总成本最低，而约束是满足需求，需求与生产平衡。

【例 3-3】

生产计划大纲制定的线性规划法。G&R糖果公司在全球有3个生产工厂。它的巧克力糖的销售情况随着季节波动很大，第4季度(由于假日和情人节)是需求的高峰期，第2季度则是淡季。表3-6列出了G&R糖果公司的需求、成本和库存数据，试为其制定总成本最低的生产计划大纲。

表3-6 G&R糖果公司的需求、成本和库存数据

需求与工作天数				
季度	第1季度	第2季度	第3季度	第4季度
销售预测(磅)	80000	50000	120000	150000
每季度工作天数	22	19	21	21
成本				
库存成本(元/磅·季度)	1.5			
招聘与培训成本(元/人)	100			
解聘成本(元/人)	500			
生产速度(磅/人·季度)	1000			
起初工人数(人)	100			
初始库存(磅)	0			

本例求解过程如下。

(1) 建立目标函数

生产计划大纲的目的是使得包括库存成本、招聘与培训成本和解聘成本的总成本最低。根据表3-6中的数据，可建立目标函数如下：

$$\text{Min } C = 100(H_1+H_2+H_3+H_4)+500(F_1+F_2+F_3+F_4)+1.50(I_1+I_2+I_3+I_4)$$

其中，C 为总成本；

H_i 为第 i 个季度招聘的工人数；

F_i 为第 i 个季度解聘的工人数；

I_i 为第 i 个季度的期末库存量。

(2) 约束条件

需求约束条件：生产必须满足每个季度的需求。每个季度的需求可以通过本季度生产量和上季度期末库存量得到满足，而超过需求的部分就成为本季度期末（下季度的期初）库存量。用等式表示为：

上季度期末库存量 + 本季度生产量 = 需求量 + 本季度期末库存量

换过来可以表示为：

需求量 = 上季度期末库存量 + 本季度生产量 − 本季度期末库存量

于是得到需求约束条件：

$$\begin{cases} P_1 - I_1 = 80000 \\ I_1 + P_2 - I_2 = 50000 \\ I_2 + P_3 - I_3 = 120000 \\ I_3 + P_4 - I_4 = 150000 \end{cases}$$

其中，P_i 为第 i 个季度的生产量。

生产能力约束条件：每个季度的生产量应该等于每个工人的生产速度乘以该季度的工人数。

$$\begin{cases} P_1 - 1000W_1 = 0 \\ P_2 - 1000W_2 = 0 \\ P_3 - 1000W_3 = 0 \\ P_4 - 1000W_4 = 0 \end{cases}$$

其中，W_i 为第 i 个季度的可用工人数。

劳动力约束条件：每个季度的可用工人数 = 上个季度的工人数 + 本季度招聘的工人数 − 本季度解聘的工人数。对于第 1 季度，把起初工人数 100 人作为上个季度的工人数。

$$\begin{cases} W_1 - H_1 + F_1 = 100 \\ W_2 - W_1 - H_2 + F_2 = 0 \\ W_3 - W_2 - H_3 + F_3 = 0 \\ W_4 - W_3 - H_4 + F_4 = 0 \end{cases}$$

(3) 求解

将步骤 (1)、(2) 联合起来就组成了一个整数规划问题，对此问题可借助计算机求解（如 LINGO、MATLAB 或 R 等软件）。最后得到最优解如表 3-7 所示。

表 3-7　R&G 糖果公司巧克力糖生产计划大纲制定的最优解

季度	第 1 季度	第 2 季度	第 3 季度	第 4 季度
招聘工人数 H_i	0	0	10	60
解聘工人数 F_i	20	0	0	0
可用工人数 W_i	80	80	90	150
生产量 P_i	80000	80000	90000	150000
库存量 I_i	0	30000	0	0

本章思考题

1. ERP 的计划层次结构是怎样的？试画出 ERP 的计划层次图。
2. 什么是生产计划大纲？简述生产计划大纲的作用。
3. 生产计划大纲制定的一般步骤是怎样的？
4. 简述面向库存生产和面向订单生产环境下生产计划大纲的制定方法。
5. 利用下面给出的数据，制定一个面向库存生产环境下的生产计划大纲。

某公司的经营规划目标为：完成全年录像机市场销售额的 10%。据预测，全部市场的年销售额为 4800 万元。要做到全年均衡销售，预计关键部件每月可提供 900 台；现有能力工时为每月 800 小时，期初库存为 1500 台，未完成订单为 100 台，期末库存为 800 台。

第4章 主生产计划

在上一章中讲述到的生产计划大纲代表了企业在计划年度内的产出总量目标。要将这一目标付诸实施，必须进一步将总量计划分解为具体的产品产出计划，即分别按产品的品种、型号、规格编制它们在各季各月甚至各周的产量任务，这就是主生产计划（MPS）。在ERP中，主生产计划是联系市场销售和生产制造的桥梁，起着沟通企业内外的重要作用。

4.1 主生产计划概述

4.1.1 主生产计划的概念和作用

1. 主生产计划的概念

为了实现企业的生产计划大纲的产出总量目标，必须进一步将总量计划分解为具体的产品产出计划，即分别按产品的品种、型号、规格编制它们在各季各月甚至各周的产量任务，这就是主生产计划（Master Production Schedule，MPS），也称产品产出进度计划。

主生产计划在ERP的5个层次的计划中处于第3层，也属于决策层，是ERP的一个重要的计划层次，是传统手工管理没有的新概念。主生产计划是对生产计划大纲的细化，说明在可用资源的约束条件下，在一定时期内（一般为3~18个月）的如下计划：

- 生产什么（通常是具体的出厂产品）；
- 生产多少产品；
- 什么时间开始生产；
- 什么时候交货。

主生产计划描述了企业"将要生产什么"，确定每一具体时段内产品的生产数量，是生产部门的工具。它细化了生产计划大纲，又是下一层计划——物料需求计划的制订依据，起着承上启下、从宏观计划向微观计划过渡的作用。一份有效的主生产计划包含企业为了迅速、准确地处理客户问题所需的最重要的信息，是做好客户服务工作的最好的工具。所以，主生产计划也是销售部门的工具，因为它指出了将要为客户生产什么；主生产计划又是联系市场销售与生产制造的桥梁，使生产活动符合不断变化的市场需求，又向销售部门提供生产和库存的信息，起着沟通内外的作用。

关于对主生产计划的理解，这里有以下几点需要注意。

①根据定义，主生产计划是详细陈述在何时要生产出多少产品的计划。因为主生产计划陈述了能够而且应该生产什么，所以它并不是管理者喜欢生产什么的一张希望表。由于夸大主生产计划而引起的问题是非常紧迫与严重的。

②主生产计划不同于销售预测。销售预测描述客户的需求信息，而主生产计划描述满足这一需求的供应信息。当企业间歇地成批生产以满足持续的需求时、当生产平稳而需求是季节性的或起伏不定的时候，以及当产成品库存正被显著地提高或降低之时，这两者就会有较大的区别。只有当这些情况不存在时，主生产计划才会与销售预测相同。

③主生产计划不是一个装配或包装日程计划。对于消费产品、药品、化妆品、食品、精细化工产品及简单的硬货（物料清单中层次与组件少的物品），主生产计划与装配或包装日程计划在所用数字上可能相同，但我们必须明确保持它们的不同概念。

④主生产计划是由计算机自动生成的计划方案，不属文书人员的任务。它是一种高层次计划作业，应被高层经理透彻地理解并由他们来指导。

2. 主生产计划的作用

本书第 3 章指出 ERP 有 5 个计划层次，即经营规划、生产计划大纲、主生产计划、物料需求计划和能力需求计划。人们可能很容易接受企业应当进行有效的计划的观点，但对为什么要有主生产计划往往存有疑问。例如，为什么要先有主生产计划，再根据主生产计划来制订物料需求计划？直接根据生产计划大纲、销售预测和客户订单来制订物料需求计划不行吗？产生这样的想法和疑问的原因在于不了解物料需求计划的计划方式。

首先，生产计划大纲是按产品类来计划生产率的，必须先把关于产品类的生产率信息分解成关于产品的生产率信息才能运行物料需求计划。其次，概括地说，物料需求计划的计划方式就是追踪需求。如果直接根据销售预测和客户订单的需求来运行物料需求计划，那么得到的计划将在数量和时间上与销售预测和客户订单的需求完全匹配。但是，销售预测和客户订单是不稳定、不均衡的，直接据此安排生产将会出现忽而加班加点也不能完成任务、忽而设备闲置很多人没有活干的现象。这将给企业带来灾难性的后果。而且企业的生产能力和其他资源是有限的，这样的安排也不是总能做得到的。

有了主生产计划这一层次，通过人工干预、均衡安排，使得在一定时间内主生产计划和销售预测、客户订单在总量上相匹配，而不追求在每个具体时刻上均与需求相匹配。在这段时间内，即使需求发生很大变化，但只要需求总量不变，就可以保持主生产计划不变，从而得到一份相对稳定和均衡的生产计划。由于在产品或最终项目（独立需求项目）这一级上的计划，即主生产计划是稳定和均衡的，据此得到的关于非独立需求项目的物料需求计划也将是稳定的和均衡的。

主生产计划把管理产品、生产、库存、销售所需的所有数据显示在一个屏幕上或一张纸上，对每行数据都用统一的格式，时区的选择也是一致的，从而企业各个部门都可以从中得到所需的信息，而且避免了信息的不一致。

主生产计划以周或天作为计划时区，这样可以及时地对多变的市场和不准确的预测做出反应。主生产计划使用关键的时界，即计划时界和需求时界，这样既便于计划的维护，又可以避免被不可能满足的客户需求所驱赶。以物料单位表示的主生产计划很容易转换成以货币单位表示的成本信息，因此可以很容易形成财务计划。

主生产计划可以极大地提高物料管理人员的工作效率。它把人从烦琐的数据收集、检查和计算中解放出来，使得他们可以去做本职的管理工作——库存控制和计划，确保可以最大限度地满足客户需求。

总而言之，主生产计划的制订是 ERP 的主要工作内容。它必须是可行的，需求量和需求时间都是符合实际的，没有夸大或缩小，能力也是可以满足的；它必须是一种可以执行的目标，只有可执行的才是可行的，才能使企业全体员工认真负责地完成计划。因此，主生产计划的制订和控制是否得当，关系到 ERP 的成败。之所以称为"主"生产计划，因为在 ERP 中它起到了主控作用。

主生产计划的质量将在很大程度上影响企业的生产组织工作和资源的利用。若主生产计划的质量欠佳，则会出现以下情况。

①将会影响工厂资源的利用，或是超负荷使用，或是大量劳动力或设备闲置。
②将可能出现很多紧急订单，或者造成大量在制品积压，占用大量资金。
③将会降低客户服务水平。
④最终将失去整个计划制订系统的可靠性，不能及时交货，造成经济损失，失去客户，影响市场占有率。

4.1.2 主生产计划的计划对象

主生产计划的计划对象一般是最终产品，即企业的销售产品。主生产计划把生产计划大纲制定的产品类的生产率分解为每一种产品或"最终项目"的生产率。所谓"最终项目"即具有独立需求的物料，对它的需求不依赖于其他物料的需求。

主生产计划不一定是针对产品的。在许多情况下，要以"最终产品"作为主生产计划的计划对象。但根据主生产计划所处环境的不同，最终项目的含义也不完全相同。不同生产环境下主生产计划中的最终项目，可以是产品、主要组件、虚拟物料单中的组件等。

下面在 3 种生产和销售环境下分别考虑主生产计划应选取的计划对象。

- 在面向库存生产的环境下，企业用很多种原材料和部件制造出少量品种的标准产品，则产品、备品、备件等独立需求项目通常成为主生产计划计划对象的最终项目。此时，生产计划大纲的计划对象是产品类，而主生产计划的计划对象是按预测比例计算的具体产品，每种具体产品的需求量是用占产品系列总数的预计百分比来计算的。
- 在面向订单生产的环境下，最终项目一般就是标准定型产品或按订货要求设计的产品，主生产计划的计划对象可以放在产品结构的底层。
- 在面向订单装配的环境下，产品是一个系列，结构基本相同，表现为模块化的产品结构，都是由一些基本组件和通用组件组成的，每项基本组件又有多种可选件和多种搭配选择(如轿车)，从而可以形成一系列多种规格的变型产品。因此，可将主生产计划设立在基本组件级。在这种情况下，最终项目是指基本组件和通用组件。在制订主生产计划时，先根据历史资料确定各基本组件中可选件占需求量的百分比，并以此安排生产，保持一定的库存储备；一旦收到正式订单，只要再制订一个最终装配计划，规定从接到订单开始核查库存、组装、测试检验、包装、发货的进度，就可以选装出各种变型产品，从而缩短交货期，满足客户需求。

4.1.3 主生产计划与生产计划大纲的关系

生产计划大纲描述的是企业在计划年度内的产品类的生产总量目标,而主生产计划则是对生产计划大纲的进一步细分和具体化,是将产品类分解为每种产品(或最终项目),对具体型号产品的分时段的产出计划。在此,我们举例说明主生产计划与生产计划大纲的关系。

【例 4-1】

图 4-1 为某自行车厂某年的生产计划大纲和主生产计划的部分资料。比较图中两个表,可以看出:在生产计划大纲中,该厂 1 月份和 2 月份计划生产"24 型"自行车分别为 10000 辆和 15000 辆。在主生产计划中,生产计划大纲的生产总量目标按照更具体的车型(C 型、D 型和 R 型)分配到具体的时段里(按周分时段),具体每个时段的每种型号的产量目标都很明确。

生产计划大纲

月份	1	2	3
24型产量(辆)	10000	15000	

主生产计划

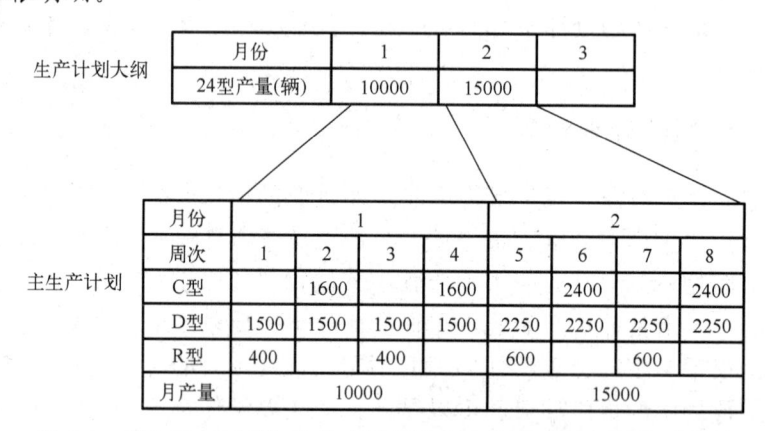

月份	1				2			
周次	1	2	3	4	5	6	7	8
C型		1600		1600		2400		2400
D型	1500	1500	1500	1500	2250	2250	2250	2250
R型	400		400		600		600	
月产量	10000				15000			

图 4-1 某自行车厂某年的生产计划大纲和主生产计划(单位:辆)

由此可见,生产计划大纲是企业对未来一段较长时间内企业的不同产品类所做的概括性安排,它不是一种用来具体操作的实施计划;而主生产计划,正是把生产计划大纲具体化为可操作的实施计划。生产计划大纲是主生产计划制订的依据。

4.1.4 主生产计划的时间基准

为了更好地理解企业主生产计划制订的原理和过程,我们先来了解 ERP 中用到的最基本的时间概念。

1. 一组时间概念

(1)时段:时段是指计划的时间区段、时间段落、间隔、时间跨度,划分时段是为了说明在各个时间跨度内的计划量、产出量、需求量,以固定的时间段的间隔汇总计划量、产出量与需求量,便于对比计划,从而可以区分出计划需求的优先级别,如库存的优先分配等。时段划分越细越能体现出各个计划批次的优先级,便于控制计划,同时可以有效地利用企业资源。生产计划大纲常用"月"或"季"作为时段单位,主生产计划则以"周"为时段单位。

时段划分到"日"是对 ERP 软件的最起码的要求，按"周"划分时段会出现需用时间是一周的第一天，而供应到货时间却是一周的最后一天，表面上可以按周完成计划，实际上在需要使用时还是会出现短缺。因此，在以周为最小时段时，应以一周的最后一天作为供需的底线。当前，不少 ERP 软件已经能够做到最小时段为小时或分钟，以满足各种行业的不同需求，对车间排产尤其重要。

有了时段的概念，才能实现优先级计划，合理利用有限的内外资源，保证生产的均衡有序，提高企业合同交付的履约率。

(2) 提前期：提前期是指某一工作的工作时间周期，即从工作开始到工作结束的时间。如果采购部门在某日向生产部门提供某种采购物料，那么采购部门应该在需要的日期之前就下达采购订单，否则不可能将该物料及时提供给生产部门，这个提前的时间段就是提前期。提前期的作用是生成主生产计划、物料需求计划、采购计划和车间作业计划的重要数据。

按照在 ERP 各个层次的计划中所起的作用，提前期主要可以分为以下几类。

- 生产准备提前期：从生产计划开始到生产准备完成(可以投入生产)所需的时间。
- 采购提前期：从采购订单下达到物料完工入库的全部时间。
- 生产加工提前期：从生产加工投入开始(生产准备完成)至生产完工入库的全部时间。
- 装配提前期：从装配投入开始至装配完工的全部时间，即总装提前期。
- 累计提前期：采购、生产加工、装配提前期的总和。
- 总提前期：产品的整个生产周期，包括产品设计提前期、生产准备提前期、采购提前期，以及生产加工、装配、试车、检测、发运等提前期。

图 4-2 描述了以上各种提前期的相互关系。

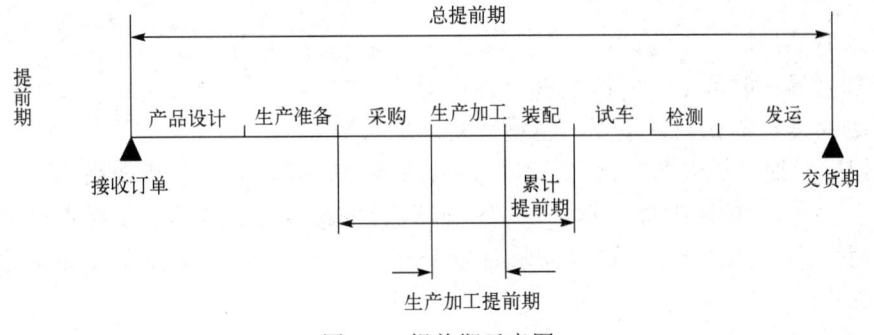

图 4-2 提前期示意图

(3) 计划展望期：计划展望期也称为计划跨度，是主生产计划所覆盖的时间范围，此范围之外(计划的最末时间后)是下一个计划的时间范围。计划展望期应等于或大于产品的累计提前期，多数企业的计划展望期为 3～12 个月。

2．时区与时界

产品从计划、采购、投入到产出需要经历一个时段，即存在提前期。对计划的下达、修改会受到这个时间的约束，而且随着时间的推移，在各个时间点对计划的影响力各有不同。因此，ERP 引入了时区、时界的概念。

(1) **时区**：时区说明某一计划物料在某时刻处于该物料的计划跨度内的时间位置。

(2) **时界**：时界是指操作过程中各种约束条件或改变将会发生的时间界限。时界的概念是为了寻求一个比较稳定的主生产计划,向计划人员提供一个控制计划的手段。ERP 中有需求时界和计划时界之分(如图 4-3 所示)。

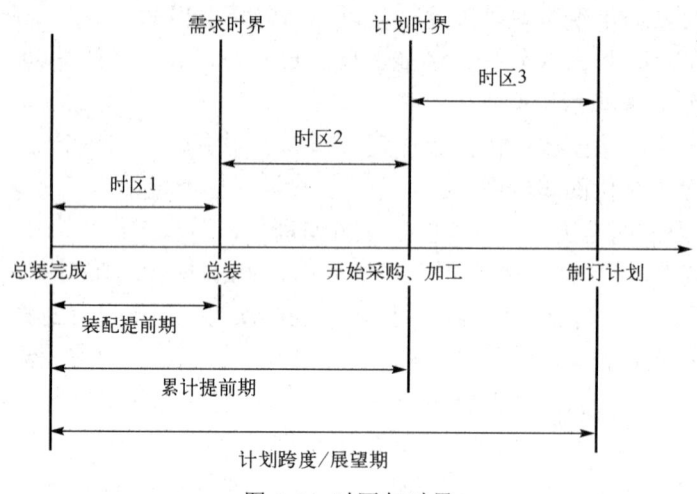

图 4-3 时区与时界

在图 4-3 中,各时区与时界的意义如下。
- 时区 1:产品的装配提前期的时间跨度,即从产品投入加工开始到产品装配完工的时间跨度。
- 时区 2:在产品的累计提前期的时间跨度内,超过时区 1 以外的时间跨度为时区 2。
- 时区 3:在产品的计划展望期的时间跨度内,超过时区 1 和时区 2 的时间跨度为时区 3。
- 需求时界:时区 1 与时区 2 的分界点为需求时界。
- 计划时界:时区 2 与时区 3 的分界点为计划时界。
- 计划跨度:即计划展望期,也称为实际提前期。

在计划展望期内最近的时区(时区 1),其跨度等于或略大于最终产品的装配提前期;稍后的时区(时区 2)的跨度加上第 1 个时区(时区 1)的跨度等于或略大于最终产品的累计提前期。这两个计划期的分界线称为需求时界。第 2 个时区(时区 2)和以后的时区(时区 3)的分界线称为计划时界。

3. 时区与时界对计划的影响

物料的需求时界一般设为等于或略大于该物料的装配提前期(即物料本身的提前期),其意义在于提醒计划人员,在该期间内,因已下达订单,且订单已经在进行最后的总装,变更订单将带来巨大损失,所以不应该变更订单。

计划时界需大于或等于需求时界,通常设置为等于或略大于物料的累计提前期,其意义在于提醒计划人员,在这个时界和需求时界之间的计划已经确认,且一些采购或生产周期较长的物料的采购、生产订单已经下达,计划的修改需受控。

需求时界和计划时界是计划过程中的两个时间点(如图 4-4 所示)。我们已经知道,在不同的计划时间段里,计划的准确性是不同的。在短期计划时间段里,计划比较准确,可能只包含确定的销售订单;但在长期计划时间段里,计划可能包含了销售订单和预测,或者仅仅是预测。因此，在进行主生产计划/物料需求计划计算时，我们用需求时界和计划时界来区分不同的计划阶段，在需求时界内取实际订单作为需求依据，在需求时界和计划时界之间，取实际订单和预测的较大值(按时区比较)作为需求依据，在计划时界以外，取预测的值作为需求依据。

时区与时界	时区	1			2				3			
	时段	1	2	3	4	5	6	7	8	9	10	11	12
	跨度	装配提前期			累计提前期(加工/采购)				累计提前期以外			
	需求依据	实际订单			实际订单、预测的较大值				预测			
	订单状况	下达及执行			下达及确认				计划			
	计划变更难易	代价极大，很难变更			变更代价大，系统不能自动变更，只能人工干预				允许变更，无代价，系统自动变更			
	计划变更审批权	领导层			主生产计划人员				计划人员			
	临时需求	临时需求小于可供销售量			临时需求小于可供销售量，通过主生产计划人员调整				无限制			

图 4-4 时区与时界对计划的影响

总结起来讲，时区与时界对主生产计划和物料需求计划的计算的影响(结合图 4-4)：

时区 3：毛需求量来源于预测；计划可由系统自行变更，变更无代价；
时区 2：毛需求量来源于实际订单与预测的较大值；计划变更需要由领导层决定；
时区 1：毛需求量来源于实际订单，计划难以变更。

主生产计划通过计划时界和需求时界向计划人员提供一种控制手段。

为了帮助理解时区和时界的概念，在这里举一个例子。

【例 4-2】

假如某日有 5 位朋友到你家做客，约定于 12 点准时用餐。你为了准备这顿午餐，拟定了一个时间表：8~10 点做准备工作；10~11 点到菜市场买菜；11~12 点动手做午餐。在这个时间表中，若你的朋友在 8~10 点间打电话给你，说要增加 3 位即共 8 位朋友到你家做客，那么这时没有问题，因为你仍在准备之中，你完全有条件来重新规划。若你的朋友在 10~11 点打电话给你，说要增加 3 位共 8 位朋友到你家，那么这时你可能比较紧张，因为你可能没有带足够的钱买菜。但这时候仍然有可能解决，如你可以再回去取钱或向他人暂借。但此时解决起来已经没有那么自如了。但是，若你的朋友在 11~12 点打电话给你，说要增加 3 位朋友，这下你真的要犯愁了。因为你可能来不及再去买菜，也许你的菜已基本完成。

可见，从计划、采购到产出需要经历一个时间段，对计划的变更受到这个时间的约束，随着时间的推移，在各个时间点下达变更对计划的影响力各有不同。为此，我们可以将物料的需求计划时间划分为 3 个时区：时区 1 是从产品投入加工开始到产品装配完工的时间跨度，对应于例子中的 11～12 点；时区 2 是从计划确认执行到采购完毕的时间跨度，对应于例子中的 10～11 点；时区 3 是指计划确认前的时间跨度，对应于例子中的 8～10 点。在时区 1 中，产品已经开始投入生产，计划变更成本极高，只有在领导层批准的特殊情况下才能变更计划中的物料需求数量；在时区 2 中，计划变更成本也较大，尽量避免进行变更；在时区 3 中，计划变更无代价，可以变更。

客观环境是不断变化的，生产计划应当随着客观环境的变化而变化。但是，如果一味追随变化，朝令夕改，势必会造成企业生产的混乱。因此，控制计划的变更是保证计划可执行程度的主要内容。当计划需要变更时，要分析变更计划的限制条件、难易程度、需要付出的代价并确定审批权限，从而保证主生产计划的相对稳定。主生产计划提出了时界与时区的概念，为计划人员提供了控制计划的手段。时界表明了变更计划的困难程度，变更的时间越接近当前时间，则变更的难度越大，企业付出的代价也越大。

4.2 主生产计划的制订

4.2.1 主生产计划的制订原则和约束条件

1. 主生产计划的制订原则

主生产计划根据企业的能力确定要做的事情，通过均衡地安排生产实现生产计划大纲的目标，使企业在客户服务水平、库存周转率和生产率等方面都能得到提高，并及时更新、保持计划的切实可行性和有效性。主生产计划中不能有超越可用物料和可用能力的项目。在制订主生产计划时，应遵循以下基本原则。

(1) **最少项目原则**：用最少的项目数进行主生产计划的安排。如果主生产计划中的项目数过多，就会使预测和管理都变得困难。因此，要根据不同的制造环境，选取产品结构不同的等级，进行主生产计划的制订，使得在产品结构这一级的制造和装配过程中，产品（或）部件选型的数目最少，以改进管理评审与控制。

(2) **独立具体原则**：要列出实际的、具体的可构造项目，而不是一些项目组或计划清单项目。这些项目可分解成可识别的零件项目或组件项目。主生产计划应该列出实际的要采购或制造的项目，而不是计划清单项目。

(3) **关键项目原则**：列出对生产能力、财务指标或关键材料有重大影响的项目。对生产能力有重大影响的项目，是指那些对生产和装配过程起重大影响的项目，如一些大批量项目、造成生产能力的瓶颈环节的项目或通过关键工作中心的项目。对财务指标有重大影响的项目是指与企业的利润效益最为关键的项目，如制造费用高、含有贵重部件、原材料昂贵、高费用的生产工艺或有特殊要求的组件项目，以及那些作为企业主要利润来源、相对不贵的项目。对于关键材料有重大影响的项目是指那些提前期很长或供应厂商有限的项目。

(4) **全面代表原则**：计划的项目应尽可能全面代表企业的生产产品。主生产计划应覆盖被该主生产计划驱动的物料需求计划中尽可能多的组件项目，反映关于制造设施，特别是关键资源或关键工作中心尽可能多的信息。

(5) **适当裕量原则**：留有适当余地，并考虑预防性维修设备的时间。可把预防性维修作为一个项目安排在主生产计划中，也可以按预防性维修的时间，减少关键工作中心的能力。

(6) **适当稳定原则**：在有效的期限内应保持适当稳定。主生产计划制订后在有效的期限内应保持适当稳定，那种只按照主观愿望随意变更的做法，将会引起系统原有合理、正常的优先级计划的破坏，削弱系统的计划能力。

2．主生产计划制订的约束条件

在此举一个摩托车厂的例子来说明主生产计划制订的约束条件。

【例 4-3】

表 4-1 为某摩托车厂 1~6 月的生产计划大纲，表 4-2 是踏板式摩托车 1~2 月的主生产计划。在前面章节中，我们已经介绍过生产计划大纲与主生产计划的关系，比较这两个表，也可明显地看出两者之间的关系和区别。

表 4-1 某摩托车厂的生产计划大纲

	1月	2月	3月	4月	5月	6月
踏板式摩托车产量(辆)	1500	1600	1600	1650	1700	1700
普通摩托车产量(辆)	2000	1900	1850	1900	1800	1800

表 4-2 踏板式摩托车的主生产计划

	1月				2月			
周次	1	2	3	4	5	6	7	8
50 型产量(辆)		250		250		100		100
100 型产量(辆)	200	200	200	200	300	300	300	300
150 型产量(辆)	100		100		100		100	
月产量(辆)	1500				1600			

如表 4-1 所示，在该企业的生产计划大纲中，未来 2 个月的踏板式摩托车系列产品的月产量分别为 1500 辆和 1600 辆。但实际上该企业生产的踏板式摩托车按马力大小分为 3 种不同车型：50 型、100 型和 150 型。按抽象概念的踏板式摩托车是无法组织生产的，只能按具体的规格型号，如 50 型、100 型和 150 型组织生产。表 4-2 是根据表 4-1 的生产计划大纲所制订的主生产计划。

结合本例，主生产计划制订的约束条件主要包括以下 3 个方面。

其一，主生产计划所确定的生产总量必须等于生产计划大纲确定的生产总量。这一点从表中可以看得很清楚：1 月的踏板式摩托车生产总量为 1500 辆，主生产计划的 1 月的生产总量也为 1500 辆，2 月也如此，即主生产计划确定的生产总量与生产计划大纲一致。

其二，生产计划大纲所确定的某产品在某时间段内的生产总量应该以一种有效的方式分配在该时间段内的不同时间进行生产。这种分配应该基于多方面考虑，如需求的历史数据、对未来市场的预测、订单及企业资源条件等。

其三，在决定产品批量和生产时间时必须考虑资源的约束。与生产量有关的资源约束有若干种，如设备能力、人员能力、库存能力、流动资金总量等。在制订主生产计划时，必须首先掌握这些约束条件，根据产品的轻重缓急分配资源，将关键资源用于关键产品。

4.2.2 主生产计划的制订步骤

主生产计划的内容包括：首先，对生产计划大纲进行分解和细化；其次，当一个方案制订出来以后，需要与拥有的资源(设备能力、人员能力、加班能力、外协能力等)相平衡，如果超出了资源限度，就需要调整原方案，直到得到符合资源约束条件的方案，或者得出不能满足资源约束条件的结论。在后者的情况下，则需要对生产计划大纲做出调整或增加资源。所以，主生产计划的制订是一个反复试行的过程。最终，主生产计划需要得到决策机构的批准，然后作为物料需求计划的输入条件，如图4-5所示。

主生产计划的制订过程包括：制订主生产计划项目的初步计划、进行粗能力平衡和评价主生产计划这3个步骤。制订过程涉及的工作包括收集需求信息、制订主生产计划、制订粗能力计划、评估主生产计划、下达主生产计划等。

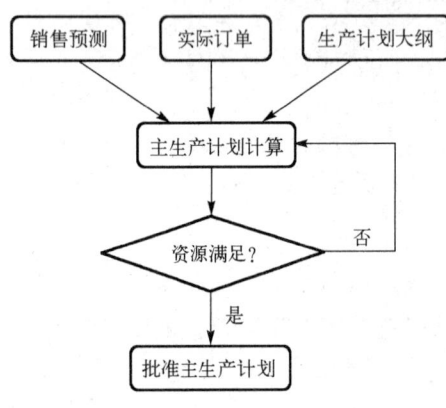

图 4-5 企业主生产计划的制订步骤

主生产计划的实质是保证经营规划和生产计划大纲规定的需求(需求什么、需求多少和什么时候需求)与所使用的资源取得一致。制订主生产计划的基本思路可表述为以下程序。

(1) 根据生产计划大纲和计划清单确定对每个最终项目的生产预测。它反映某产品类的生产规划总生产量中预期分配到该产品的部分，可用于指导主生产计划的制订，使得主生产计划员在制订主生产计划时能遵循生产计划大纲的目标。

(2) 根据生产预测、已收到的客户订单、配件预测及该最终项目的需求数量，计算毛需求量。需求的信息来源主要有：当前库存、期望的安全库存、已存在的客户订单、其他实际需求、预测其他各项综合需求等。某个时段的毛需求量即为本时段的实际订单及预测值的关系和。"关系和"是指把预测值和实际订单组合取舍得出的需求。这时，主生产计划的毛需求量已不再是预测信息，而是具有指导意义的生产信息。

(3) 根据毛需求量和事先确定好的批量规则，以及安全库存量和期初预计可用库存量，自动计算各时段的计划产出量和预计可用库存量。

首先计算预计可用库存量。预计可用库存量同"现有库存量"不同，它是现有库存量中扣除了预留给其他用途的已分配量，可以用于需求分配的那部分库存。在预计可用库存量满足不了毛需求及安全库存目标的需求时，就出现了净需求量。净需求量是一个触发器，以此触动主生产计划的安排[①]。

在计算过程中，如果预计可用库存量为正值，就表示可以满足需求，不必再安排主生产计划进行生产；当预计可用库存量低于安全库存量时，就要安排一个该周期主生产计划的生产批量，使主生产计划的生产批量在考虑制造和库存目标的同时尽可能与需求接近，

[①] "毛需求量""净需求量""批量规则"等概念参考本书4.2.3节。

从而推算出主生产计划在计划展望期内各时段的生产量和生产时间，给出一份在生产提前期条件下安排生产的主生产计划备选方案，在此过程中要注意均衡生产的要求。

毛需求量是以预测值为准计算的，当预测值大于合同量(订单量)而毛需求量取预测值时，主生产计划员在判断是否需要补充"短缺"时要根据预测的可靠性、能力资源和库存状况做一些分析工作，这也是为什么订单要确认后再下达的原因之一。

(4) 自动计算可供销售量(ATP，在本书 4.2.3 节介绍)，供销售部门决策选用。

按设定的生产批量投产，会出现计划产出量大于净需求量的情况。此外，若预测值大于合同量，毛需求量取预测值，也会出现计划产出量大于需求量的情况。在某个计划产出时段范围内，计划产出量超出下一次出现计划产出量之前各时段合同量之和的数量，是可以随时向客户出售的，这部分数量称为可供销售量。这个可供销售量可以供销售部门机动决策选用，它是销售人员同临时来的客户洽商供货条件时的重要依据，还可以直译为可承诺的量。而且可供销售量中还包括了安全库存，安全库存的作用就是弥补供需双方的意外短缺。

(5) 自动计算粗能力，用粗能力计划(RCCP，将在第 6 章介绍)评价主生产计划的可行性。粗能力计划是指对生产中所需的关键资源进行计算和分析。关键资源通常指关键工作中心。粗能力计划用于核定主要生产资源的情况，即关键工作中心能否满足主生产计划的需要，以使得主生产计划在需求与能力上取得平衡。

(6) 评估主生产计划。一旦初步的主生产计划测算了生产量，测试了关键工作中心的生产能力并对需求与能力进行平衡之后，初步的主生产计划就确定了。下面的工作就是对主生产计划进行评估，对存在的问题提出建议，同意主生产计划或否定主生产计划。

如果需求和能力基本平衡，则同意主生产计划；如果需求和能力偏差较大，则否定主生产计划，并提出修正方案，力求达到平衡。调整的方法有以下两种。

一是改变预计负荷，可以采取的措施主要有：重新安排毛需求量，并通知销售部门拖延订单或终止订单或订单外协等。

二是改变生产能力，可以采取的措施主要有：申请加班、改变生产工艺提高生产率、寻找外协力量等。

(7) 在主生产计划的运算及粗能力平衡评估通过后，批准和下达主生产计划。

这里还要对主生产计划的初稿相对于生产计划大纲进行分析。主生产计划应该和生产计划大纲保持一致，也就是主生产计划中产品类的总数应该等于相应周期内的生产计划大纲的数量，然后向负责进行审批的人提交主生产计划初稿及分析报告，等待审批。主生产计划经过正式批准后，作为下一步制订物料需求计划的依据。正式批准后的主生产计划，应下达给有关的使用部门，包括生产部门、采购部门、工程技术部门、销售部门、财务部门及其他有关人员等。

主生产计划试图在生产需求与可用资源之间做出平衡。主生产计划的质量在很大程度上决定了企业的生产组织效率和资源的利用。主生产计划的质量欠佳，将会影响企业资源的利用，或是超负荷使用，或是大量劳动力或设备闲置；主生产计划不稳定、不可靠，将可能出现很多紧急订单，造成大量在制品积压并占用大量资金，还会降低客户服务水平，最终将失去整个计划制订系统的可靠性，不能及时交货，造成经济损失，失去客户，影响市场的占有率。因此，主生产计划的制订是 ERP 的核心工作内容。

4.2.3 主生产计划的计算

本节首先介绍一些主生产计划计算中涉及的术语和相关参量的计算方法，并给出示例，讨论主生产计划的制订过程和方法。

1. 术语和相关参量介绍

在制订主生产计划的过程中涉及的术语和相关参量有很多，其概念和计算方法分述如下。

(1) **批量规则**：在制订主生产计划或物料需求计划时，计算物品的计划下达数量所使用的规则。不同的批量规则表示不同的计划下达的取值方法，系统可以根据批量规则计算需求量。主生产计划用其来确定产品的制造批量，而物料需求计划用其来确定采购或制造批量。一些常见的批量规则有直接批量、固定批量、倍数批量、经济批量等（将在本章 4.3 节介绍）。

(2) **安全库存量**：应对需求或供应波动的库存量，是为了防止意外波动导致缺货而保留的项目库存数量。设置安全库存量是为了避免生产或供应的中断，缓解客户需求与企业之间、供应商与企业之间、制造和装配之间的矛盾，充分地利用现有的人力、物力资源，更好地满足客户需求。

(3) **毛需求量**：在任意给定的计划周期内，项目的总需求量。

(4) **计划接收量**：前期已经下达的正在执行中的订单，将在该时段（时间）的产出数量。

(5) **预计可用库存量**：某个时段的期末库存量，扣除需求的数量，平衡库存与计划。计算公式如下：

$$预计可用库存量 = 前一时段末的可用库存量 + 本时段计划接收量 - 本时段毛需求量 + 计划产出量$$

按照主生产计划的制订步骤，需要将预计可用库存量与安全库存量进行比较，如果预计可用库存量大于安全库存量，则表明现有库存已完全满足需求，在本时段不用再安排生产计划，可以进行下一时段的计划方案的制订。否则，如果预计可用库存量小于安全库存量，就表明现有库存无法满足需求，出现需求缺口，那么就要安排生产，接下来则需要计算净需求量，即计算"缺多少"。

(6) **净需求量**：综合毛需求量、安全库存量，并考虑期初的结余与本期可以计划产出的数量。净需求量是一个实际的需求，和毛需求量不一定相等。毛需求量是一个比较粗的需求，它只是根据客户订单和预测得到的一个需求值，并没有考虑项目的现有库存。净需求量的计算公式如下：

$$净需求量 = 本周期毛需求量 - 前一时段末的可用库存量 - 本时段计划接收量 + 安全库存量$$

(7) **计划产出量**：当本时段的需求不能被满足时，为了满足本时段净需求量而需要该时段必须产出的数量（此时要考虑生产批量），是系统根据设置的批量规则得到的供应数量。此时计算的不是计划投入量，而是主生产计划的计划量。

(8) **计划投入量**：根据计划产出量、产品提前期及产品合格率等计算得出的投入数量，此时一般需要考虑废品率。

(9) **可供销售量**：在某一个时段内，产品的产出数量可能会大于订单、合同数量，这个差值就是可供销售量（将在本章4.4节详细介绍）。其计算公式如下：

$$可供销售量 = 某时段的计划产出量（包括计划接收量） - 该时段的订单（合同）量总和$$

2. 主生产计划计算示例

以预测和实际订单为输入时的主生产计划的计算过程和生产计划大纲下的主生产计划的计算过程有所区别，因为后者需要多一个对生产计划大纲进行细分的步骤。在此，我们讲解一个以预测和实际订单为输入时的主生产计划的计算过程。

【例4-4】

以预测和实际订单为输入时的主生产计划的计算过程。

假定某文具制造企业某两个月的圆珠笔毛需求量情况如表4-3所示：

需求时界3周，计划时界5周；

本周初始库存为0；

生产提前期为1周，生产批量为10支。

表4-3 某圆珠笔毛需求量情况

时段（周）	1	2	3	4	5	6	7	8
需求预测（支）	20	25	23	40	38	40	30	25
客户订单（支）	25	20	20	42	35	35	20	15
毛需求量（支）	25	20	20	42	38	40	30	25
计划接收量（支）	30	0	0	0	0	0	0	0

本例计算过程如下：

(1) 确定毛需求量：在需求时界前的1～3周，毛需求量根据客户订单确定；在4～5周，毛需求量为预测值和实际订单中的较大者；在计划时界后的6～8周，毛需求量由预测值确定。因此，确定的毛需求量如表4-3第4行所示。

(2) 确定计划接收量：本例已经给出，计划接收量为第1周30支，其他时段无计划接收量。

(3) 计算预计可用库存量：第1周预计可用库存量为5支。

(4) 计算净需求量：按照净需求量的计算公式，第1周计划接收量减去毛需求量、初始库存量和安全库存量，得出净需求量为0。

(5) 确定计划产出量：计划产出量根据净需求量和批量规则确定。

(6) 重复(3)、(4)、(5)的计算过程，计算出以后各周的预计可用库存量、净需求量和计划产出量。最后，考虑批量规则，本例的生产批量为10支，因此第4周和第8周的计划产出量调整后分别是50支和30支。

(7) 计算计划投入量：生产提前期为 1 周，因此将计划产出量都提前一周，即可得到每周的计划投入量，如第 2 周的计划产出量为 20 支，则第 1 周的计划投入量为 20 支。

(8) 计算可供销售量：计算过程在本章 4.4 节详细讲解。

依据以上计算过程，该企业的圆珠笔主生产计划制订的最终结果如表 4-4 所示。

表 4-4 圆珠笔主生产计划制订的最终结果

时段(周)	毛需求量	计划接收量	预计可用库存量	净需求量	计划产出量	计划投入量
1	25	30	5	0	0	20
2	20	0	5	20	20	20
3	20	0	5	20	20	50
4	42	0	13	42	50	30
5	38	0	5	30	30	40
6	40	0	5	40	40	30
7	30	0	5	30	30	30
8	25	0	10	25	30	

最后将以上计算结果结合其他生产信息，整理成一张主生产计划报表，如表 4-5 所示。

表 4-5 主生产计划报表

物品代码：B003　　　　计划员：Z　　　　计划日期：2004/3/23
物品名称：BallPen331
型号/规格：L-2　　　　计量单位：支
预计可用库存量：0　　　安全库存量：5 支　　　生产提前期：1 周
批量规则：固定批量　　　生产批量：10 支　　　批量周期：
需求时界：3 周　　　　　计划时界：5 周

时段(周)	1	2	3	4	5	6	7	8
需求预测(支)	20	25	23	40	38	40	30	25
客户订单(支)	25	20	20	42	35	35	20	15
毛需求量(支)	25	20	20	42	38	40	30	25
计划接收量(支)	30	0	0	0	0	0	0	0
预计可用库存量(支)	5	5	5	13	5	5	5	10
净需求量(支)	0	20	20	42	30	40	30	25
计划产出量(支)	0	20	20	50	30	40	30	30
计划投入量(支)	20	20	50	30	40	30	30	
可供销售量(支)	5	0	0	3	0	5	10	15

以上的例子中主生产计划的制订是以预测和实际订单为输入的。生产计划大纲下的主生产计划的计算过程类似，不同之处在于制订主生产计划需要将生产计划大纲中对产品类的需求量分解成每个产品的需求量，如例 4-3 中将摩托车需求量分解成具体型号的需求量。

需求量分解的过程主要包含以下工作：

● 主生产计划产品品种的确定，即将生产计划大纲的产品类分解成具体的最终产品；
● 每种产品的产量的确定；

- 按一定原则将一定时期的产量分配到各个具体时段；
- 每种产品对应一个主生产计划。

下面结合具体的例子介绍生产计划大纲需求量的分解及其方法。

(1) 主生产计划产品品种的确定

生产计划大纲中的产品类通常可以细分为多种品种、型号，对于每种细分的产品企业需要制定不同的生产策略，要优先生产那些经营效益好、受到市场欢迎的产品，这样可以给企业带来更高的利润。如何确定要优先生产的产品品种或型号呢？通过每种产品的销售收入及利润绘出"销售收入-利润"次序图，是一种简单的确定应该优先生产产品品种的方法。

【例 4-5】

某企业的一个产品类下面有 6 个品种，表 4-6 为它们的销售收入和利润数据。图 4-6 为这 6 种产品的"销售收入-利润"次序图。

表 4-6 6 种产品的销售收入和利润

产品	A	B	C	D	E	F
销售收入(元)	1	2	3	4	5	6
利润(元)	3	2	1	8	7	6

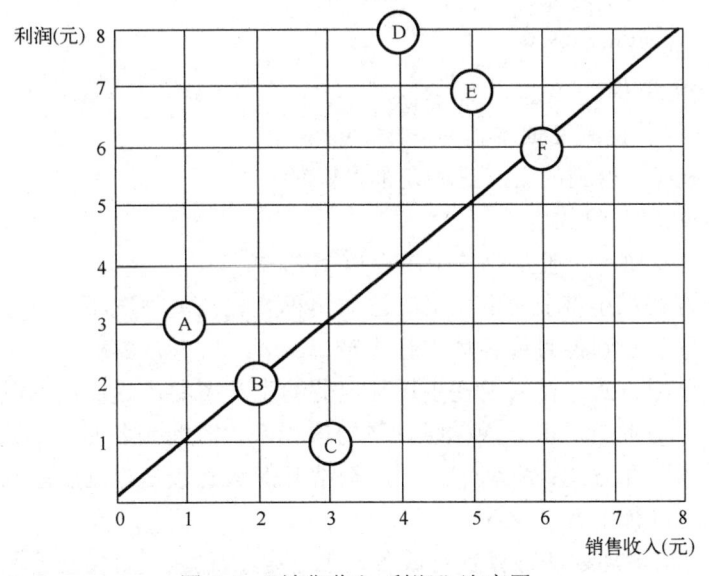

图 4-6 "销售收入-利润"次序图

在图 4-6 所示的"销售收入-利润"次序图中，在对角线上方的产品，如 A、D、E，利润超过正常销售收入，可以适当增加产量。在对角线下方的产品，如 C，利润比正常销售收入低，应该考虑适当减少产量或不生产。具体优先生产哪些品种的产品，企业可参考这种方法做出决定，最终将生产计划大纲分解为要生产的每种产品的主生产计划。

(2) 主生产计划产品产量的确定

产品产量的确定方法也有多种，较多被采用的是线性规划法：利用线性规划，在一组资源约束(生产能力、原材料、劳动力等)下，可求得让总体利润最大的各种产品产量。

线性规划法确定产品产量的思路如下。

假设企业的生产计划大纲的产品类下面有 n 种产品，m 种资源约束，总体利润为 Z，可建立线性规划模型如下：

$$\text{Max} Z = \sum_{i=1}^{n}(r_i - c_i)x_i$$

s.t.
$$\sum_{i=1}^{n} a_{ik} x_i \leq b_k, k=1,2,3,\cdots,m$$

$$x_i \leq U_i$$

$$x_i \geq L_i, L_i \geq 0, i=1,2,3,\cdots,n$$

其中，

x_i——产品 i 的产量；

b_k——资源 k 的数量；

a_{ik}——生产一个单位产品 i 所需资源 k 的数量；

U_i——产品 i 的最大潜在销售量(通过预测得到)；

L_i——产品 i 的最小生产量；

r_i——产品 i 的单价；

c_i——产品 i 的单位可变成本。

对模型进行求解，得到的 x_i 就是确定的产品的产量。

(3) 分配各个时段产量的方法

分配方法有很多种，一般企业常用的有以下几种：

- 均匀分配方式：在需求稳定、生产自动化程度较高的情况下，可按平均日产量将全年计划产量分配到各月或各周进行生产；
- 均匀递增分配方式：在需求逐步增加、劳动生产率稳步提高的情况下，可将全年计划产量按劳动生产率每季(或每月)平均增长率，分配到各月、周进行生产；
- 抛物线递增分配方式：将全年计划产量按开始增长较快，以后逐渐缓慢的方式分配到各月、周进行生产。

此外，也可用线性规划法计算各月或各周的产量。

【例 4-6】

假定某企业某产品的生产计划大纲按产品型号分解，得出某型号产品第 1 个月的计划生产量为 95 单位，第 2 个月的计划生产量为 110 单位。其各时段产量分配如表 4-7(a)所示。批量规则为批量倍数法，最小批量为 20 单位。生产提前期为 1 周，初始库存为 16 单位，安全库存量为 5 单位。请据此制订其主生产计划。

表 4-7(a)　各时段产量分配

时段(周)	需求量(单位)	计划接收量(单位)	预计可用库存量(单位)	净需求量(单位)	计划产出量(单位)	计划投入量(单位)
1	95	20	10			
2		25	0			
3		20	0			
4		30	0			
5	110	20	0			
6		30	0			
7		35	0			
8		25	0			

本例给出了生产计划大纲在各时段的需求量，即各时段的毛需求量。其他计算步骤与以实际订单和预测值为输入时的主生产计划的计算过程一样。计算结果如表 4-7(b)所示。

表 4-7(b)　计算结果

时段(周)	需求量(单位)	计划接收量(单位)	预计可用库存量(单位)	净需求量(单位)	计划产出量(单位)	计划投入量(单位)
1	95	20	10	6	0	0	40
2		25	0	21	24	40	20
3		20	0	21	4	20	20
4		30	0	11	14	20	20
5	110	20	0	11	14	20	40
6		30	0	21	24	40	20
7		35	0	6	19	20	40
8		25	0	21	24	40	

3．不同批量规则下主生产计划的计算

主生产计划的计划产出量有时并不等于实际的净需求量，这是由于实际生产或采购都是按照批量来进行的。确定生产或采购的数量的规则称为批量规则，不同的批量规则导致不同的计划产出量。企业考虑生产或采购批量，主要是为了降低订货成本、准备成本、运输成本及在制品成本。

批量规则共分为两大类，静态批量规则和动态批量规则。静态批量规则的每一批的数量都不变，动态批量规则每批下达的数量都可以不同。常用的批量法(规则)有很多，在此简要介绍企业常用的 5 种批量法(规则)。

(1) 直接批量法

直接批量法也称按需确定批量法，即按照各时区的净需求量来决定订货量，需要多少订多少，每当净需求量改变时，相应的订货量也随之动态调整，是一种动态批量规则。采用这种方法可以保持库存量最小，降低物料存储成本。因而它常用于生产或订购数量及时间基本能给予保证的物料，而且所需的物料价值较高，需求极不连续，不能过多地生产或保存。

(2) 固定批量法

固定批量法也称批量倍数法，每次订货数量相同，但时间间隔不一定相同。固定批量法可用于物料需求计划控制下的所有物料，但在实践中，通常只限于订货成本比较大的部分物料。对于这些物料，根据净需求量的变化而不断进行订货是性价比较低的。所以，常采用固定批量的形式进行订货，订货的数量可以根据经验来决定。

(3) 固定周期法

固定周期法也称定期订货法，是一种动态批量规则。该方法首先人为设定每批订货所要覆盖的时区数，然后由所覆盖的几个时区内的需求量来确定订货批量。在这里，时间间隔是常数，而订货批量是变数，这是和固定批量法正好相反的。这种批量法一般用于内部加工自制品的生产计划，旨在便于控制。

(4) 经济订货批量法

经济订货批量（Economic Order Quantity，EOQ）法也称定量订货法，这是一种早在1915年就开始使用的批量法，其基本出发点是使订货成本和存储成本之和最小。它假定需求均匀发生，从而平均库存量是订货批量的一半。

确定经济订货批量的公式如下：

$$EOQ = \sqrt{\frac{2DS}{H}}$$

其中，D指计划展望期内货物总需求量；S指生产准备成本或订货成本；H指单位存储成本。

(5) 最小总成本批量法

最小总成本批量法所依据的原理是，当计划展望期内的订货成本越接近于存储成本时，这个计划展望期内的所有批量的订货成本与存储成本之和也越小，这与经济订货批量法所依据的原理是相同的。为了达到使总成本最小的目的，这种方法的具体做法是选取尽可能使单位订货成本与单位存储成本相接近的订货批量。

在整个计算的计划展望期内，由于订货（生产准备）成本是随着批量加大而减少的，存储成本却随批量递增，因此使总成本最小的批量实际上是订货（准备）成本与存储成本相等的点。因此，要使得总成本最小，就应该在满足需求的基础上选择使二者尽可能接近的订货批量。

计算方法：假如要确定计划展望期为6周的订货批量。先设订货批量为满足第1周需求的数量，计算订货成本和存储成本；再设订货批量为第1周和第2周的需求量，同样计算订货成本和存储成本；以此类推，直到将订货批量为第1～6周需求量的订货成本和存储成本计算完毕，从中选择出订货成本最接近存储成本的订货批量。假设求得的订货批量为第1～4周的需求量，那么第1～4周的需求可以满足。接下来计算满足第5周和第6周需求的订货批量，同样道理，依次假定订货批量为第5周的需求量和第5～6周的需求量，计算各成本并进行相互比较得出使总成本最小的订货批量。

因此，确定最小总成本订货批量是一个不断尝试的动态过程。

(6) 最小单位成本批量法

最小单位成本批量法是指在订货（生产准备）成本和存储成本之和中获得最小单位成本的批量法。这是一个总成本最小模型，根据存储成本和订货（生产准备）成本相等的原则确定批量。最小单位成本批量法的计算过程和最小总成本批量法是基本一样的，区别是确定批量的时候把总成本除以批量得出单位成本，选择单位成本最小的批量作为订货批量。

对于上述各种批量法（规则），在确定主生产计划生产（订货）批量时应进行相互比较，选择成本最小者。

本节仍然采用前面的某文具制造企业制订圆珠笔的主生产计划的例子介绍各种批量规则下的主生产计划的计算过程。由于直接批量法的思想比较简单，实现方法很容易，也能方便地给出计划订单下达情况，在此不进行详细介绍，只介绍其他几种情形。

【例 4-7】

主生产计划批量决策举例：某文具制造企业圆珠笔主生产计划的制订，各数据同例 4-4。表 4-8 为圆珠笔各类成本数据。

表 4-8　圆珠笔各类成本数据

每次订货（生产准备）成本（元）	100
每周存储成本（元）	0.5/件

请问，按照固定批量规则进行生产（订货）的存储成本是否最低呢？如果采用其他批量规则确定计划产出量是否能降低成本呢？

本例解题过程如下：

(1) 固定批量规则下的成本计算

固定批量规则下的每周主生产计划量（计划产出量）在例 4-4 中已经计算出来，如表 4-9 所示。

表 4-9　固定批量规则下的圆珠笔计划产出量　　　　　　　　　　单位：支

周	1	2	3	4	5	6	7	8
计划产出量	0	20	20	50	30	40	30	30

因此，固定批量规则下订货次数为 7 次，订货成本 = 7×100 = 700（元）。

接下来计算固定批量规则下的存储成本，如表 4-10 所示。

表 4-10　固定批量规则下的存储成本

时段（周）	预计可用库存量（支）	存储成本（元）
1	5	2.5
2	5	2.5
3	5	2.5
4	13	6.5
5	5	2.5
6	5	2.5
7	5	2.5
8	10	5
合计		26.5

因此，固定批量规则下的总成本=订货成本+存储成本=700+26.5=726.5(元)。

(2) 经济订货批量规则下的成本计算

首先计算这8周净需求总量：

净需求总量=毛需求量+安全库存量−期初库存量−计划接收量(每期之和)
=240+5−0−30=215(支)

当然，净需求总量也可按表4-11先计算每周净需求量，再计算总和。

表4-11 每周净需求量计算

时段(周)	毛需求量(支)	计划接收量(支)	预计可用库存量(支)	净需求量(支)
1	25	30	5	0
2	20	0	5	20
3	20	0	5	20
4	42	0	5	42
5	38	0	5	38
6	40	0	5	40
7	30	0	5	30
8	25	0	5	25

8周的单位存储成本 = 0.5×8 = 4(元)，根据 EOQ 法的计算公式，有

$$EOQ = \sqrt{\frac{2DS}{H}} = \sqrt{\frac{2 \times 215 \times 100}{4}} = 104(支)$$

因此，确定订货批量为104支。按照该订货批量，重新制订主生产计划，如表4-12所示。

表4-12 经济订货批量规则下的主生产计划成本计算

周数	毛需求量(支)	计划接收量(支)	期末库存量(支)	净需求量(支)	新计划产出量(支)	存储成本(元)	订货成本(元)
1	25	30	5	0	0	2.5	
2	20	0	89	0	104	44.5	100
3	20	0	69	0	0	34.5	
4	42	0	27	0	0	13.5	
5	38	0	93	21	104	46.5	100
6	40	0	53	0	0	26.5	
7	30	0	23	0	0	12.5	
8	25	0	102	0	104	51	100

按照上表，经济订货批量规则下的总成本 = 8 周内总的存储成本 + 3 次订货成本 = 231.5+300=531.5(元)。

(3) 最小总成本批量规则下的成本计算

最小总成本批量规则下的成本计算如表4-13所示。由于第1周的净需求量为零，所以订货从第2周开始，各项成本也从第2周开始计算。

表 4-13　最小总成本批量规则下主生产计划成本计算表

订货满足需求期	计划产出量（支）	额外库存量①（支）	库存期②	③=①×②	③×0.5	存储成本（元）
2	20	0	0	0	0	0
2～3	40	20	1	20	10	10
2～4	82	42	2	84	42	52
2～5	120(订货)	38	3	114	57	109
6	40	0	0	0	0	0
6～7	30	30	1	30	15	15
6～8	95(订货)	25	2	50	25	40

表 4-13 中存储成本计算方法：如第二行，满足第 2～3 周净需求量的订货批量为 40 支，到第 3 周用完，有 20 支存储了 1 周，存储成本 = 20×1×0.5 = 10（元）。第三行订货批量为 82 支，满足第 2～4 周需求，20 支存储了 1 周，42 支存储了 2 周，所以该批量订货总存储成本为 10 + 42 = 52（元）。

由于订货成本为 100 元，所以第一次订货批量 120 支应选择满足第 2～5 周的需求（存储成本 = 109 元）。同理可以计算第二次订货满足第 6～8 周的需求，订货批量为 95 支，存储成本 = 40 元。

在得出订货批量和订货时间后，我们可以计算最小总成本批量规则下的主生产计划的总成本，如表 4-14 所示。

表 4-14　最小总成本批量规则下的主生产计划的总成本

周数	毛需求量（支）	计划接收量（支）	期末库存量（支）	净需求量（支）	新计划产出量（支）	存储成本（元）	订货成本（元）
1	25	30	5	0	0	2.5	
2	20	0	105	20	120	52.5	100
3	20	0	85	0	0	42.5	
4	42	0	43	0	0	21.5	
5	38	0	5	0	0	2.5	
6	40	0	60	40	95	30	100
7	30	0	30	0	0	15	
8	25	0	5	0	0	2.5	

所以，将 8 周内所有的存储成本加总，再加上两次的订货成本，可以得到：最小总成本批量规则下的总成本=169+100×2=369（元）。

比较以上几种批量规则的总成本，经过最小总成本批量规则计算出的总成本最小，订货批量最为合适，也就是第 2 周订货 120 支，第 6 周订货 95 支。表 4-15 为最小总成本批量规则下的主生产计划。

表 4-15 最小总成本批量规则下的主生产计划

周数	毛需求量（支）	计划接收量（支）	预计可用库存量（支）	净需求量（支）	计划产出量（支）
1	25	30	5	0	0
2	20	0	105	0	120
3	20	0	85	0	0
4	42	0	43	0	0
5	38	0	5	0	0
6	40	0	60	35	95
7	30	0	30	0	0
8	25	0	5	0	0

4. 可承诺销售量及其计算

当主生产计划制订后，企业如果接收到新的订单，并要求在主生产计划的计划展望期内交货，这时企业应该怎么办？企业是否能够满足新订单的要求呢？这些问题可通过计算待分配库存（或称可承诺销售量、可供销售量）来确定。

可承诺销售量（Available to Promise，ATP），也称为可供销售量。如果企业按设定的批量投产，那么计划产出量会出现大于净需求量的情况；此外，若预测值大于订单量，则毛需求量取预测值，也会出现产大于需的情况。在某个计划产出时段范围内，计划产出量超出下一次出现计划产出量之前各时段订单量之和的数量，是可以随时向客户出售的，这部分数量称为可供销售量。

可供销售量是业务人员在当前的供货状况下所能再承诺给新客户订单的数量，即一个企业的库存或计划产出量中尚未匹配到客户订单的部分。这个数量在主生产计划中进行维护，作为承诺客户订单的依据。

可供销售量的用途如下。

- 可供销售量用于应付新的订单。也就是本节开头提出的问题，当主生产计划制订后，若有新的客户订单，销售人员依据可供销售量能否满足新订单的需求，与临时来的客户洽谈供货条件。
- 可供销售量也可以用于给营销部门提供确切的可供给信息。它能辅助管理产成品与订单的匹配情况，并能追踪已经向客户做出供货承诺的产品的调度信息，从而为营销部门提供确切的可供给信息。
- 验证预测的准确程度。依据定义，可供销售量是预测量与实际需求之间的差距，如果可供销售量过大，则表明预测量过高，反之表明预测量过低。

可供销售量是在前面计算主生产计划的基础上计算出来的。其计算步骤如下。

(1) 首先计算各个时段的可供销售量。可供销售量的计算公式为：

可供销售量＝该时段计划产出量＋计划接收量＋期初库存量－该时段内实际订货量

在该式中，期初库存量只在计算第一个时段的可供销售量时使用。

(2) 若接下来的某个（几个）时段既没有计划产出量又没有计划接收量，那么该时段的可供销售量合并到上个时段计算。计算公式调整为：

可供销售量=计划产出量+计划接收量−下一次出现计划产出量之前各时段实际订货量之和

（3）若计算出某时段的可供销售量为负数，则使用前面时段的可供销售量将其冲抵到0，意思是用前面的库存来满足后面的订单。若前面时段的可供销售量不够，则继续往前再冲抵上一个可供销售量，以此类推。若冲抵到第一个可供销售量还不够，则保留负数。因此，只有第一个时段的可供销售量才可能出现负数。

订单接受条件：当某时段的可供销售量大于该时段及其后可供销售量为空白的各时段的新订单总量时，即可接受订货，否则某些订单必须延期、取消或外协。

【例 4-8】

可供销售量计算示例1（续例4-4）

本例解答：例4-4中已经计算出了各时段的计划产出量。在此基础上，按照可供销售量的计算方法，可以初步计算各时段的可供销售量，如表4-16所示。

表4-16 初步计算的可供销售量

周数	实际订单（单位）	毛需求量（单位）	计划接收量（单位）	预计可用库存量（单位）	净需求量（单位）	计划产出量（单位）	计划投入量（单位）	可供销售量（单位）
1	25	25	30	5	0	0	20	5
2	20	20	0	5	20	20	20	0
3	20	20	0	5	20	20	50	0
4	42	42	0	13	42	50	30	8
5	35	38	0	5	30	30	40	−5
6	35	40	0	5	40	40	30	5
7	20	30	0	5	30	30	30	10
8	15	15	0	10	25	30		15

第5周的可供销售量为−5单位，因此需要进行调整。调整后各时段的可供销售量如表4-17所示。

表4-17 调整后各时段的可供销售量

周数	实际订单（单位）	毛需求量（单位）	计划接收量（单位）	预计可用库存量（单位）	净需求量（单位）	计划产出量（单位）	计划投入量（单位）	可供销售量（单位）
1	25	25	30	5	0	0	20	5
2	20	20	0	5	20	20	20	0
3	20	20	0	5	20	20	50	0
4	42	42	0	13	42	50	30	3
5	35	38	0	5	30	30	40	0
6	35	40	0	5	40	40	30	5
7	20	30	0	5	30	30	30	10
8	15	15	0	10	25	30		15

在此例中，假设企业在该时段内接收到3个订单，具体数量和时间为：4单位（第2周）、5单位（第5周）、8单位（第7周），根据计算的可供销售量，第1、3两个订单可以立即满

足。但对于第 2 个订单,由于第 5 周的可供销售量为 0,无法满足,因此企业需要与客户协商推迟到第 6 周交货,或者取消订单,或者采取外协方式。

【例 4-9】

可供销售量计算示例 2:当存在无计划量(既没有计划产出量,也没有计划接收量)的时段情形时,可供销售量的计算方法有调整。

条件:

需求时界为 3 周;

计划时界为 6 周;

安全库存量设为 0;

期初库存量为 0;

采用直接批量规则。

本例解答:按照该种情形下可供销售量的计算公式,可以初步计算出各时段的可供销售量,如表 4-18 所示。

表 4-18 初步计算的可供销售量

周	预测需求量(单位)	实际订单量(单位)	毛需求量(单位)	计划接收量(单位)	预计可用库存量(单位)	净需求量(单位)	计划产出量(单位)	计划投入量(单位)	可供销售量(单位)
1	50	25	25	60	35	0	0	0	22
2	60	5	5	0	30	0	0	0	
3	55	8	8	0	22	0	0	0	
4	40	60	60	50	12	0	0	0	−10
5	60	0	60	80	32	0	0	0	80
6	20	0	20	0	12	0	0	28	
7	40	22	40	0	0	28	28	10	6
8	10	0	10	0	0	10	10		10

第 4 周可供销售量出现负值,因此需要进行调整,调整后各时段的可供销售量如表 4-19 所示。

表 4-19 调整后各时段的可供销售量

周	预测需求量(单位)	实际订单量(单位)	毛需求量(单位)	计划接收量(单位)	预计可用库存量(单位)	净需求量(单位)	计划产出量(单位)	计划投入量(单位)	可供销售量(单位)
1	50	25	25	60	35	0	0	0	12
2	60	5	5	0	30	0	0	0	
3	55	8	8	0	22	0	0	0	
4	40	60	60	50	12	0	0	0	0
5	60	0	60	80	32	0	0	0	80
6	20	0	20	0	12	0	0	28	
7	40	22	40	0	0	28	28	10	6
8	10	0	10	0	0	10	10		10

4.3　主生产计划的制订技巧

1. 主生产计划制订过程中的技巧问题

主生产计划(MPS)的制订过程中需要注意处理好以下3个相关问题。

(1) 主生产计划与生产计划大纲的衔接

在前面介绍的主生产计划的计算过程中，并未考虑利用生产速率的改变、人员水平的变动或调节库存来进行权衡、折中。但是在实际生产中，生产计划大纲是要考虑生产速率、人员水平等折中因素的。因此，在实际的主生产计划制订过程中，是以生产计划大纲所确定的生产量而不是市场需求预测来计算主生产计划量的。也就是说，以生产计划大纲所确定的生产量作为主生产计划计算中的预测需求量。生产计划大纲所确定的生产量是按照产品系列(或产品类)来规定的，为了使之转换成主生产计划计算中的预测需求量，首先需要对其进行分解，分解成每一计划期内对每一具体型号产品的需求。在做这样的分解时，必须考虑到不同型号、规格的适当组合，使每种型号的现有库存量和已有的客户订单量相等，然后将这样的分解结果作为主生产计划中的预测需求量。

总而言之，主生产计划应是对生产计划大纲的一种具体化。当主生产计划以上述方式体现了总体计划的意图时，主生产计划就成为企业整个经营规划中的一个重要的、不可或缺的部分。

(2) 主生产计划的"冻结"

主生产计划的"冻结"即主生产计划的相对稳定化。主生产计划是所有部件、零件等物料需求计划的基础。因此，主生产计划的变更，尤其是对已开始执行、但尚未完成的主生产计划进行变更时，将会引起一系列计划的变更及成本的增加。当主生产计划量增加时，可能会由于物料短缺而引起交货期延迟或作业分配变得复杂；当主生产计划量减少时，可能会导致多余物料或零部件的产生(直至下一期主生产计划需要它们)，还会导致将宝贵的生产能力用于现在并不需要的产品。当需求改变从而要求主生产计划量变更时，类似的成本也同样会产生。

为此，许多企业采取的做法是设定一个时间段，使主生产计划在该时间段内不变或轻易不得变更，也就是说，使主生产计划相对稳定化，有一个"冻结"期。"冻结"的方法可以有多种，代表不同的"冻结"程度。一种方法是规定"需求冻结期"，它可以包括从本周开始的若干单位计划期，在该期间内，没有管理决策层的特殊授权，不得随意变更主生产计划。例如，将"需求冻结期"设定为8周，在该期间内，没有特殊授权，计划人员和计算机(预先装好的程序)均不能随意变更主生产计划。另一种方法是规定"计划冻结期"。计划冻结期通常比需求冻结期更长，在该期间内，计算机没有自主变更主生产计划的程序和授权，但计划人员可以在两个冻结期的差额时间段内根据情况对主生产计划做必要的变更。在这两个期间之外，可以进行更自由的变更，如让计算机根据预先制定好的原则自行调整主生产计划。这两种方法实质上只是对主生产计划的变更程度不同。例如，某企业使用3个冻结期，8周、13周和26周。8周以内是需求冻结期，轻易不得变更主生产计划；从8

周到 13 周，主生产计划的变更要付出一定的代价，但只要零部件不缺，可对最终产品的型号略做调整；从 13 周到 26 周，可变更最终产品的生产计划，但前提仍是物料不会发生短缺。26 周以后，市场营销部门可以根据需求变化情况随时变更主生产计划。

总而言之，主生产计划冻结期的长度应周期性地审视，不应该总是固定不变的。此外，主生产计划的相对冻结虽然使生产成本得以降低，但同时也降低了企业响应市场变化的柔性，而这同样是要产生成本的。因此，企业还需要考虑二者间的平衡。

(3) 不同生产类型中的主生产计划的变型

主生产计划需要确定每一具体的最终产品在每一具体时间段内的生产数量。最终产品是指对于企业来说最终完成的要出厂的产品，但实际上这主要是对大多数面向库存生产的企业而言的。在本章介绍主生产计划的计划对象时介绍过，在不同的生产环境下，主生产计划有不同的计划对象，如图 4-7 所示。

图中，━━━━━ 代表主生产计划的计划对象

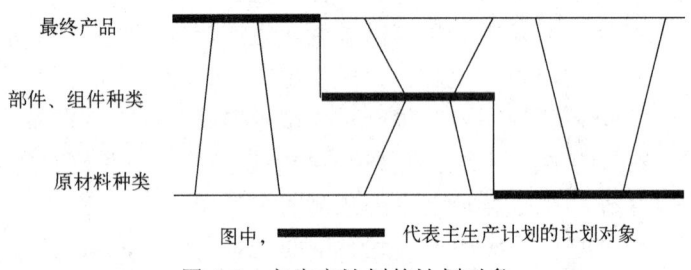

图 4-7 主生产计划的计划对象

在面向库存生产的企业中，虽然可能要用到多种原材料和零部件，但最终产品的种类一般较少，且大都是标准产品，这种产品的市场需求的可靠性也较高。因此，企业通常将最终产品预先生产出来，放置于仓库，随时准备交货。

在另外一些情况下，特别是随着市场需求的日益多样化，企业要生产的最终产品的"变型"是很多的。所谓变型产品，往往是若干标准模块的不同组合。例如，以汽车生产为例，传统的汽车生产是一种大批量备货生产类型，但在今天，一个汽车装配厂每天所生产的汽车可以说几乎没有两辆是一样的。因为客户可以自由选择汽车的车身颜色、驱动系统、方向盘、座椅、音响、空调系统等，最终产品的装配只能根据客户的需求来决定，汽车的基本型号也是由若干不同部件组合的方式所决定的。例如，一个汽车装配厂生产的汽车，客户可选择的部件包括：3 种发动机(大小)、4 种传动系统、2 种驱动系统、3 种方向盘、3 种轮胎尺寸、3 种车体、2 种平衡方式、4 种内装修方式、2 种制动系统。基于客户的这些不同选择，可装配出的汽车种类有 3×4×2×…×2 = 10368 种，但主要部件只有 3+4+2+…+2 = 26 种，即使再加上对于每辆车来说都是相同的那些部件，部件种类的总数也仍比最终产品种类的总数要少得多。一方面，由于对最终产品的需求是非常多样化和不稳定的，很难预测，因此保持最终产品的库存是一种很不经济的做法；另一方面，由于构成最终产品的组合部件的种类较少，因此预测这些主要部件的需求要容易得多，也精确得多。所以，在这种情况下，通常只需持有主要部件的库存，当最终产品的订单到达以后，才开始按订单生产(称为"模块计划法"，见第 5 章)。这种生产类型就是面向订单装配。

在面向订单装配的生产类型中，若根据要出厂的最终产品制订主生产计划(由于最终产品的种类很多)，则该计划将大大复杂化，而且由于难以预测需求，计划的可靠性也难以保

证。因此,在这种情况下,主生产计划是以主要部件为计划对象来制订的。例如,在上述汽车装配厂的例子中,只以26种主要部件为计划对象制订主生产计划。当订单到达后,只需将这些部件做适当组合,就可以在很短的时间内提供客户所需的特定产品。

还有很多采取面向订单生产的企业,如特殊医疗器械、模具等生产企业,当最终产品和主要的部件都是客户订货的特殊产品时,这些最终产品和主要部件的种类比它们所需的主要原材料和基本零件的数量可能要多得多。因此,类似于组装生产,在这种情况下,主生产计划也可能是以主要原材料和基本零件为计划对象来制订的。

另外,面向订单生产环境下主生产计划量的确定又分为两种情形。一种是将最终产品作为主生产计划的计划对象的情形:当交货期大于产品生产提前期时,以实际订单的产品数量作为毛需求量进行主生产计划展开,计算方法与以前的例子类似;当交货期小于产品生产提前期时,必须对所生产的产品类进行销售预测并将结果作为产品类的毛需求量,进行最终产品类的主生产计划计算。另一种是将部件(模块)作为主生产计划的计划对象的情形:首先需要根据最终产品类订单或销售预测找出最终产品类的毛需求量,进行最终产品类的主生产计划计算;接下来就能根据产品类的主生产计划量,通过模块化的物料清单计算各部件(模块)的毛需求量,再对各部件(模块)进行主生产计划展开,算出其主生产计划量。

2. 主生产计划制订的两个技巧

在制造工业中,可以根据其生产方式或它们的组合来决定主生产计划。主生产计划也并不一定在最终产品层次上来安排计划,它可以在产品结构的任意层次来安排计划。如果按最终产品安排计划而引起控制过多的话,那么较为理想的是在产品结构的较低层次上来安排计划,此时的最终装配计划实质上是较低层次的部件装配计划,所以还需要决定是在最终产品层安排计划,还是在较低层次安排计划。

4.2节总结了各种生产类型下的主生产计划的制订方法,也可以将其按层次划分,总结为两种类型:单层主生产计划和双层主生产计划。其中,双层主生产计划是指主生产计划包括两个层次,即部件(组件)的主生产计划和最终产品的主生产计划。

根据上一节对不同生产类型的主生产计划的变型的分析,单层主生产计划有以下情形。

- 面向库存生产情形下,企业根据成品库需要补充的数量和对市场需求的预测,决定应生产什么产品。主生产计划安排的是最终产品,此时只有单层主生产计划。
- 面向订单生产情形下,企业根据收到的客户订单来确定生产的产品,如果交货期比产品的生产提前期长,那么主生产计划直接安排这些最终产品(只有单层主生产计划),否则就要预测产品的需求,按产品系列做出双层主生产计划。

双层主生产计划有以下情形。

- 面向订单装配情形下,尽管能定义最终产品,但最终产品的种类很多,最终产品由较少的标准部件装配而成,企业仓库里存放的是这些部件;企业按客户的实际订单将部件装配成最终产品,这样需要预测的就是这些部件,因此需要做出双层主生产计划。
- 面向订单生产情形下,以最终产品作为主生产计划的计划对象,且交货期小于产品生产提前期。

制订主生产计划时的两个技巧是使用模块计划法和超量计划法。

(1) 模块计划(Modular Planning)法

模块计划法用于制订双层主生产计划。当最终产品由几种标准部件装配而成时，客户可以根据自身需求在这些部件中做出选择，其结果就是产生极大数目的这些部件的不同组合，从而企业可以根据预测比例对每个部件(模块)进行预测，这就是模块计划法的基本原理。下面举例说明模块计划法的过程。

【例 4-10】

模块计划法用于某电子挂钟的主生产计划的计算。图 4-8 为某电子挂钟产品类的结构树[①]。

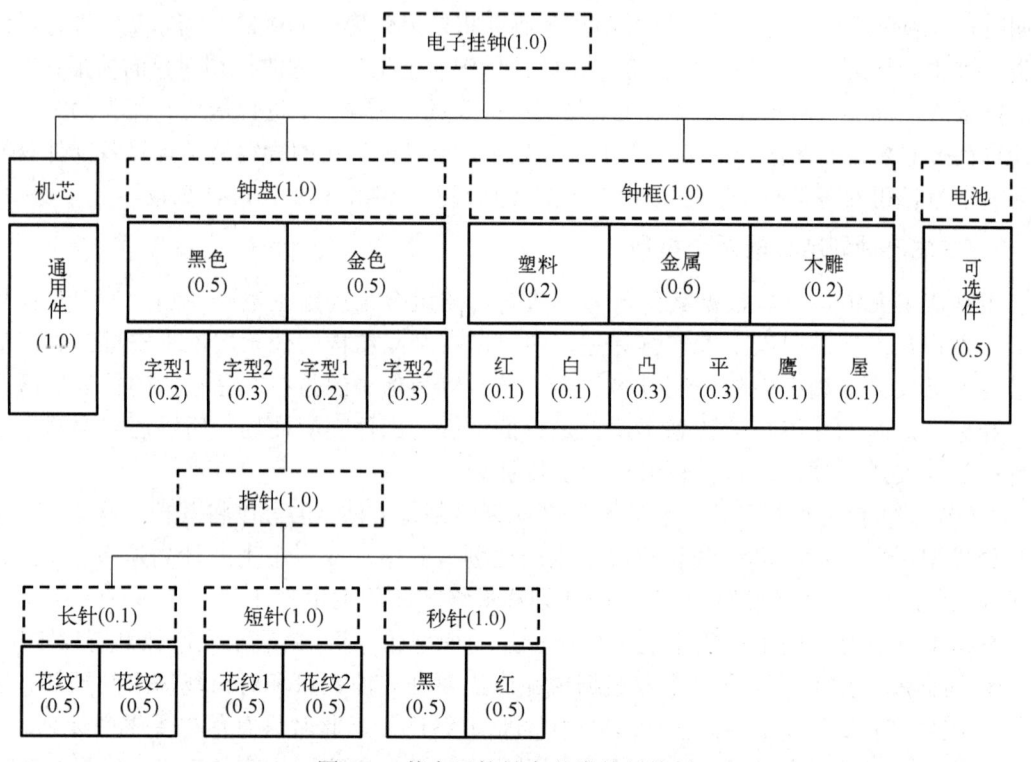

```
                            电子挂钟(1.0)
         ┌──────────┬──────────────┬──────────────┬──────────┐
       机芯      钟盘(1.0)         钟框(1.0)              电池
      通用件   ┌────┬────┐    ┌──────┬──────┬──────┐    可选件
      (1.0)   黑色  金色     塑料   金属    木雕      (0.5)
              (0.5) (0.5)    (0.2)  (0.6)   (0.2)
             字型1 字型2 字型1 字型2  红    白    凸    平    鹰    屋
             (0.2)(0.3)(0.2)(0.3) (0.1)(0.1)(0.3)(0.3)(0.1)(0.1)

                    指针(1.0)
             ┌──────────┬──────────┐
           长针(0.1)   短针(1.0)   秒针(1.0)
          花纹1 花纹2  花纹1 花纹2   黑    红
          (0.5)(0.5) (0.5)(0.5)  (0.5)(0.5)
```

图 4-8 某电子挂钟产品类的结构树

由电子挂钟产品类的结构树可以得知：钟盘部分的两种可选颜色分别有两种可选字型，钟框部分的 3 种材料分别有两种可选颜色或外观，电池部分是可选件，指针部分 3 种指针分别有两种可选件，假设任意一种组合都可以制造出来，那么一共可以制造的电子挂钟的种类有 (2×2)×(3×2)×2×(3×2)=288 种。对每一种电子挂钟分别制订主生产计划显然比较复杂，不可取，但可以对可选件制订主生产计划，那么一共需要制订的主生产计划的个数为 4(钟盘)+6(钟框)+1(电池)+6(指针)=17(个)。

电子挂钟的主生产计划量作为第一层的主生产计划量，将总需求量对下层展开，可根据历史销售数据预测下层每种可选件的需求比例，再用期望的未来趋势对预测比例进行修

---

① "产品结构树"是一个制成品的所有物料或零件的清单，详细介绍请参考第 5 章。

正,从而得到各种可选件的需求占电子挂钟总需求的预测比例,图 4-8 的括号中的比例就是根据历史数据进行的预测。

例如,假设电子挂钟的主生产计划做出后的每周主生产计划量为 2000 个,按照图中的预测比例,对钟盘而言:黑色字型 1 为 2000×0.2=400(个/周);黑色字型 2 为 2000×0.3=600(个/周);金色字型 1 为 2000×0.2=400(个/周);金色字型 2 为 2000×0.3=600(个/周)。这些预测量就是进行第二层主生产计划展开的毛需求量。

可以使用模块计划法的产品种类很多,如梳妆用具、化妆品、药品、精细化工产品、照相胶卷、糖果、矿物、石蜡与机油等石油产品及数不清的其他物品。对这些产品而言,较少种类的原材料与部件可以按照客户需求组装成多种最终产品,对每一种最终产品制订主生产计划比较困难,但将最终产品展开后,对下层部件(可选件)制订主生产计划相对容易得多。

(2) 超量计划(Overloading Planning)法

主生产计划的模块计划法下的每个部件(可选件)的预测比例是一个平均值,但实际的订单组合比例可能每周发生显著变动,如钟盘黑色字型 1 的预测比例可能在 0.1 到 0.3 之间变动、钟盘黑色字型 2 的预测比例可能在 0.2 到 0.4 之间变动。此时,使用模块计划法就不合适了。

超量计划法的思想是满足任意一周中的最大需求,采用最大的预测比例作为主生产计划的毛需求量,以将物料可能的短缺减到最低程度。但这并不意味着过负荷或夸大主生产计划,因为生产与维持附加的成套部件所需的物料与能力都必须是可以获得的。

例如,在例 4-9 中,对钟盘而言,使用超量计划法,黑色字型 1 的需求量在某一周从每周 400 个增加到 600 个。当产生需求时,这额外的 200 个可选件将提供库存以满足对这一可选件的额外的客户订单。如果每周 400 个这一平均需求是正确的,那么当客户对该种可选件的实际需求降到平均值以下时,已经用掉的额外可选件将得到补偿。这种过程库存类似于安全存货,但它是针对使用超量计划法的每种可选件而言配套地持有的。

选择在哪一周安排超计划量(如 200 个),取决于人们希望这些部件(可选件)处于什么情况。若此超计划量安排在第一周,则该计划将使可用已完工部件为后续成品的装配做好准备。若它被安排得远远的,在产品的累计提前期的末端,则该计划便将已储备过量的外购原料与低层部件作为目标。定制的产品将是这种方法的恰当应用对象。超计划量可以安排在中间的几周,以充分发挥以半成品或未定型产品来持有通用部件或成分的好处。

本章思考题

1. 主生产计划有什么作用?与生产计划大纲之间的关系是怎样的?
2. 分析主生产计划两个时界的意义。
3. 什么是可供销售量?有什么作用?
4. 简述制订主生产计划的步骤。
5. 主生产计划的制订有什么技巧?
6. 已知某企业的产品 B 信息如下:

产品编号：CW001； 安全库存量：5 件
生产提前期：1 周； 期初库存量：20 件
需求时界：2 周； 计划时界：5 周
订货成本：150 元； 存储成本：0.8 元/件

产品 B 的主生产计划如表 4-20 所示。请分别采用固定批量法(假定固定批量法下生产批量为 10 件)、直接批量法、经济订货批量法和最小总成本批量法确定计划期内的主生产计划量(计划产出量)，并指出哪种方法在经济上最划算。

表 4-20 产品 B 的主生产计划

周数	预测需求量(件)	订单量(件)	毛需求量(件)	计划接收量(件)	预计可用库存量(件)	净需求量(件)	计划产出量(件)
1	30	35	35	30	15	0	
2	30	22	22	0	5	12	
3	30	30	30	0	5	30	
4	30	20	30	0	5	30	
5	30	35	35	0	5	30	
6	30	40	30	0	5	35	
7	30	20	30	0	5	30	
8	30	15	30	0	5	30	
合计	30						

第 5 章 物料需求计划

物料需求计划(MRP)是 ERP 管理的核心内容之一。物料需求计划实现了在需要的时候，提供所需数量的物料。这种基于企业内部供应链的管理思想一经出现，立即成为当时西方最流行的管理系统之一。它的基本思想是根据市场订单或市场预测，结合当时企业实际库存和预期库存状况，决定生产过程和生产目标(生产哪些物料、什么时间生产等)，以及控制采购过程(采购什么、什么时间采购等)，并由此决定企业是否生产或有无必要对企业生产能力加以控制。因此，企业应用 MRP 就能够对实物流动做到提前安排生产、提前安排库存、提前安排采购，从而最大限度地减少库存占用，降低物流成本和费用水平。

5.1 物料清单

5.1.1 物料清单概述

1. 物料清单的概念

在 ERP 系统中，产品是按描述其形成过程的产品结构模型来表达的，物料清单是产品结构的报表形式，是在产品结构的基础上建立的；它不仅说明了产品结构上下层级的从属关系，而且说明了需用和投入的时间关系，是信息化管理环境下的"期量标准"概念。

物料清单(Bill of Materials，BOM)是一个完整产品的描述，包含了生产每一单位产成品所需要的所有部件、零件和物料的种类和数量，是一个产成品的所有物料或零部件的结构清单，也称为产品结构文件或产品结构树(Product Tree)，在某些工业领域，可能称为"配方""要素表"或其他名称。每种型号的产品都有自己唯一的物料清单，它决定了构成一个产品所需的全部零部件及其装配关系。物料清单示例如图 5-1 所示。

(1) 产品结构中的层次关系

图 5-1 表明了圆珠笔的产品结构层次。这是一个 4 层的树状结构，第 0 层是产品圆珠笔本身，第 1 层是它的直接部件，第 2、3 层是组成直接部件的零件。在后面的讨论中将使用"父项""子项"等术语来说明不同的物料在产品结构中的层次关系。

(2) 物料清单中的数据项

在 ERP 系统中，"物料"的概念非常广泛，是所有产品、半成品、在制品、原材料、配件、外购件、协作件、易耗品等与生产有关的物料的统称。在物料清单中使用的是广义的物料的概念。

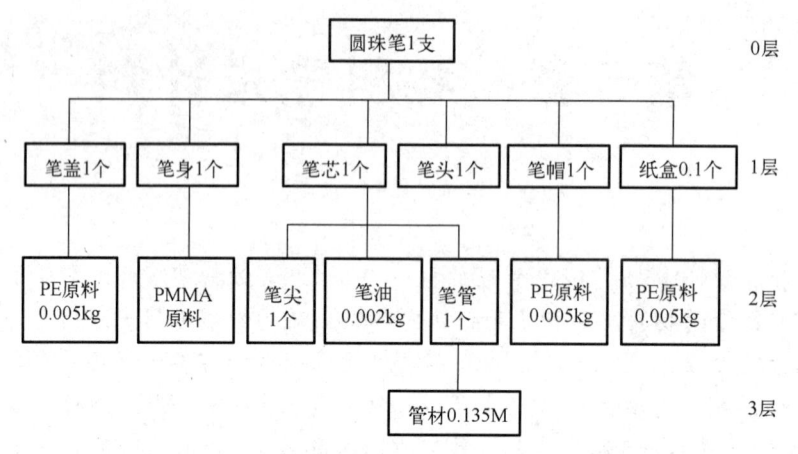

图 5-1 物料清单示例——圆珠笔结构树

物料清单用来描述产品的结构,凡是在产品的生产过程中需要用到、需要进行计划和调度的物料项目,均应作为产品结构不同层次上的子项而置于物料清单之中。下列项目应当包含在物料清单之中:原材料、半成品、子装配件、辅件(如螺钉、螺母、垫圈等)、消耗品、工具、包装材料、参考材料(图纸、说明等)、副产品、联产品等。其中,副产品如冲剪过程中出现的边角料,联产品如提取汽油过程中出现的煤油。换言之,如果一个物料项目的需求要根据产品或最终项目的独立需求进行计算,那么应当把它包含在物料清单中。

一般情况下,物料清单包括如下数据项:父项物料编码和描述、子项物料代码和描述、使用点和工序号、子项类型、子项数量和数量类型、自制还是外购、有效日期、子项提前期偏置、废品率等。

2. 几个物料清单的相关概念

(1) 父项与子项

父项与子项是指产品结构中的各层物料彼此的从属关系。"父项"或"子项"的称呼是相对的,子项若还有下一层,它就是下一层的父项,而父项若有上一层,那它也是上一层的子项。这种"父子"关系贯穿整个产品结构的各层,成为一组严密、结构完整的产品结构树(Product Tree),如图 5-1 所示。

子项提前期偏置指出该子项物料相对于其父项的提前期可以延迟到位的时间。如果生产某个父项需要多个子项,而父项的生产是一个比较长的过程,那么在父项生产开始时未必需要所有子项均到位。例如,父项为 A,其子项为 B、C 和 D,假设 A 的提前期为 10 天,而 A 的生产先从对 B 和 C 的加工开始,4 天以后才用到 D,那么子项 B 和 C 的提前期偏置为 0,而 D 的提前期偏置为 4 天。这对于 D 及其子项的计划管理是很有意义的。

(2) 层码及低层码

层码也称层次码或层级码,是指产品结构树各层次的编码。在产品结构树中,最上层的部件的层码为 0,下一层的部件的层码则为 1,向下依次类推。

在物料清单中，如果所有相同的部件和物料都出现在每一个最终产品的同一层次上，那么该产品所需的全部部件和物料的数量很容易计算出来。产品 A 的产品结构如图 5-2 所示，物料 D 同时是 A、B 和 E 的输入，由于 D 处在不同的层次，因此应该将其放到同一层次上才能计算其实际需求数量。由于所处的产品结构层次不同，物料需求的计算处理方式也不同。为此，物料需求计划引入了"低层码"的概念。

低层码(Low Level Code，LLC)是指当一项物料在多个产品中所处的产品结构层次不同或即使处于同一产品结构中但却处于不同产品结构层次时，则取处在底层的层码作为该物料的低层码，即取数字最大的层码。一项物料只能有一个低层码。例如，在图 5-2 中，物料 D 的层码分别为 1、2、3，则取低层码为 3，这是同一物料在同一产品中有不同层码的情形；而在图 5-3 中，物料 C 在产品 X 和 Y 中有不同的层码，分别为 2 和 1，则取低层码为 2，这是同一物料在不同产品中有不同层码的情形。低层码的作用是在物料需求计划计算需求量时，只有当"层码=低层码"时才进行汇总并分配库存，以保证时间上最先需求的物料先得到库存分配。低层码将在本章 5.3 节讲述物料需求计划的计算时再进行详细讲解。

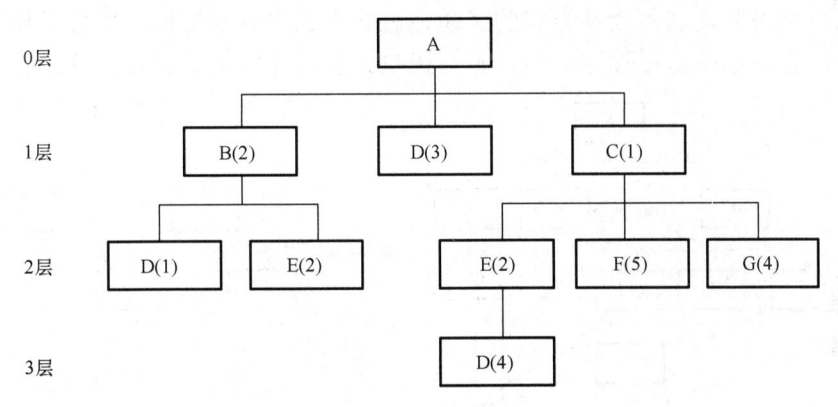

图 5-2　同一物料在同一产品中有不同层码

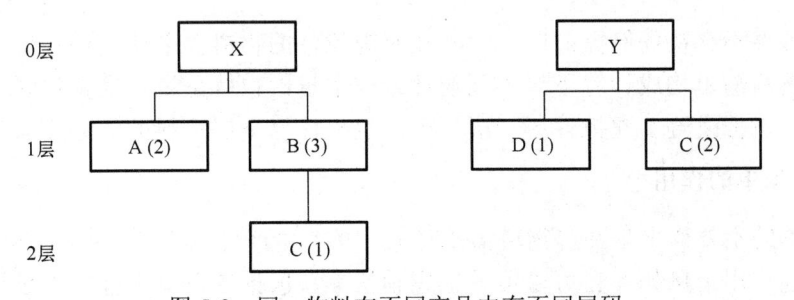

图 5-3　同一物料在不同产品中有不同层码

(3) 废品率

废品率也称损耗率，用来指明当把一项物料作为子项用于其父项的生产过程中时，该项物料的损耗程度，一般用百分数表示。这样有助于计划该项物料的准确需求数量。例如，A 是父项，B 是 A 的子项，制造一个 A 需求一个 B。由于 B 的废品率为 10%，因此要生产 100 个 A，只提供 100 个 B 是不够用的。此时，物料需求计划系统会根据指明的废品率自动地把对 B 的需求量调整为 111 个。

(4) 虚拟件

所谓虚拟件,是指在构建产品结构树时,为了简化产品结构树管理、节省数据库存储空间而将产品中某些不变动的物料组合成一个"虚构"物料。该物料在图纸和加工过程中均不出现,没有物料库存,也没有提前期(提前期为0),可以出现在产品结构的任意一层,用特设的物料类型来表示。

虚拟件的作用主要体现在两个方面:一是管理一般性业务,即为了达到一定的管理目的,如组合采购、组合存储、组合发料,在处理业务时,只需要用计算机对虚拟件进行操作,就可以自动生成实际的业务单据。对于这种"虚拟件",甚至可以查询到它的库存量与金额,但存货核算只针对实际的物料。二是简化产品结构树,在产品结构中虚拟一个物品(如图5-4所示),如果对产品A的物料清单的定义采用左图的方式,那么子项B的物料清单定义过程会重复引用001、002和003物料,加大了工作量,并且数据库的存储空间也会增加。而采用右图的定义方式,增加一个"虚拟件"——物料D,并定义D的物料清单由子项001、002和003构成,则A和B的物料清单中只需要加入物料D,无须重复加入子项001、002和003,从而达到简化物料清单的目的。特别是当多个物料清单中有大量的相同子项重复出现时,这种定义方式的优越性就会更加明显。另外,如果虚拟件的子项发生工程改变,也只影响虚拟件这一层,不会影响此虚拟件以上的所有父项。

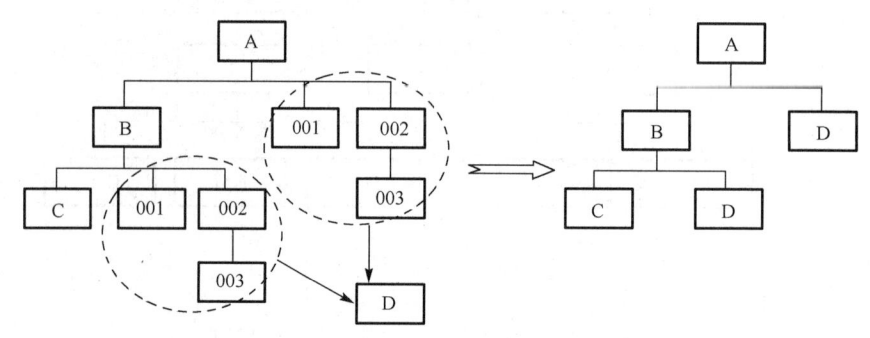

图 5-4 虚拟件示意图

由于虚拟件不存在任何提前期,因此在对虚拟件的物料需求计划进行展开时,只需根据虚拟件的物料清单构成计算下级子项的计划需求量;也就是说,虚拟件对计划的需求时间毫无影响,就像跳过了虚拟件这一层一样,直接计算下层物料的计划需求量。

3. 物料清单的作用

物料清单的主要作用是回答物料需求计划中的"生产什么"和"生产多少"。此外,它还有许多其他作用。例如,它可以用于生成领料单,根据领料单进行加工过程的跟踪;它也是采购和外协的依据,可以用于产品的成本核算,可以作为报价参考,也可以用于物料追溯。

物料清单是运行ERP内部集成系统的主导文件,是制造企业的核心文件,企业各个部门都要依据统一的物料清单进行工作:生产部门要根据物料清单生产产品;库房要根据物料清单进行发料;财务部门要根据物料清单计算成本;销售和订单录入部门要通过物料清单确定客户定制产品的构型;维修服务部门要通过物料清单了解需要什么备件;质量控制部门要根据物料清单保证产品正确生产;计划部门要根据物料清单计划物料和能力的需求,等等。由此可见，物料清单在 ERP 系统中影响之广，企业应该努力达到物料清单 100%准确的目标。同时，物料清单也体现了信息集成和共享，对一个企业而言，实现信息化管理离开物料清单是不可能的。

为了使 ERP 系统正常运行，物料清单必须完整和准确；否则就不能做到在正确的时间以正确的数量生产或采购正确的物料。这将引起以下严重后果。

- 交货期得不到保证，客户服务水平低下。
- 增加库存，积压资金。由于物料清单不准确，因此为了保证生产的正常进行，唯一所能采取的措施就是多存物料了。
- 生产率降低。生产车间不能在正确的时间按正确的数量得到正确的物料，生产时时受阻。
- 成本增加。额外的钱花在不必要的库存上，催货人员东奔西跑寻找物料解决短缺问题，物料清单的维护成本增加。
- 企业内各部门协调困难，因为物料清单是企业内部联系和协调的基础。
- 影响员工的士气。
- 浪费资源。关键的资源包括人、物料、能力、资金和时间。任何一个企业内的资源都是有限的，正确的物料清单是有效地利用资源的基础。

多种物料清单并存是制造企业中常见的现象。工程清单和生产部门所使用的物料清单不同，领料单和计算成本的文件不同，计划部门所用的又是另外一套。工程部门制定和修改物料清单，其他部门也更新物料清单。在生产车间里，每位工长口袋中都有一个小本记载着实际用于构成产品的清单。每个部门都按自己的需要维护着自己的清单，这些清单都是"真实"的，但相互不一致。

5.1.2 物料清单的种类

通过前面的介绍可知，物料清单是 ERP 系统中的重要数据，不同的业务会用物料清单来解决不同的实际问题。由于业务种类不同，对物料清单提供的信息要求也会略有不同，因此企业 ERP 系统中会有基于基本信息相同但附属信息或整合信息不同的多个物料清单，如计划物料清单、采购物料清单、库存物料清单、生产物料清单、销售物料清单、财务物料清单等。本书在前文中所提到的物料清单多为采购物料清单与生产物料清单，也就是说物料清单中所含的信息主要用于采购业务和生产业务中的有关计算。物料清单的种类很多，划分方法也很多，在实际应用中也是很灵活的。本节仅简单介绍按照用途划分的几类物料清单。

(1) 工程物料清单——EBOM(Engineering BOM)：产品工程设计管理中使用的数据结构，它通常描述了产品的设计指标和部件与部件之间的设计关系，是产品设计的最终结果，是按照产品的实际结构建立的。对应文件形式主要有产品明细表、图样目录、材料定额明细表、产品各种分类明细表等。EBOM 一般只反映父项与子项之间的层次和数量关系，不反映制造工艺阶段和子项的装配顺序，这种物料清单用于产品设计部门和原材料供应部门。

(2) 计划物料清单——PBOM(Plan BOM)：用于工艺设计和生产制造管理，通过它可以明确地了解部件与部件之间的制造关系，跟踪部件是如何制造出来的、在哪里制造、由谁制造、用什么制造等信息。企业将其用于物料需求计划中的物料计划，事先通过预测，先安排通用件、各种基本组件的生产（按一定的百分比），待接到客户有明确选件要求的订单时，再组织最终产品的装配。

（3）设计物料清单——DBOM(Design BOM)：设计部门用于表达产品总体信息的物料清单，一般在设计结束时根据设计部门提供的成套设计图纸中标题栏和明细栏的信息汇总产生，主要在 PDM 软件中作为产品管理和图档管理的基础数据出现。

（4）工艺物料清单——由工艺部门编制的工艺卡片汇总构成，用于表达产品的工艺路线。

（5）销售物料清单——SBOM(Sale BOM)：按客户要求配置的产品结构部分，组成元素是模块，即按模块化设计思想形成的单元构件，SBOM 中上下级组件只存在从属的语义关系，不存在装配关系。由于 SBOM 的结构巨大，因此也称它为超级物料清单。同时，SBOM 主要用于销售人员为客户提供服务，所以人们又称它为客户物料清单。

（6）维修物料清单——按维修要求产生的应用于维修服务部门的物料清单，主要包括消耗件、备用件、易损易耗件的明细。

（7）采购物料清单——根据生产要求外购的原材料、标准件和成套部件等产生的物料清单，包括外购件明细表、外协件明细表、自制件明细表和材料明细汇总表，采购部门或生产准备部门根据其安排采购计划和生产计划。

（8）成本物料清单——CBOM(Costing BOM)：由 MRP Ⅱ 系统产生的物料清单。当企业定义了部件的标准成本、建议成本、现行成本的管理标准后，系统通过对 PBOM 和加工中心的累加自动地生成 CBOM。它用于制造成本控制和成本差异分析，对于试图减少项目成本来降低产品的总成本或考察成本上升的原因也有很大价值。

5.1.3 物料清单的输出形式

物料清单作为 ERP 系统中最为重要的基础数据，其组织格式设计合理与否直接影响系统的处理性能。因此，根据实际的使用环境，灵活地设计合理有效的物料清单是十分必要的。为了便于在不同的场合下使用物料清单，还应该有多种组织形式和格式，即输出形式。

1. 常见的物料清单形式

物料清单常见的形式主要有 6 种：单层物料清单、多层物料清单、汇总展开表、单层回归表、缩行跟踪表和回归一览表。现假设某产品 A 的物料清单如图 5-5 所示，以下以产品 A 为例说明这 6 种物料清单形式。

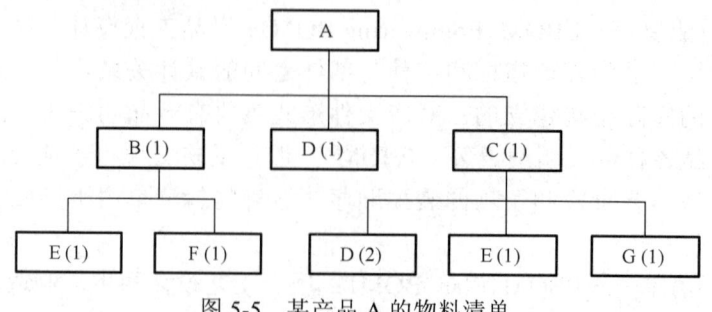

图 5-5　某产品 A 的物料清单

(1) 单层物料清单

单层物料清单又称为单层分解表，是最基本的物料清单输出形式，产品 A 的单层物料清单如表 5-1 所示。单层物料清单可以显示某一装配件所使用的下层零件，采用多个单层展开就能完整地表示产品的多层结构。它只表明直接用于父项中的那些组件及所需要的数量。通常，它给出组件的描述，有时也给出一些附加信息。例如，单层物料清单可以提供组件在工艺路线中的位置等一些参考标志。

表 5-1 产品 A 的单层物料清单

(a) 零件 A 单层物料清单

零件编码	数量
B	1
C	1
D	1

(b) 零件 C 单层物料清单

零件编码	数量
D	2
E	1
G	1

(c) 零件 B 单层物料清单

零件编码	数量
E	1
F	1

(2) 多层物料清单

多层物料清单也称完全分解表或内缩式物料清单，是在每一上层物料下以缩行的形式列出它们的下属物料，如表 5-2 所示。多层物料清单是以产品制造的方式来表示产品的。多层物料清单比单层物料清单更复杂，它把单层物料清单连接在一起，来表明直接或间接用于制造各级父项的所有自制件或外购件。多层物料清单还列出了父项所需要的每个零件的数量。在表输出中为了使层次清晰，层次高的零件编码比层次低的缩进一格（一般用符号"."表示），成阶梯形。

表 5-2 产品 A 的多层物料清单

零件编码	数量	零件编码	数量
B	1	.D	2
.E	1	.E	1
.F	1	.G	1
C	1	D	1

(3) 汇总展开表

汇总展开表也称综合物料清单或结构分解一览表。汇总展开表列出了组成最终产品所有物料的总数量。它反映的是一个最终产品所需的各种零件的总数，而不是每个上层物料所需的零件数量，如表 5-3 所示。它可用于快速估计一定数量装配的总需求，或者用来估计一个组件、几个子装配件的变化对成本的影响。这种形式并不表示产品生产的方式，但却有利于产品成本核算、采购和其他有关活动。

表 5-3 产品 A 的汇总展开表

零件编码	数量	零件编码	数量
B	1	E	2
C	1	A	1
D	3	F	1

(4) 单层回归表

单层回归表显示直接使用某项物料的上层物料。这是一种显示物料被用在哪里的清单。它指出的是直接使用某项物料的各上层物料。例如，对于产品 A 中的零件 E 而言，单层回归表如表 5-4 所示。

(5) 缩行跟踪表

缩行跟踪表也称多级反查表或完全回归表。缩行跟踪表指出了零件在所有高层物料中的使用情况，它可以查找直接或间接使用该项物料的所有高层物料。这种形式很有价值。与多层物料清单相同，在表输出中为了使层次清晰，层次高的零件编码比层次低的缩进一格，成阶梯形。例如，对于零件 F 来说，缩行跟踪表如表 5-5(a) 或表 5-5(b) 所示。

表 5-4 零件 E 的单层回归表

零件编码
B
C

表 5-5 零件 F 的缩行跟踪表

(a)

零件编码
..A
.B
F

(b)

零件编码
F
.B
..A

(6) 回归一览表

回归一览表也称汇总反查表。它指出了某项物料在所有高层物料中被使用的情况，可以用于查找直接或间接使用该项物料的所有高层物料直至产品。"所需物料"表示装配该层次的物料所需的零件总数。在决定生成某项物料需求的上层物料及评价工程设计变化的效果时，回归一览表很有价值。例如，对于零件 E 来说，其回归一览表如表 5-6 所示。

表 5-6 零件 E 的回归一览表

零件编码	数量
A	2
B	1
C	1

2. 矩阵式物料清单

矩阵式物料清单是具有大量通用零件的产品系列进行数据合并后得到的一种物料清单。这种形式的物料清单可用来识别和组合一个产品系列中的通用零件。

例如，在表 5-7 所示的矩阵式物料清单中，左面列出的是各种通用零部件的零件编码，右面的上部列出了各个最终产品，下面的数字表示装配一个最终产品所需该通用零件的数量。"#"表示该最终产品不用此通用零件。对于有许多通用零件的最终产品，这种形式的物料清单很有用处。但矩阵式物料清单没有规定产品制造的方式，它没有指出零件之间的装配层次，因此不能用于指导多层结构产品的制造过程。

表 5-7 矩阵式物料清单

零件编码	物料名称	计量单位	最终产品		
			A	X	Z
10			5	5	2
20			1	2	#
30			4	7	2
40			1	1	#

续表

零件编码	物料名称	计量单位	最终产品 A	最终产品 X	最终产品 Z
50			1	1	#
60			#	#	3
(B)			(1)	(2)	(1)
(C)			(1)	(1)	(#)
(D)			(2)	(1)	(2)

3．加减式物料清单

加减式物料清单有时又被称为"比较式"或"异同式"物料清单。它以标准产品为基准，并规定还可以增加哪些零件或去掉哪些零件。一个特定的产品可以被描述为标准产品增加或去掉某些零件。该形式的物料清单能有效地描述不同产品之间的差异，但不能用于市场预测，也不适用于物料需求计划。

4．模块化物料清单

模块化物料清单用于由许多通用零件制成并有多种组合的复杂产品，对通用零件进行模块化管理，也用于系列产品。系列产品通常由通用零件、基本零件和可选零件3种类型的物料组成：

- 通用零件是所有产品都必须用到的相同物料；
- 基本零件是所有产品都必不可少的，但是组件有多种选择，必须选择其一，不能不选；
- 可选零件是指那些在成套产品中可以包括，也可以不包括的物料。

在生产系列产品的情况下，企业有许多可供客户选择的零件，它们可以组成规格众多的最终产品。例如，在汽车制造业，装配一辆汽车可以选择不同的发动机、传动机构、车身、部件、装潢及其他东西，不同的选择可以组合成不同的最终产品。模块化方法既为客户提供了较广的选择范围，又可以使零件的库存下降。在汽车制造及农业设备制造等企业中，这种方法得到了广泛应用。当一条生产线上有许多可选特征时，就能得到多种组合，这时就不可能在主生产计划中对它们分别进行预测。如果按照物料需求计划的需要在计算机内为每一种最终产品存储一个独立的物料清单，那么文件记录的存储和维护费用就很高。解决这一问题的办法就是采用模块化物料清单。模块化物料清单按照装配最终产品的要求来组建模块。模块化的过程就是将产品分解成低层次的模块。按照这些模块进行预测就比直接对最终产品进行预测准确得多。进行模块化之后，用到该模块结构时无须重新输入数据，只需引用该模块。

模块化可以实现两个不同的目的：一是可以摆脱组合可选产品特征的麻烦；二是把通用零件与专用零件区分开来。

例如，卡车生产厂生产10种发动机、2种栏板、4种底盘、30种颜色，通过不同的组合便可形成10×2×4×30=2400种产品，如果按产品结构形成物料清单，就要存入2400种物料清单，并使物料需求计划的物料分解很复杂。采用模块化物料清单，去掉产品层，以部件层作为最终状态，由各模块独自构成物料清单，则其结构只有 10+2+4+30=46 种，其数据量会大大减少。

下面举一个模块化物料清单的例子。

假设某产品有两个可选件 A、B，A 有 2 种型号 A1、A2，B 有 3 种型号 B1、B2、B3，如图 5-6 所示。

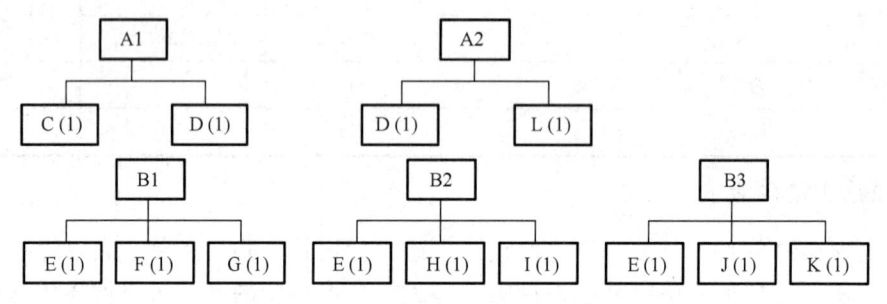

图 5-6　2 种可选件 A 和 3 种可选件 B 的构成

可选件 A、B 共可构成 6 种产品，如图 5-7 所示。

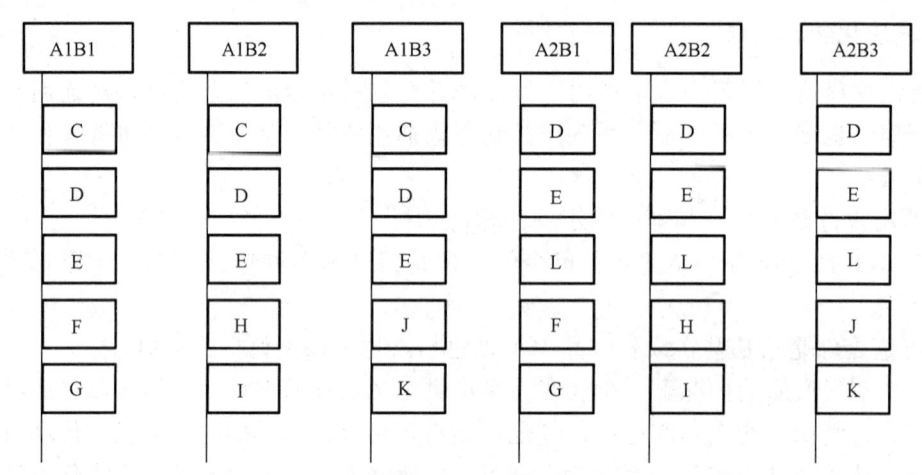

图 5-7　可选件 A、B 构成的 6 种产品

将以上 6 种产品进行模块化，得到图 5-8 所示的模块(或称零件)001、002、…、006。

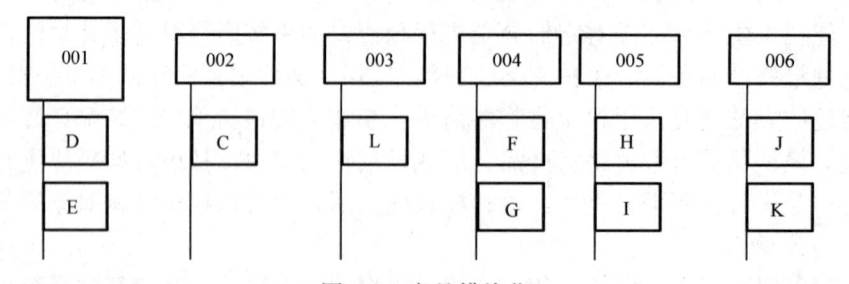

图 5-8　产品模块化

产品模块化以后，生成主物料清单和各模块物料清单，表 5-8 为主物料清单及模块 001 和模块 002 的物料清单。当接到客户的一份包含某型号产品的订单时，可通过主物料清单和各模块物料清单得到具体零件的数量。

表 5-8　主物料清单和各模块物料清单

(a) 主物料清单

零件编码	数量
A1B1	1
. 001	1
. 002	1
. 004	1
A1B2	1
. 001	1
. 002	1
. 005	1
...	

(b) 模块 001 物料清单

零件编码	数量
001	1
. D	1
. E	1

(c) 模块 002 物料清单

零件编码	数量
002	1
. C	1

5.2　物料需求计划概述

5.2.1　物料需求计划的定义和作用

物料需求计划(Material Requirements Planning，MRP)是对主生产计划的各个项目所需的全部制造件和全部采购件的网络支持计划和时间进度计划。

生产过程中为什么需要物料需求计划呢？不能直接按照主生产计划确定的最终产品的计划投入量直接进行生产吗？这是因为，主生产计划虽然确定了最终产品的需求量和需求时间，但要保证主生产计划顺利完成，就必须解决在恰当的时间提供组成最终产品的、恰当数量的、正确的相关需求物料的问题。这就要依赖于物料需求计划。

在前面章节我们介绍了独立需求和相关需求的概念：当某项物料的需求与其他物料无关，需求量是根据市场预测得到的物料需求确定时，该物料称为独立需求物料；当某项物料的需求与另一物料或产品的需求直接相关，或者由其他物料推算得到时，该物料则称为相关需求物料。物料需求计划的对象是相关需求物料。

物料需求计划中同样也有时间 4 要素(计划展望期、时段、时区与时界)、提前期及 5 种作业时间(排队、准备、加工、等待和传送时间)。这些概念在主生产计划一章中已经介绍过，在此不详述。

主生产计划的计划对象是最终产品，但产品的结构是复杂而且多层次的，一个产品可能会包含成百上千种需要制造的零部件、外购材料，而且所有物料提前期(加工时间、准备时间、采购时间等)各不相同，各零部件的投产顺序会有差别。另外，加工必须是均衡的，才能满足主生产计划的需求。这些也是物料需求计划要解决的问题。

物料需求计划是生产管理活动的核心，也是生产计划活动的核心。它是对主生产计划的进一步展开，也是主生产计划的保证和支持，根据主生产计划、物料订单和物料可用量，计算出全部加工件和采购件的需求时间，并提出建议性的计划订单，时间单位精确到小时。物料需求计划可以有效地降低库存，提高生产效率，提高及时交货服务水平。为了适应环境不断发生的变化，物料需求计划需要不断修订。

5.2.2 物料需求计划的基本逻辑

我们知道，管理信息系统也是一种规范化的数据处理系统，也会有输入、处理、输出3个过程。物料需求计划是一种基于计算机的生产计划与控制系统，那么物料需求计划的输入、处理和输出又是什么呢？让我们先来看物料需求计划的逻辑流程图，如图5-9所示。

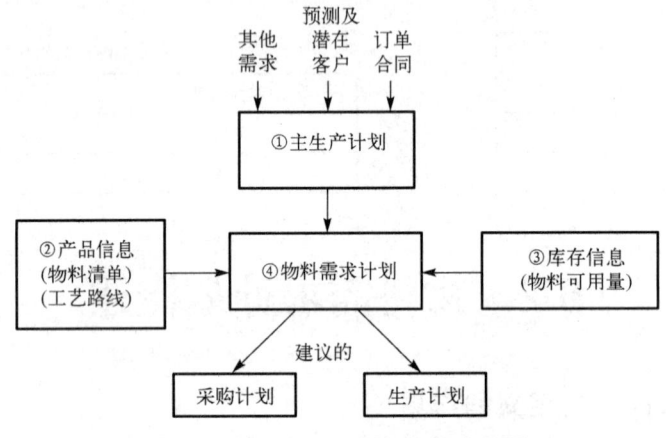

图 5-9 物料需求计划的逻辑流程图

从逻辑流程图上看，物料需求计划要回答需求计划4个问题(对照图中方框中的数字顺序)：

①要生产什么？
②要用到什么？
③已经有了什么？
④还缺什么？什么时候下达计划(订单)？

这4个问题是任何制造业都必须回答、带有普遍性的问题，也称"制造业的通用方程式"。

第1个问题的答案是指出厂(最终)产品，是独立需求物料。产品的出厂计划，是根据销售合同或市场预测，由主生产计划来确定的。

第2个问题的答案是指有关产品期量方面的信息，由物料清单和工艺路线来回答，物料清单回答数量关系，工艺路线回答时间关系。

第3个问题的答案是库存信息。库存信息指出了可以参与需求计算的物料可用量，是一种动态信息。

第4个问题的答案即企业的物料需求计划，由物料需求计划的运算结果得到物料需求数量、时间等信息，据此可以下达采购计划或生产计划。

5.2.3 物料需求计划的输入和输出

1. 物料需求计划的输入

从上一节讲到的物料需求计划的逻辑流程图可知，物料需求计划主要有三大输入信息，即主生产计划、产品信息和库存信息。

(1) 主生产计划

主生产计划确定了计划时间内每一时段最终产品(包括独立需求的备品、备件)的计划产出量，显示了每种独立需求物料的需求数量和需求时间。物料需求计划根据主生产计划展开，并计算出这些产品组件和原材料的各期需求量。

(2) 产品信息

在物料需求计划中，物料清单(Bill of Materials，BOM)用来描述产品信息，即描述了装配或生产一个最终产品所需要的零部件、配件或原材料的清单，说明了最终产品是由什么组成的，各需要多少。在 ERP 环境下，作为物料需求计划系统计算物料需求的控制文件，物料清单是非常重要的。物料清单的准确度至少应达到 98%，这样才能满足要求。

(3) 库存信息

物料清单是相对稳定的，而库存信息却处于不断变动之中。库存记录应保存所有产品、零部件、在制品、原材料的库存信息。库存记录要说明现有库存量、安全库存量、未来各时区的预计入库量和已分配量。已分配量指虽未出库但已分配了某种用途的计划产出量。库存记录既要说明当前时区的库存量，又要预见未来各时区库存量及其变化。

通过主生产计划和物料清单计算出来的相关物料需求量为毛需求量，必须减去现有库存量、计划接收量才能得出净需求量，并根据废品率、生产/订货批量得出计划投入量，同时根据生产/订货提前期计算出生产/订货时间。存有上述库存信息的文件称为库存记录文件(Inventory Record Files，IRF)。库存记录文件通过库存管理模块进行维护。

为运行 ERP 系统，库存信息的准确度要求达到 95% 以上，否则不要试图实现主生产计划和物料需求计划。

2．物料需求计划的输出

物料需求计划可以提供多种不同内容与形式的输出，主要包括各种生产和库存控制需要用的计划和报告。

① 零部件投入产出计划：规定了每个零件和部件的投入数量和投入时间、产出数量和产出时间。如果一个零部件要经过几个车间加工，就要将零部件投入产出计划分解成分车间零部件投入产出计划。分车间零部件投入产出计划规定了每个车间一定时间内投入零部件的种类、数量及时间，产出零部件的种类、数量及时间。

② 原材料需求计划：规定了每个零部件所需的原材料的种类、数量及时间，并按原材料的品种、型号、规格汇总，以便供应部门组织供料。

③ 互转件计划：规定了互转零件的种类、数量、转出车间、转入车间和转入时间。

④ 库存状态记录(Inventory Status Records，ISR)：提供各种零部件、外购件及原材料的库存状态数据，供随时查询。

⑤ 工艺装备机器设备需求计划：提供每种零部件不同工序所需的工艺装备和机器设备的编号、种类、数量及需要时间。

⑥ 计划将要发出的订货。

⑦ 已发出订货的调整：包括改变交货期、取消和暂停某些订货。

⑧ 零部件完工情况统计，外购件及原材料到货情况统计。

此外，还有一系列报告，如对生产及库存费用进行预算的报告、交货期模拟报告、作业完成情况报告、例外报告等。

物料需求计划的输出信息能够成为其他计划和控制子系统的有效输入信息。这些子系统主要包括能力需求计划、车间作业计划和采购管理等。

5.3 物料需求计划的计算

5.3.1 物料需求计划的计算过程

物料需求计划进一步细化了主生产计划,是根据主生产计划和其他独立需求展开物料清单,制订相关需求物料的计划。具体而言,物料需求计划是将最终产品的结构自上而下展开,对所有最终产品的相关需求物料进行汇总,合并计划它们在各个时段的需求量,并进一步进行物料需求计划计算。只是主生产计划的计划对象是最终产品,而物料需求计划的计划对象是相关需求物料。物料需求计划的相关需求物料的毛需求量是由主生产计划和其他独立需求提出的,没有订单和预测的取舍问题,也不需要计算可供销售量。

图 5-10 为物料需求计划的计算过程示意图。物料需求计划的计算过程与主生产计划相同,部分内容可以参考第 4 章。

(1) 确定计划对象

物料需求计划的计算按物料清单的层次从上到下进行。前面介绍过物料在物料清单中的层码,即每种物料相对于最终产品的位置。需要注意的是,一项物料在其全部父项均被计算完毕之后,才能对该项物料进行计算。物料需求计划按物料清单对物料进行分层处理,这样可以将产品结构中所有层次对该物料的毛需求量按需求时间进行计算,避免提前将现有库存分配给时间上有较迟需求的层次的物料,导致在时间上有较早需求的层次的物料不得不提前下达计划,无形中增大库存。

需要注意的是,当遇到物料的层码和低层码不相等时,就需要暂停对其进行物料需求计划计算,确定下一个计划对象。这种情况将在下一节的计算示例中详述。

(2) 计算毛需求量

特定时段产品的所有层级各相关需求物料的毛需求量的计算从第 0 层开始。第 0 层物料的毛需求量由主生产计划确定,其余各层次物料的毛需求量由上层(父项)的计划订单下达。

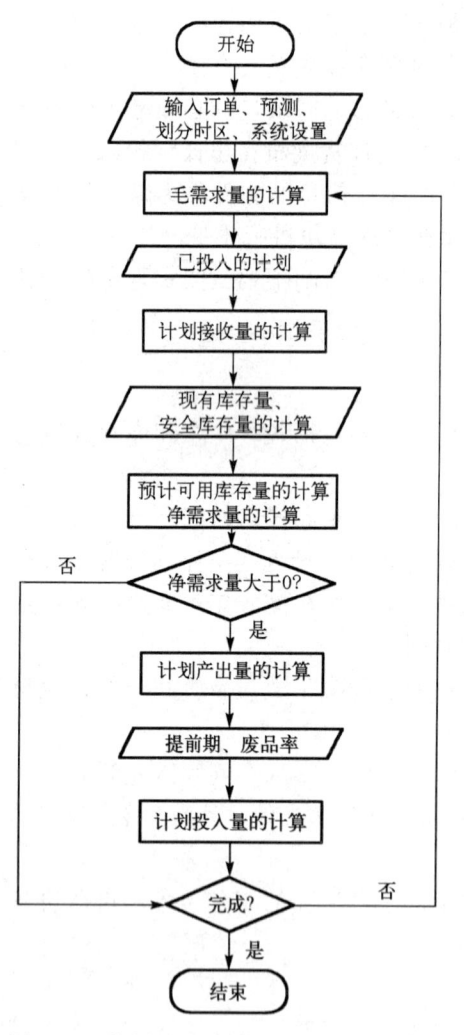

图 5-10 物料需求计划的计算过程示意图

$$毛需求量 = 物料的独立需求 + 父项物料的计划投入量 \times$$
$$物料清单中单位父项物料中子项的数量$$

(3) 计算预计可用库存量

预计可用库存量的计算过程与主生产计划的计算过程一样。计算预计可用库存量后，需要将预计可用库存量与安全库存量进行比较，如果预计可用库存量大于安全库存量，则表明现有库存量已完全可以满足需求，在本时段不用安排生产，可以进行下一时段的计划方案的执行；否则就需要安排生产。接下来计算净需求量，即物料"缺多少"。

(4) 计算净需求量

净需求量是满足毛需求量和安全库存量的目标数量，要根据物料的毛需求量、预计可用库存量来计算。

$$净需求量 = 毛需求量 - 预计可用库存量$$

(5) 计算计划产出量

计划产出量即目前尚未下达而计划将要下达的订单数量，由系统根据设置的批量规则计算得到。此时计算的是建议数量，不是计划投入量。

(6) 计算计划投入量

同主生产计划的计算一样，物料需求计划的计算也需要考虑物料的提前期和废品率，提前期的概念已经在第4章中介绍过。计划投入量即最终的物料需求量，据此下达生产订单、采购订单等。

5.3.2 物料需求计划的计算示例

1. 简单的物料需求计划计算

【例 5-1】

物料需求计划计算示例。

生产木制百叶窗和书架的厂商收到两份百叶窗订单：一份需要100个，要求本年度第4周生产完毕；另一份需要150个，要求第8周开始发送。每个百叶窗包括4个木制部分和2个框架。木制部分是工厂自制的，制作过程耗时1周；框架需要订购，订货提前期是2周。组装百叶窗需要1周。木制部分现有库存70个。使用固定批量法，批量倍数为10，请为该厂商做出物料需求计划。

本例解题过程如下。

(1) 百叶窗需求

根据订单要求，第4周和第8周分别需要生产100个和150个百叶窗，如表5-9所示。这相当于主生产计划的计划产出量。

表5-9 百叶窗需求情况

周数	1	2	3	4	5	6	7	8
生产数量(个)				100				150

(2) 物料清单

根据已知条件画出百叶窗的产品结构树，如图 5-11 所示。

根据产品结构树，得到百叶窗物料清单，如表 5-10 所示。

表 5-10 百叶窗物料清单

层次	物料名称	数量
0	百叶窗	1
1	框架	2
2	木制部分	4

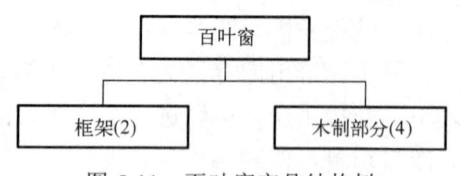

图 5-11 百叶窗产品结构树

(3) 库存记录文件

根据已知信息，厂商的库存信息如表 5-11 所示。

表 5-11 各物料提前期、现有库存量和安全库存量

物料名称	提前期(周)	现有库存量(个)	安全库存量(个)	废品率
百叶窗	1	0	0	0
框架	2	0	0	0
木制部分	1	70	0	0

(4) 进行物料需求计划的计算

表 5-12 中以虚实箭头的方式表示了全部计算过程。

表 5-12 百叶窗、框架和木制部分的需求计划

周数		1	2	3	4	5	6	7	8
需求(个)					100				150
百叶窗 提前期=1周	毛需求量(个)				100				150
	现有库存量(个)				0				0
	净需求量(个)				100				150
	计划产出量(个)				100				150
	生产计划下达(个)			100				150	
框架提前期=2周	毛需求量(个)			200				300	
	现有库存量(个)			0				0	
	净需求量(个)			200				300	
	计划产出量(个)			200				300	
	计划订单下达(个)	200				300			
木制部分提前期=1周	毛需求量(个)			400				600	
	现有库存量(个)	70	70	70				0	
	净需求量(个)			330				600	
	计划产出量(个)			330				600	
	生产计划下达(个)		330				600		

首先，根据订单需求，计算最终产品百叶窗的计划产出量。这一步是主生产计划的计算过程。计算得到第 4 周和第 8 周百叶窗的计划产出量分别为 100 个和 150 个，提前期 1 周，因此需要第 3 周开始这 100 个百叶窗的生产，第 7 周开始另外 150 个百叶窗的生产，据此下达生产计划。

接下来确定两个部件——框架和木制部分的需求情况。根据产品结构树，一个百叶窗需要 2 个框架，为了第 3 周能开始生产 100 个百叶窗，产生了框架的毛需求量为 200 个。同样，第 7 周产生了框架的毛需求量为 300 个。框架从外部订购，结合库存信息，计算出第 3 周框架的计划订货量为 200 个，订货提前期为 2 周，因此需要在第 1 周下达这 200 个框架的计划订单。同理，厂商需要在第 5 周下达另外 300 个框架的计划订单。

对木制部分的需求情况，其计算原理与框架部分相同，如表 5-12 中的虚线箭头所示。不同的地方仅仅是厂商可以自行生产木制部分，对木制部分下达的是生产计划而不是订货计划。

2. 几种复杂情形下的物料需求计划计算

百叶窗物料需求计划计算的例 5-1 比较简单，计算中没有考虑物料有废品率的情形。百叶窗产品结构树层次简单，没有出现当物料清单层次超过两层时的批量规则等问题，也没有出现物料低层码等问题。但在实际运用当中，这些情况的出现是不可避免的。

针对以上物料需求计划计算中的不同情形，有以下计算规则。

- **有废品率情形下的物料需求计划计算**：即在计算净需求量时考虑废品率，计算出的物料的最终净需求量=净需求量/(1−废品率)。
- **批量规则问题下的物料需求计划计算**：当物料清单层次超过两层时，为了避免批量放大效应，应只对最终产品和产品结构的基层物料进行批量调整，其他层次的物料都采用直接批量法。
- **低层码情形下的物料需求计划计算**：在展开主生产计划进行物料需求计算时，计算的顺序是自上而下的，即从产品 0 层的物料开始计算，按低层码顺序从低层码数字小的物料往低层码数字大的物料进行计算；当计算到某产品的某一层次(如 1 层)，但低层码不同(假如物料的低层码为 2)时，只对层级高(即低层码数字小)的物料进行计算(按顺序)，层级比计算层次低(低层码数字大于计算的产品层次)的物料的计算结果(指毛需求量、净需求量)暂时存储起来；总的需求量可以汇总存储，但不进行物料需求计划需求的计算与原材料(或构成的组件)的库存分配。这样处理可以使可用的库存量优先分配给处于底层的物料，保证了时间上最先需求的物料先得到库存分配，避免了晚需求的物料提前下达计划并占用库存。
- **多产品情形下的物料需求计划计算**：即多个产品的物料需求计划同时做，这些产品所用的物料有相同的，也有不同的，计算时需要对相同物料的需求进行汇总。

下面将针对以上几种物料需求计划计算中的情形进行举例说明。

【例 5-2】

物料需求计划计算例一：废品率与多层物料问题。

某企业的产品 A 的产品结构树如图 5-12 所示。假设对于产品 A，物料 B 从外面市场采购，采购提前期为 3 周；物料 C 由自己制造，生产提前期为 1 周；生产物料 D 和 E 各需要 2 周；最后组装成产品 A 需要 1 周。目前，仓库中物料 C 还剩有 20 个，其余物料都没有。所有物料的废品率均为 10%，各物料采用固定批量规则，最小批量为 10 个。根据以上信息，请做出该企业前 7 周的物料需求计划。

本例中要求考虑物料的废品率和多层物料的情形。主要的计算过程与例 5-1 相同，如表 5-13 所示。

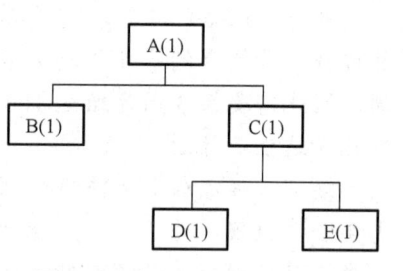

图 5-12　产品 A 的产品结构树

表 5-13　物料需求计划计算（1）

周数		1	2	3	4	5	6	7	8
	需求（个）							30	
A 提前期= 1 周	毛需求量（个）							30	
	现有库存量（个）							0	
	净需求量（个）							30/34	
	计划产出量（个）							40	
	生产计划下达（个）						40		
B 提前期= 3 周	毛需求量（个）						120		
	现有库存量（个）						0		
	净需求量（个）						120/134		
	计划产出量（个）						140		
	生产计划下达（个）			140					
C 提前期= 1 周	毛需求量（个）						40		
	现有库存量（个）						20		
	净需求量（个）						20/23		
	计划产出量（个）						23		
	生产计划下达（个）					23			
D 提前期= 1 周	毛需求量（个）					23			
	现有库存量（个）					0			
	净需求量（个）					23/26			
	计划产出量（个）					30			
	生产计划下达（个）			30					
E 提前期= 1 周	毛需求量（个）					23			
	现有库存量（个）					0			
	净需求量（个）					23/26			
	计划产出量（个）					30			
	生产计划下达（个）			30					

需要注意的是，按照有废品率的情形的计算规则，计算出各产品和物料的净需求量后，需要对净需求量进行调整，即最终净需求量＝净需求量/(1−废品率)。例如，计算出产品 A 第 7 周的净需求量为 30 个后，将其调整为 34 个；计算出物料 C 第 6 周的净需求量为 20 个后，将其调整为 23 个；对物料 B、D、E 也是如此。

此外，要考虑多层物料情形下的批量规则。产品 A 的产品结构树为 3 层，A 是最终产品，B、D、E 为基层物料，C 为中间层物料。按照这种情形下的计算规则，计算出物料 C 的需求后，应该按直接批量法计算物料 D 和 E 的需求，不使用固定批量法。第 6 周物料 C 的生产计划下达量为 23 个，按直接批量法，物料 D 和 E 产生的毛需求量均为 23 个。最终产品 A 和基层物料 B、D、E 的批量规则需要进行调整。

【例 5-3】

物料需求计划计算例二：低层码问题。

某企业的产品 X 的产品结构树如图 5-13 所示。假设产品 X 中：物料 B 从外面市场采购，采购提前期为 1 周；物料 C 由自己制造，生产提前期为 1 周；生产物料 D 需要 2 周；最后组装 X 和 A 分别需要 1 周和 2 周。目前，仓库中物料 B 还剩有 20 个，其余物料都没有。各物料的废品率均为 10%。现有一份客户订单，需要 100 个 X 并在第 8 周交货。各物料批量规则为固定批量法，最小批量为 10 个。请根据以上资料做出物料需求计划。

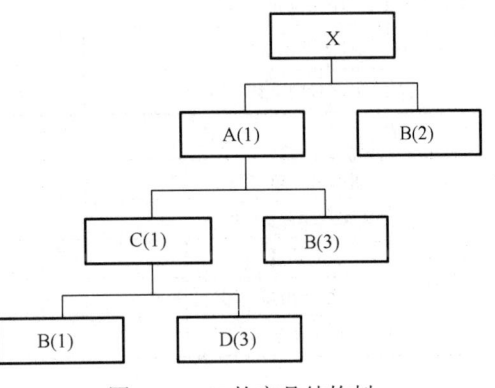

图 5-13 X 的产品结构树

本例中考虑废品率、有多层物料和低层码的情形。产品 X 的结构比较复杂，产品结构有 4 层，其中物料 B 有 3 个层码，分别是 1、2、3，低层码为 3。

对于废品率和多层物料的计算方法，与上例相同，结果和过程如表 5-14 所示。将物料 B 的需求放在最后计算。按照物料需求计划中有低层码的情形下的计算规则，物料 B 的需求计算过程如下：

表 5-14 物料需求计划计算(2)

	周数	1	2	3	4	5	6	7	8
	需求(个)								100
X 提前期= 1周	毛需求量(个)								100
	现有库存量(个)								0
	净需求量(个)								100/112
	计划产出量(个)								120
	生产计划下达(个)							120	
A 提前期= 2周	毛需求量(个)							120	
	现有库存量(个)							0	
	净需求量(个)							120/134	
	计划产出量(个)							134	
	生产计划下达(个)					134			

续表

C 提前期= 1周	毛需求量(个)				134			
	现有库存量(个)				0			
	净需求量(个)				134/149			
	计划产出量(个)				149			
	生产计划下达(个)			149				

D 提前期= 2周	毛需求量(个)				447			
	现有库存量(个)				0			
	净需求量(个)				447/497			
	计划产出量(个)				500			
	生产计划下达(个)		500					

B 提前期= 1周	毛需求量(个)				149	402		240
	现有库存量(个)				20	6		0
	净需求量(个)				129/144	396/440		240/267
	计划产出量(个)				150	440		270
	生产计划下达(个)			150	440		270	

首先计算位于各层级的物料 B 的毛需求量。物料 B 在 1 层的毛需求量为第 7 周毛需求量 240 个。物料 B 在 2 层的毛需求量为第 5 周毛需求量 402 个。同理，物料 B 在 3 层的毛需求量为第 4 周毛需求量 149 个。

接下来进行库存的优先分配，即将现有库存量优先分配给时间靠前的需求。物料 B 现有库存量为 20 个，先满足第 4 周的毛需求量，计算出第 4 周净需求量为 129 个，考虑 10% 的废品率，调整后净需求量为 144 个，又由于 B 是基层物料，需要按照批量规则进行调整，得到第 4 周物料 B 的计划产出量为 150 个。这样第 4 周满足净需求量后，剩余库存 6 个，作为第 5 周的期初库存量。

【例 5-4】

物料需求计划计算例三：多产品物料需求计划计算。

某企业的两种产品 X 和 Y 的产品结构树如图 5-14 所示（为简便起见，产品结构中仅标出了我们关注的物料 A 和物料 C）。现有两份订单，一份要求 100 个产品 X，在第 8 周交货；另一份要求 50 个产品 Y，在第 6 周交货。产品 X 的提前期为 1 周，产品 Y 的提前期为 2 周，物料 A 的提前期为 2 周，物料 C 的提前期为 1 周。各产品和物料均无库存，不考虑各产品和物料的废品率，采用直接批量规则。请根据以上资料做出物料 A 和物料 C 的需求计划。

本例是多种产品同时做物料需求计划的情形。物料 A 的需求计划比较容易，如表 5-15 所示，计算出来物料 A 需要在第 5 周下达 100 个的生产计划。在产品 X 中，物料 C 是 A 的基础物料，因此第 5 周产生对物料 C 的毛需求量为 100 个。此外，产品 Y

在第 5 周产生对物料 C 的毛需求量为 50 个。将这两个量合并，得到第 5 周对物料 C 的毛需求量为 150 个。最后，根据确定的毛需求量，得到物料 C 需要在第 4 周下达 150 个的生产计划。

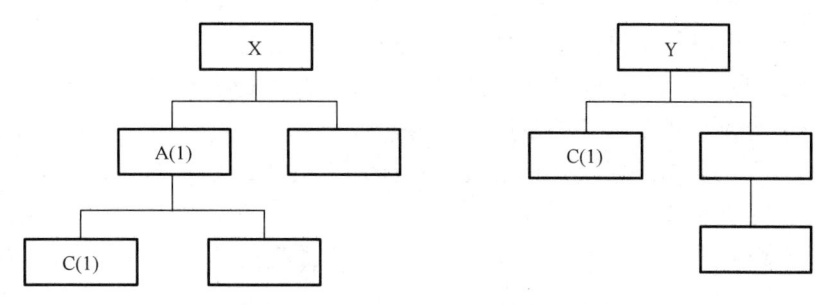

图 5-14 X 和 Y 的产品结构树

表 5-15 物料需求计划计算(3)

	周数	1	2	3	4	5	6	7	8
	需求 X(个)								100
	需求 Y(个)						50		
X 提前期= 1 周	毛需求量(个)								100
	现有库存量(个)								0
	净需求量(个)								100
	计划产出量(个)								100
	生产计划下达(个)							100	
Y 提前期= 2 周	毛需求量(个)						50		
	现有库存量(个)						0		
	净需求量(个)						50		
	计划产出量(个)						50		
	生产计划下达(个)					50			
A 提前期= 2 周	毛需求量(个)							100	
	现有库存量(个)							0	
	净需求量(个)							100	
	计划产出量(个)							100	
	生产计划下达(个)					100			
C 提前期= 1 周	毛需求量(个)					150			
	现有库存量(个)					0			
	净需求量(个)					150			
	计划产出量(个)					150			
	生产计划下达(个)				150				

5.4 物料需求计划的运行方式

根据本章前面介绍的物料需求计划的运算逻辑和计算方法可以知道，物料需求计划从主生产计划出发，依据库存记录及物料清单，由计算机进行物料需求分解计算，输出原材料及外购件的采购计划和零部件的生产计划等。但计算一次物料需求计划的全过程往往需要很长时间，并且在生成计划的处理过程中和计划生成之后许多情况都可能发生改变，这些改变可能导致订单无效。

在计算一次物料需求计划的全过程中，可能发生改变的情况包括以下几种：
- 工程设计改变；
- 客户订单数量改变；
- 供应商延期发货；
- 工作订单提早或延期完工；
- 废品率比预期高或低；
- 关键工作中心或工作单元损坏；
- 计划中使用的数据有错误。

计划随着时间的变化而变化，为了保持物料需求计划的准确性，在发生上述变化情况时必须再次启动物料需求计划，让物料需求计划系统进行处理、更新。物料需求计划再启动的方式(更新方式)有两种：一种是再生式物料需求计划，另一种是净改变式物料需求计划。这两种计划更新方式也同样用在主生产计划的计划调整中。

1. 再生式物料需求计划

再生式物料需求计划也称为全重排式物料需求计划。这是物料需求计划系统的传统做法，是建立在计划日程全面重排的想法之上的。再生式物料需求计划要完全作废所有的计划数据，重新制订所有的物料需求计划。

在使用再生式物料需求计划时，主生产计划中所列的每一个最终项目的需求都要加以分解；每一个物料清单都要被访问到；每一个库存状态都要经过重新处理，系统会输出大量的报告。

在再生式物料需求计划系统中，由于主生产计划是定期重建的，所以每次所有的需求分解都是通过一次批处理作业完成的。在每次批处理作业过程中，每项物料的毛需求量都要重新加以计算，每项计划下达订单的日程也要重新安排。

由于采用批处理方式，这种作业也就只能按一定的时间间隔定期进行。在两次批处理作业之间发生的所有变化都要累积起来，等到下一次批处理作业一起集中处理。重排计划的时间间隔，常要从经济上考虑其合理性。就制造业已安装的物料需求计划系统来说，全面重排的时间间隔一般为一到两周。又由于全面重排计划使得数据处理量很大，因此重排计划结果报告的生成常有时间延迟。这就使得系统反映的状态总是在某种程度上滞后于现实状态。在具体情况下，这个缺点的严重程度取决于物料需求计划系统的作业环境。

在一个动态的生产环境中，生产状态处于连续的变化之中。在这种情况下，主生产计划经常更改，客户需求时时波动，订货情况每天都可能发生变化，常有为了满足维修工作的需要而进行的紧急订货,也有报废的情况发生,产品的设计也会不断更新——所有这些都意味着每项物料的需求数量和需求时间也要随之迅速改变。在这类生产环境中,要求系统有迅速适应变化的能力。而再生式物料需求计划系统至多也只能每周重排一次计划。由于这类系统反应太慢,因此它不能适应生产作业的节奏。

再生式物料需求计划系统应用于运行环境稳定、库存变化不大、产品设计更改不多的场合。然而,物料需求计划并不局限于库存管理,它还要确保已下达订单的到货期符合实际需求。已下达订单的到货期是正确制定车间作业任务优先级和作业顺序的基础。因此,保证订单的完成日期能随时更新,使它总能符合当前情况,是非常重要的。然而,一个以周(甚至更长时间)为周期重排计划的物料需求计划系统,显然不能使订单完成日期随时处于与当前情况相符的状态。

由以上讨论可以看出,在物料需求计划系统的使用过程中,重排计划的时间间隔是一个重要问题,也是系统设计的一个重要参数。要想以小于一周的时间间隔来运行再生式物料需求计划系统是不切实际的。为了能以更小的时间间隔重排计划,必须找一种新的方法,这种方法不仅要考虑数据处理的经济性(重排计划的范围、时间区段和输出数据量),还应能避免批处理作业中时间滞后带来的弊端,于是净改变式物料需求计划系统便应运而生。

2. 净改变式物料需求计划

净改变式物料需求计划应用于需求计划更新频率较大的情况。使用该方式时,物料需求计划系统只对订单中变动的部分进行局部修改,不需要全部重排,改动量较小,运算时间较快,一般用于计划变动较多但影响不大的情况。

在运行物料需求计划系统时,需求分解是最基本的作业,它既不能省略,又无捷径可走,仅可以将分解的工作分散进行。净改变式物料需求计划系统就是从这一点出发,采用频繁进行局部分解的作业方式,取代以较长时间间隔进行全面分解的作业方式。局部分解是净改变式物料需求计划系统具有使用价值的关键,因为局部分解缩小了每次制订物料需求计划的运算范围,从而可以提高重排计划的频率。由于分解只是局部的,因此作为输出结果的数据自然就少了。在净改变式物料需求计划系统中,所谓局部分解是从以下两种意义上说的:一是在每次运行系统时,都只需要分解主生产计划中的一部分内容;二是库存事务处理引起的分解局限在该事务处理所直接涉及的物料项目及其下属层次上的项目范围内。

与再生式物料需求计划系统相比较,净改变式物料需求计划系统能够做到以下几点。
- 减少每次发布主生产计划后进行需求计划运算的工作量。
- 在两次发布主生产计划的间隔时间内也可以对计划中的变化进行处理。
- 连续地更新,及时地产生输出报告,从而可以尽早通知管理人员采取相应的措施。

从系统使用人员的角度看,净改变式物料需求计划系统最突出的优点是它能对状态改变迅速做出反应。

但净改变式物料需求计划系统也有以下不足。

(1)系统的自清理能力较差

净改变式物料需求计划系统的自清理能力较差,大量频繁的局部修改会产生全局性的错误。而再生式物料需求计划系统具有良好的自清理能力,每次运行都对新的主生产计划进行处理,原有主生产计划被完全抛弃,因而原有主生产计划中的所有错误也随之一起清除。在实际应用中，企业平时使用净改变式物料需求计划系统，周期性使用再生式物料需求计划系统进行全面数据清理。

(2) 数据处理的效率相对比较低

净改变式物料需求计划系统的数据处理效率较低，成本较高，这主要是由于在做库存事务处理和分解运算处理时需要多次访问库存记录。但是，相对净改变式物料需求计划系统，我们着眼于库存管理和生产计划的效率，而不是处理数据的效率。建立和开发物料需求计划系统也和建立与开发其他企业管理计算机应用系统一样，有一个在数据处理的效率和其所支持的管理系统的效率之间进行权衡的问题。在这些情况下，数据处理效率的小目标总是服从于改善企业管理效率的大目标的。

(3) 系统对于变化过于敏感

净改变式物料需求计划系统常常表现得过于敏感。这是因为在净改变式物料需求计划系统中，每次文件更新都相当于重排计划。这样，系统可能要求管理人员不断地修正已经进行的作业。这是管理人员感到头疼的一个问题，特别是那些不能随意更改到货日期的已下达的采购订单，更是如此。为了正确评价净改变式物料需求计划系统的这一特点，必须区分以下两个问题：一是系统给出的最新信息；二是根据系统提供的信息，以适当的频率采取行动。

显然这是两个不同的问题，而且可以独立于前者而对后者做出决定。在完全掌握最新信息的基础上，有选择地针对某些可以忽略的因素取消相应的措施总比不了解情况而不采取措施好。就计划的制订来说，系统的"敏感性"应当说是净改变式物料需求计划系统的一个长处。就计划的执行来说，过度的敏感是应当、也完全能够适当地加以抑制的。

从这两种物料需求计划系统的运行方式比较来看，第一种方式数据处理的效率比较高，但由于每次更新要间隔一定周期，通常至少也要一周，所以不能随时反映系统的变化；第二种方式可以对系统进行频繁的甚至连续的更新，但从数据处理的角度看，效率不高。以上两种方式的输出是一样的，因为不论以何种方式执行物料需求计划系统，对同一个问题只能有一个正确的答案。两种方式的输入也基本上是相同的，只是在物料的库存状态的维护上有些不同，两种方式最主要的不同在于计划更新的频繁程度及引起计划更新的原因。在第一种方式中，计划更新是由主生产计划引起的；在第二种方式中，计划更新则是由库存事务处理引起的。

理论上讲，任何一个标准的物料需求计划系统都只能是以上两种形式中的一种，但在实际应用中却很难分出两种形式的界限。一个再生式物料需求计划系统可能会渗入一些净改变式物料需求计划系统的特点。实际上，一般 ERP 系统都有两种运行方式可供选择。在实际中，企业通常的做法是在一定程度上有意识地延迟对某些变化做出反应，且不需要对个别的变化连续不断地做出调整，而是把这些变化积累起来，定期采取相应的措施进行处理。

本章思考题

1. 什么是物料需求计划？有哪些输入信息？

2. 物料清单的作用是什么？常见的物料清单有哪些？

3. 试简述物料需求计划的计算逻辑。

4. 物料需求计划系统有哪两种运行方式？各有什么优缺点？

5. 物料需求计划计算(废品率与多层物料)：某企业的产品 X 的产品结构树如图 5-15 所示。其中：

物料 A，生产提前期为 1 周，现有库存量为 20 个，废品率为 10%；

物料 C，采购提前期为 1 周，现有库存量为 0，废品率为 0；

物料 B、D，采购提前期为 2 周，现有库存量为 25 个，废品率为 10%；

组装 X 需要 1 周，现有库存量为 0，废品率为 10%。

现有一份客户订单，要求 100 个 X 并在第 8 周交货，请做出物料需求计划(各物料批量规则为固定批量法，最小批量为 10 个)。

6. 物料需求计划计算(低层码情形)：某企业的产品 Y 的产品结构树如图 5-16 所示。其中：

物料 A，生产提前期为 1 周，现有库存量为 20 个，废品率为 10%；

物料 C，采购提前期为 1 周，现有库存量为 0，废品率为 10%；

物料 B，采购提前期为 2 周，现有库存量为 25 个，废品率为 10%；

组装 Y 需要 1 周，现有库存量为 0，废品率为 10%。

现有一份客户订单，要求 100 个 Y 并在第 8 周交货，请做出物料需求计划(各物料批量规则为固定批量法，最小批量为 10 个)。

图 5-15 X 的产品结构树

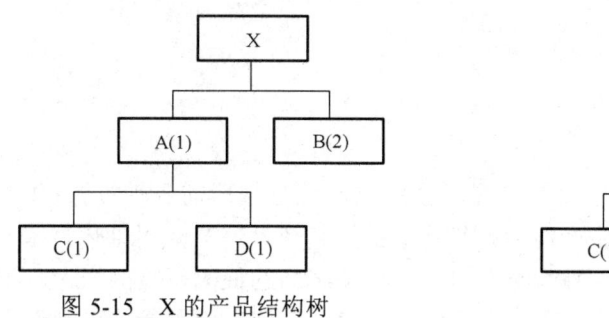

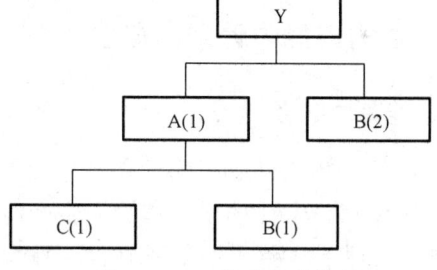

图 5-16 Y 的产品结构树

第6章 能力计划

本书在第4章和第5章主要讲述了主生产计划(MPS)和物料需求计划(MRP)的原理和制订过程,这两种ERP计划的计划对象是产品和物料,是具体的和形象可见的。然而在这两种计划的制订过程中,并没有考虑企业本身资源有限等诸多能力条件的限制。所以,这两种计划制订出来后是否可行,还需要进行具体分析,分析的主要内容是确定企业是否有足够的生产能力来保证计划的顺利实施。这就要求制订能力计划来作为反馈机制,从而使企业根据实际情况及时对计划进行调整。这就是本章将讲述的ERP系统的能力计划的内容。

6.1 能力计划概述

6.1.1 能力与能力计划的概念

1. 能力的概念

ERP系统能力计划里讲到的"能力",是指企业的制造过程所需各种资源(如人力、设备、场地、资金等)的生产能力。生产能力是指企业的固定资产在一定时期内,在一定的技术组织条件下,经过综合平衡后,所能生产的一定种类产品的最大可能的产量。生产能力相对具体物料而言,由于受到生产效率、人员变动、设备完好率等因素的影响而变化,不确定因素比较多,因此比较抽象。

很容易理解,任何制造企业都不可能有无限的能力。为了定量描述企业生产过程中的能力,一般可以从以下两个方面进行抽象:

①将所有生产或加工能力单元,抽象成统一的逻辑单元,即"工作中心";
②对工作中心,不论是人工还是设备,统一用可用工时(简称工时)来量化其能力大小。

有关工作中心的概念将在6.1.2节进行介绍。

2. 能力计划

在ERP系统中,能力计划是用来评价生产计划大纲、主生产计划和物料需求计划是否可行的。生产计划大纲、主生产计划和物料需求计划都需要用能力计划来评价是否可行,包括资源数量是否足够、生产设备能否保证、生产能力安排是否合理等。如果失调就应调整生产设备或人力资源以保证这些计划的顺利实施,必要时甚至需要改变这些计划。可见,能力计划在整个 ERP 系统中，保证了资源、人力与设备的最佳利用和有效供给，实现了生产能力与资源的最佳配置。

能力计划中对生产计划大纲进行检验的是**资源需求计划**(Resources Requirements Planning，RRP)。资源需求计划是一种针对中长期计划，对资源进行评估的工具，确定现有人员、设备等资源是否满足中长期计划的需要。如果资源不足，就需要采取相应措施保证中长期计划的可行性。

能力计划中**粗能力计划**(Rough-cut Capability Planning，RCCP，又称为生产能力负荷分析)和**细能力计划**(Capacity Requirements Planning，CRP，也称为能力需求计划)分别对主生产计划和物料需求计划进行检验。粗能力计划(RCCP)用来检验主生产计划，能力需求计划(CRP)用来检验物料需求计划。能力计划逻辑示意图如图 6-1 所示。

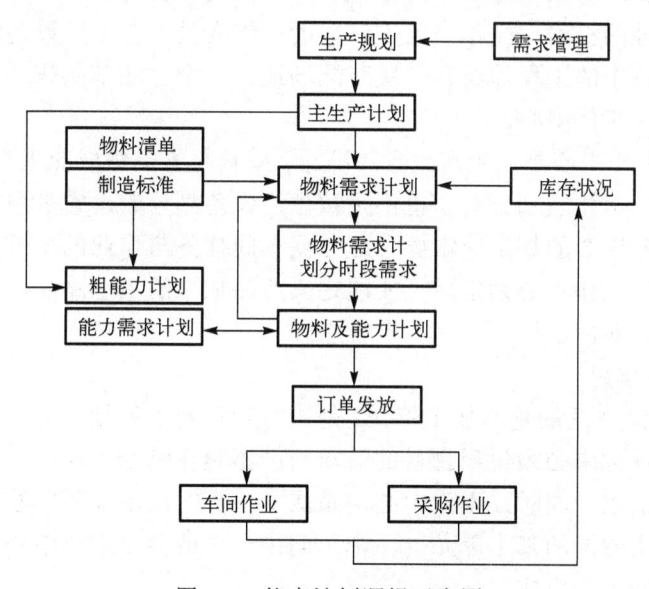

图 6-1　能力计划逻辑示意图

能力计划将物料需求计划产生的订单量或生产量转换成不同时区、不同工作中心上的工时数，然后进行平衡。有时会出现这样的情况，粗能力计划通过分析认为企业的现有生产能力足以完成主生产计划，而能力需求计划经过更细致的分析，得出在某些时段生产能力不足的结论，这时就需要对生产能力或计划进行调整。能力需求计划是在物料需求计划下达到车间之前，用来检查车间执行生产计划的可行性的，即利用工作中心定义的能力，将物料需求计划的生产需求分配到各个资源上，在检查了物料和能力可行的基础上可以调整生产计划或将生产计划下达给车间，车间就依据此计划进行生产。

任何制造企业都不可能有无限的能力，物料需求计划生成的计划订单形成后，需要计划人员通过能力计划进行确认。从本质上讲，能力计划是一个自动化程度极高的模拟工具。

6.1.2　工作中心与关键工作中心

本章内容涉及较多的与能力相关的概念，深入理解这些概念的含义与作用很重要，特别是工作中心、关键工作中心等概念。

1. 工作中心

(1) 工作中心的概念

工作中心(Work Center，WC)是企业生产资源的特定组合，由设备、人员、场所等要素构成，执行特定阶段或特定环节的物料生产与加工作业。划定工作中心的目的是建立企业生产加工过程的基本单元，将复杂的、多工序的及一些零散的加工过程按照某些特点进行归类划分，形成一个个小的工作单元或小组，每个工作中心具备特定的生产加工功能。

需要注意的是，工作中心的含义并不是具体的固定资产或生产设备，它主要属于计划范畴的概念。在 ERP 系统中，工作中心可以有多种划定方法，一般来说，一个由连续的不间断的加工组成的工序可以作为一个工作中心，相同的设备可以集中并划分为一个工作中心。当然，一台单独的机器、操作一条生产线的一组人员、在工厂设备维修保养中的一个维修中心、项目系统中的工程师组、一块装配场地、一个运输车队或委外加工的一道工序等也可以定义为一个工作中心。

与车间一样，工作中心是由生产设备、设施、模具与人员组成的生产加工的基本单元，但工作中心不是按厂房建筑划分的，也不是按生产设备划分的，它是根据生产过程与管理的需要划分的。工作中心的划定通常要考虑方便车间任务与作业的安排、方便完工物料信息采集与成本核算。工作中心划定后，才能定义产品加工的工艺路线，每个工作中心都与工艺路线中的工序相对应。

(2) 工作中心的作用

工作中心是 ERP 系统的基本加工单元，是进行物料需求计划与能力需求计划运算的基本资料。物料需求计划中必须说明物料的需求与产出是在哪个工作中心，能力需求是对哪个工作中心的能力需求。同时，工作中心也是成本核算时成本发生的基本单元和车间生产作业核实投入与产出情况的基本单元。一个车间由一个或多个工作中心组成，一条生产线也由一个或多个工作中心组成。

概括起来，工作中心的作用主要有以下几种。

- 工作中心是平衡负荷与生产能力的基本单元。ERP 系统运行能力计划是以工作中心为计算单元的，分析能力需求计划的执行情况也是以工作中心为计算单元进行投入/产出分析的。如果企业每个工作中心的生产任务都在其能力范围内，企业就能按时完成生产任务，如果其中有一个工作中心的任务超负荷，也会导致生产任务延期。因此，工作中心是衡量企业下达的生产任务能否按时完成的基本单元。
- 工作中心是车间生产作业分配任务和编排详细进度计划的基本单元。生产管理中的派工单就是以工作中心为对象下达的任务单。
- 工作中心是计算加工成本的基本单元。企业的生产作业过程是通过各个工作中心完成的，加工件经过每一个工作中心都要发生费用；工作中心有标准成本费用计量数据，通过工作中心加工的工时费率与物料总加工时间相乘可以计算经过该工作中心的加工成本；几个工作中心可以组成一个成本中心，也可以通过其成本累加计算出车间成本。因此，工作中心又是成本核算范畴的概念，大多数物料需求计划系统都把工作中心作为成本核算的最小单元。

(3) 工作中心的相关数据

工作中心应包括的数据有以下 3 种。

- 工作中心基础数据：如工作中心代码，工作中心名称、简称，工作中心说明，替换工作中心，车间代码，人员每天班次，每班工人数，设备数量，以及是否为关键工作中心等。
- 工作中心产能数据：说明工作中心生产能力的各项数据。工作中心的能力用一定时间内完成的工作量(产出率)来表示。工作中心产能数据包括：每班可用的工人数、机器数、机器单台定额、工作中心的利用率、工作中心的效率、平均排队时间等。举例来说，机器单台额定产能可以以标准输出表示，即每小时产出零件的个数，如 100 个零件/小时，也可以用其倒数表示，即单件物料的额定工时，如 0.06 小时/个。由于产能数据一般带有很强的行业特色和任务特色，因此工作中心的产能数据并不一定都是以小时或件数为单位的。
- 工作中心成本数据：每小时在工作中心发生的费用，包括人员工资、能源费用、辅助材料(如润滑油)耗用、设备折旧、设备维修和资产折旧等数据。将上述费用归入工作中心的费用统计范围，按年度、季或月统计其平均消耗(通常是历史数据)，再按工作的小时数折算为成本费率，可以用"元/工时"(人工小时)或"元/台时"(机器小时)表示。

表 6-1 是一个工作中心数据清单示例。

表 6-1 工作中心数据清单示例

工作中心代码	工作中心名称	每天班次	每班工时(小时)	每班人数(人)	设备数(台)	效率	利用率	是否关键工作中心	费率(元/工时)	…
WC001	铣床	3	8	2	2	100%	80%	是	5	
WC002	车床	3	8	4	4	90%	75%	否	4	
…										

2. 工作中心能力计算

一般来说，一个工作中心不可能 8 小时连续不断地工作，不论是按设备能力计算还是按人员能力计算都是如此，如设备有预热时间、人员可能有短暂的休息时间、设备的效率可能低于额定效率或高于额定效率。工作中心的能力一般通过历史数据统计得到，可用一定时间内完成的工作量即产出率表示，通常用标准工时作为单位。

(1) 利用率

利用率指设备实际工作时间与计划工作时间之比，是一个统计平均值，通常小于 100%。利用率的高低与设备完好率、工人出勤率、任务饱满程度等因素有关。其公式为：

$$利用率 = (实际工作小时数 / 计划工作小时数) \times 100\%$$

(2) 效率

效率说明单位时间内设备的实际产出量与单位时间内设备的额定产出量之比，或单件物料额定加工时间与实际加工时间之比。效率与设备使用年限和工人技术水平有关，可以大于 100%。比如，某物料单件额定加工时间为 0.06 小时，而实际加工时间为 0.05 小时，

则效率为120%。其公式为:

$$效率=(单件物料的额定加工时间/单件物料的实际加工时间)\times100\%$$

或

$$效率=(单位时间内的实际产出量/单位时间内的额定产出量)\times100\%$$

(3) 工作中心的额定能力

工作中心的额定能力实质是额定的生产能力,与工作中心生产能力描述的属性相一致,可以按中心的设备能力计算,也可以按人员能力计算。如果按设备能力计算,工作中心的额定能力是全部设备的额定能力。比如,工作中心由全部相同的设备组成,工作中心的额定能力=设备数量×单个设备额定能力。如果按人员能力计算,工作中心的额定能力=人员数量×人员额定工作时间。选择哪个作为计算依据取决于约束能力的因素是人员还是设备。

额定能力是一种预期能力,也称为评估能力或名义能力,虽然这个能力是能持续保持的能力,在一段时间内要稳定可靠,但在不同的时期,该能力值也需要进行必要的调整或修正,调整后的额定能力常被称为计划能力。通常计划能力要考虑设备的利用率和效率。它的计算公式为:

$$工作中心计划能力=工作中心额定能力\times利用率\times效率$$

(4) 工作中心的负荷

负荷指工作中心为完成生产计划或任务所需要的工时量。

如果负荷按所需人员计算,那么负荷=计划产出量×单位产品额定工时;如果负荷按所需设备计算,那么负荷=计划产出量×单位产品额定台时。例如,某物料在工作中心2所需加工时间为0.05台时/件,生产1000件该物料工作中心2的负荷为50台时。

(5) 工作中心的负荷率

负荷率指负荷与额定能力的比率,即负荷率=(负荷/额定能力)×100%。有时负荷率可以大于100%。

(6) 工作中心负荷报告

工作中心负荷与生产计划能力需求之间的关系可以用负荷报告的形式体现。

3. 关键工作中心

产品的生产过程是由多个工作中心连续完成的,每个工作中心的加工准备时间与加工复杂程度都不相同,额定能力也不相同。可能某产品的加工过程中有一个工作中心的加工时间最长或加工的复杂程度最高,它的加工速度与加工量直接决定了该产品的生产时间与产量,这样的工作中心对整个生产进度影响很大,因此我们称具有这样性质或作用的工作中心为关键工作中心(Critical Work Center)。关键工作中心有时也称为瓶颈工序,是决定产品或零部件产量和速度的工作中心。

关键工作中心可以是一个,也可以是多个。关键工作中心一般具有以下特征。

- 该工作中心经常需要加班才能完成生产任务,经常处于满负荷工作状态。
- 该工作中心对操作技术要求较高,要求工人有熟练的操作技术,短期内无法自由增加工人(负荷和产量),因此增加产能是非常困难的。

- 该工作中心是多个工艺路线的交叉点。
- 该工作中心使用昂贵的专用设备,如多坐标数控机床、波峰焊设备等,不能轻易添加购买新设备。
- 该工作中心受多种限制,如短期内不能随便增加负荷和产量,通常受场地、成本等约束,短期内难以提高能力。

关键工作中心的确定主要考虑产能与产量对生产计划的影响程度。它与重要的或先进的设备概念不同,重要设备如果足够先进,它的产能会比较高,产量高于其他工作中心,虽然在管理上该工作中心需要较多的维修工时和维修人员,但它不是生产的瓶颈,不会直接影响产量。这时该工作中心就不是关键工作中心,因此不能将关键工作中心与重要设备相混淆。关键工作中心用于粗能力计划的计算。需要注意的是,关键工作中心会随着加工工艺、生产环境、产品类型和生产产品等条件的变化而变化,并非一成不变。企业需要根据生产的变化及时对关键工作中心进行调整。

6.1.3 工艺路线

1. 工序与工艺路线的概念

工序(Working Procedure)是生产过程中最基本的组成单位。在生产管理上,工序也是制定定额、计算劳动量、配备工人、核算生产能力、安排生产计划、进行质量检验和经济核算的基本单位。正确划分工序是企业合理组织生产的重要条件。

工艺路线(Routing)是反映制造某项目的加工方法及加工次序的文件,其中包括进行的加工工序、有关的工作中心,还包括工具、工人技术水平、检验测试得到的信息。工艺路线有时也称为工艺流程或加工路线。

确定工作中心的生产率是工艺路线的重要内容,每道工序加工一件物料所需要的时间是工艺路线中的标准计量时间(历史平均数据或额定数据),通过加工数量就可以计算每一批加工任务所需要的时间。

ERP中的工艺路线与传统的工艺路线文件略有不同,传统的工艺路线文件除说明加工过程外,还包括每道工序的技术要求、方法等内容,而ERP中的工艺路线主要说明物料实际加工和装配的工序顺序、每道工序使用的工作中心、各项时间定额(如准备时间、加工时间、搬运时间、排队时间和提交入库时间等),以及外协工序的时间和费用。ERP中的工艺路线更注重管理需求,并不能替代传统的工艺路线文件。

工艺路线中的每道工序与工作中心相对应。设置工作中心的工作需要在制定工艺路线之前做,每个工作中心对应工艺路线中的一道加工工序,所以工作中心是工艺路线的基本单位。

2. 工艺路线文件的内容

工艺路线文件一般包括以下字段内容:物料编码,物料名称,工序号,工序名称,工序状态(正常、可选或停用),工序说明,工作中心代码,准备时间,单件加工时间,搬运时间,等待时间,生产日期,生产批量,可替代的工作中心,外协工序的时间和费用等。表6-2为一份工艺路线。

表 6-2　工艺路线

物料编码：S1205	物料名称：驱动轴	生产日期：30 日	生产批量：50 件	
工作中心代码	工序号	工序名称	准备时间（小时）	单件加工时间（小时）
1	10	车	0.4	0.125
3	20	铣	0.8	0.075
5	30	切齿	1.0	0.25
8	40	钻孔	0.3	0.25
9	50	热处理		72
7	60	磨外圆	0.6	0.3
6	70	磨齿	1.0	0.4

3. 工艺路线的作用

工艺路线是能力计算中的重要数据来源，是能力计算的基础数据，其作用体现在以下方面。

①工艺路线是用于计算生产计划能力需求的基础数据。

工艺路线、工序文件中说明了单位物料消耗各个工作中心的工时，从而可以计算各工作中心完成主生产计划量的总工时（所需能力）；再根据各工作中心的能力需求总量计算工作中心是否超负荷工作，对超负荷的工作中心进行调整，通过对能力需求计划的分析计算，达到平衡各个工作中心能力的目的。

②用于计算物料清单中有关物料的提前期。

结合物料清单中的有关物料信息，根据工艺路线、工序文件中的准备时间、加工时间、搬运时间、排队时间和提交入库时间计算物料的各种提前期，特别是各物料生产加工的提前期。

③用于为车间作业的安排提供参考数据。

根据加工顺序和各种提前期进行车间作业安排。根据工艺路线、工序、生产线完工情况、物料在各个工序的加工进度的整体情况，对在制品的生产过程进行跟踪和监控。

④工艺路线是计算产品加工标准成本的基础数据。

根据工艺路线、工序文件的工时（外协费用）及工作中心的成本费用数据计算产品加工的标准成本。

⑤工艺路线的其他作用。

从管理控制的角度看，企业产品的生产全过程都需要纳入监控之中，包括一些非生产性环节，如某个工序的外包或产品的运输等，这时通过将该项业务内容设定为一个工作中心，使其承担一个特定的业务工作内容，根据需要确定一定的提前期及费用项目，就可以实现对这种非生产性环节的规范化管理。因此，在 ERP 系统应用中，可以根据需要灵活设计工艺路线，增强它的管理功能和作用。

我国的机械企业用工艺流程卡来描述零部件的加工装配工序，用车间分工表来描述零部件经过各车间的顺序，工艺路线实际上是二者的统一。

需要注意的是，工艺路线不是一个纯技术文件，而是一个管理文件，不需要在其中详细说明加工作业的各项具体技术条件和操作要求。表 6-3 为一份工艺路线示例。

表 6-3 工艺路线示例

物料编码：XT2100　　　　　物料名称：前轴

工序号	工序名称	工作中心代码	工作中心名称	准备时间（天）	加工时间（天）	工人数（人）	设备数量（台）
10	车端面	WC01	车床	0.03	0.04	1	1
20	洗键槽	WC02	铣床	0.04	0.04	1	1
30	…	…	…	…	…	…	…

6.2　资源需求计划

6.2.1　资源需求计划概述

1. 资源清单

资源清单（Bill of Resources，BOR）是单个产品在标准批量下消耗工艺路线经过的各种资源生产能力的一览表，即生产单个产品所需资源（工作中心或设备）与标准总时间列表。资源清单中主要包括各种计划产品占用关键资源的负荷时间（工时、台时），同时列出关键工作中心的能力清单并进行对比，对超负荷的工作中心可以用不同的颜色进行标识（如红色）。资源清单对每种资源加以约束，如它可被利用的时间、数量。用户可以按百分比分配任务、配置资源，设定资源配置的优先标准，为同一任务分配各项资源，并保存每项资源的备注和说明。ERP 系统能突出显示并帮助修正不合理的配置，调整和修匀资源配置。

资源清单的建立有两种方式。

一种是直接维护主生产计划计划对象物料的资源清单，即产品结构顶层物料的资源，说明完成该物料全过程加工所用的关键工作中心和占用的关键工作中心的资源。只有当能力发生改变时才进行修改、维护工作，这种方法一般在小型 ERP 系统中使用。

另一种是在工艺路线中维护物料的占用资源和消耗资源，再根据工艺路线生成主生产计划计划对象物料的资源清单，同时根据相关的变动情况加以维护。一般的 ERP 系统都采用这种方法。

表 6-4 是一个资源清单示例。

表 6-4　资源清单示例

时段：2000/1/01 至 2002/1/30

关键工作中心			资源单位	需求负荷	总能力	能力超/欠	负荷率
代码	名称	资源代码及名称					
WCZ001	波峰焊	Z01+波峰焊设备	小时	1500	1350	-150	111.11%
WCZ002	IC 焊接	Z02+IC 焊接设备	小时	1000	1200	200	83.33%
WCZ003	高压测试	Z03+高压测试仪器	小时	1000	1200	200	83.33%
WCZ004	绝缘电阻测试	绝缘电阻测试	小时	1200	1250	50	96%

2. 资源需求计划

资源需求计划（Resource Requirements Planning，RRP）是针对中长期计划（如生产计划大纲)对资源进行评估的工具,确定现有人员、设备等资源是否满足中长期计划的需要;若资源不足,则需要通过购买设备、招聘人员或调整计划等措施保证中长期计划的可行性,它有时也被称为"资源能力平衡"。

生产计划大纲是企业进行生产经营活动的基础,资源需求和生产能力是否平衡直接影响生产计划大纲的编制和实现的可能性。因此,资源需求计划是非常重要的,必须予以足够的重视。

6.2.2 资源需求计划的制订

1. 资源需求计划的制订步骤

资源需求计划的制订步骤有如下3步。

(1)建立资源清单

资源清单记录了生产单位物料项目或单位产品族所需资源(如材料、工人工时、设备台时、收入、利润等)的产能。资源清单中的数字表示一个产品系列中所有项目的平均值。

(2)根据生产计划,计算资源需求

在审定资源清单的基础上,计算资源需求,即将每类产品的计划产出量和资源需求率相乘。如果资源由几类产品共享,就汇总所有产品类的资源需求。

(3)平衡资源需求与生产能力

若需求超过能力,则需要平衡需求与能力,解决资源需求与生产能力之间的差距。这种差距可通过增加资源、减少需求和进行内部调整的方法来解决。

2. 资源需求计划的计算方法

本节结合实例讲述资源需求计划的计算方法。

【例 6-1】

资源需求计划计算示例。某企业的产品族 A 2004 年上半年的资源清单如表 6-5 所示(为简便计算过程,仅列举其中的两种资源 R001 和 R002)。在该时段内,该企业针对产品族 A 制定的生产计划大纲如表 6-6 所示。请根据以上数据资料进行资源需求计划的计算,并平衡需求与能力。

表 6-5 生产某产品族 A 的资源清单

时段:2004/1/01 至 2004/6/30

资源代号	资源名称	资源类型	每月额定能力	单位产品所需能力	单位
R001	CNC 加工中心	机器设备	1500	0.5	台时
R002	PA 原材料	原材料	2000	0.8	克
...					

表 6-6 某产品族 A 的生产计划大纲

月份	1	2	3	4	5	6
A	2000	1500	1800	3000	3500	2000

本例的计算结果如表 6-7 所示。在表中,分别列出了两种资源 R001 和 R002 的额定能力、资源需求、需求与能力之间的差额及负载率。

表 6-7 资源需求计划表

	月份	1	2	3	4	5	6
R001	额定能力(台时)	1500	1500	1500	1500	1500	1500
	资源需求(台时)	1000	750	900	1500	1750	1000
	差额(台时)	500	750	600	0	−250	500
	负载率(%)	66.7	50	60	100	117	66.7
R002	额定能力(克)	2000	2000	2000	2000	2000	2000
	资源需求(克)	1600	1200	1440	2400	2800	1600
	差额(克)	400	800	560	−400	−800	400
	负载率(%)	80	60	72	120	140	80

从计算结果可以看到：对于资源 R001，5 月的资源需求为 1750 个设备工作台时，而该月额定能力只有 1500 台时，需求超过能力，设备负载率达到 117%；对于资源 R002，4 月和 5 月对原材料的需求超过了能提供的原材料的总量，负载率达到 120%和 140%。

对这些需求超过能力的情况，需要进行平衡，否则生产计划大纲下达后是无法完成的。按照能力平衡可以采用的方法，该企业可以通过增加机器设备数量、增减工时数等途径来提高额定能力，或者调整生产计划大纲的量来减少对资源的需求，从而达到平衡。

6.3 粗能力计划

6.3.1 粗能力计划概述

1. 粗能力计划的概念

粗能力计划(Rough-cut Capability Planning，RCCP)是指为了保证主生产计划的可行性而计算关键工作中心(瓶颈工序)的负荷并进行能力平衡的一种能力计划，是一种中期能力计划，伴随着主生产计划运行。

约束理论(Theory of Constraints，TOC)认为产出量和库存量是由关键资源决定的。因此，从这点上说，粗能力计划与约束理论的思想是一致的，即关键资源决定了企业的产能，只依靠提高非关键资源的能力来提高企业的产能是不可能的。粗能力计划的运算与平衡是确认主生产计划的重要过程，未平衡需求与能力的主生产计划是不可靠的。虽然主生产计划的计划对象是最终产品(0 层物料)，但也必须对下层的物料所用到的关键资源进行确定与平衡。

粗能力计划的处理过程是将最终产品的生产计划转换成对相对的工作中心的能力需求，用来检验主生产计划的可行性。

2. 粗能力计划的计划对象和特点

粗能力计划通常是对生产中所需的关键资源进行计算和分析的。关键资源通常是指关键工作中心(其处于瓶颈位置)、特别供应商(其供应能力有限)、自然资源(其可供的数量有限)、专门技能(属稀有资源)、资金、仓库、不可外协的工作等。

由于粗能力计划一般只考虑关键工作中心及相关工艺路线等关键资源，所以粗能力计划是一种计算量较少、比较简单、粗略、快速的能力核定方法。

粗能力计划配合主生产计划的处理过程，一般企业是每月处理一次。即使主生产计划的计算周期为一周，但粗能力计划也可以每月做一次，将主生产计划中每周的产出量汇总为月产出量，这样就转换成根据以月为计划周期的主生产计划制订粗能力计划，更加便于进行能力管理。

由于配合主生产计划运行的粗能力计划是一种中期计划，因此一般仅考虑计划订单和确认订单，忽略在近期正在执行的和未完成的订单，也不考虑在制品库存；但对关键资源的能力核算则既要考虑计划订单和确认订单，也要考虑正在执行和未完成的订单。

粗能力计划可以在物料需求计划之前制订，对主生产计划进行能力需求计算，也可以在主生产计划之前制订，对生产计划大纲进行能力需求计算。做好粗能力计划是运行能力需求计划的先决条件，会减少大量能力需求计划的运算工作。

3. 粗能力计划的优缺点

粗能力计划的优点主要有以下方面：
- 可以用粗能力计划进行生产计划初稿可行性的分析与评价；
- 集中关键资源，而不是面面俱到，影响效率；
- 不涉及工艺路线和工作中心的具体细节；
- 制订过程比较简单，计算量少；
- 实施所要求的前提条件少；
- 减少后期能力需求计划的运算工作。

粗能力计划的缺点如下：
- 忽略了现有库存量和在制量的影响，无法反映计划的动态实际变化；
- 平均批量和生产提前期是假设的值，与实际值将产生执行偏差；
- 只包含关键资源，无法彻底保证计划的可信度；
- 对短期计划无用。

制订粗能力计划时，关键工作中心的负荷表现与能力报表，通常也用分时段的直方图来对比表示，时段的长度同主生产计划一致。

能力同负荷有了矛盾必须调整，超出能力的任务是不可能完成的。调整后计划产出量由主生产计划确认，确认后的主生产计划可以作为物料需求计划的运行依据。

6.3.2 粗能力计划的制订

1. 粗能力计划的制订步骤

粗能力计划的制订过程可以分为 3 个步骤。

(1) 建立关键工作中心的资源清单。

建立资源清单的两种方法在上一节已有讲述。

(2) 进一步确定某工作中心在产品的计划展望期内的每个具体时段的负荷与能力，对超负荷的关键工作中心，要进一步确定其负荷出现的时段。

由于主生产计划的计划对象为最终产品,其加工、装配过程不一定要用到关键工作中心,而根据工艺路线计算时,要确定子项使用关键工作中心的时间与最终产品(即主生产计划的计划对象)完工时间的时间差,这个时间差就是时间偏置或提前期偏置。

(3)确定各时段的负荷是由哪些物料引起的,各占用的资源情况如何,然后平衡工作中心的能力。同时,要总体平衡主生产计划的最终产品与子项的进度(可初步平衡,详细的平衡在制订物料需求计划时进行),提升、扩充关键工作中心的能力或进行主生产计划调整。

2. 粗能力计划的计算方法

下面结合具体的例子介绍两种粗能力计划的计算方法。

(1)第一种计算方法:总体产能比率法,即以总体产能比率计算关键工作中心的负荷。这种方法的计算过程如下:

- 估算每单位产品所需关键工作中心的工时;
- 利用历史数据求出各关键工作中心的工时占总关键资源用时的比率;
- 根据主生产计划计算出每个时段所需关键工作中心的工时(负荷);
- 根据各关键工作中心的用时比率将负荷分配到每个关键工作中心;
- 进行能力平衡。

这种方法的特点是计算简单,但要求主生产计划的产品比较稳定(需要考虑历史数据的可用性)。

【例 6-2】

总体产能比率法示例。

已知某企业的 3 种产品 A、B、C,对应的主生产计划如表 6-8 所示,估算每单位产品 A、B、C 需要关键工作中心工时分别为 1.6、6.07 和 5.04 小时。生产 A、B、C 的关键工作中心为 WC00A 和 WC00B,其历史数据如表 6-9 所示。请制订其粗能力计划并进行能力分析。

表 6-8 产品 A、B、C 的主生产计划

产品	周数								总数量
	1	2	3	4	5	6	7	8	
A	25	25	25	25	35	35	35	35	240
B	—	50	—	50	—	50	—	50	200
C	72	—	75	—	56	—	68	—	271

在本例中,根据工作中心的历史数据计算关键工作中心的负荷比率,得到 WC00A 和 WC00B 的负荷比率分别为 34%和 66%。

计算各关键工作中心的负荷,如第 1 周的总负荷=1.6×25+6.07×0+5.04×72 ≈ 403,则 WC00A 的负荷为 403×34% ≈ 137,WC00B 的负荷为 403×66% ≈ 266。其他各时段的计算类似,如表 6-10 所示。

表 6-9 关键工作中心负荷比率

关键工作中心	去年各季度用时(小时)				总用时(小时)	负荷比率(%)
	1	2	3	4		
WC00A	1140	1285	1175	1300	4900	34
WC00B	2430	2540	2100	2380	9450	66
合计	3570	3825	3275	3680	14350	100

表 6-10 关键工作中心分配负荷

关键工作中心	周数								合计
	1	2	3	4	5	6	7	8	
WC00A	137	117	142	117	115	122	136	122	1008
WC00B	266	227	276	227	223	238	263	238	1958
合计	403	344	418	344	338	360	399	360	2966

计算各关键工作中心的额定能力，得出能力数据，如表 6-11 所示。

表 6-11 关键工作中心能力清单

代码	每天班次	每班工时(小时)	每周工作天数(天)	设备数(台)	效率	利用率	额定能力
WC00A	3	8	7	1	100%	80%	134
WC00B	3	8	7	2	90%	85%	257

制订粗能力计划，将关键工作中心的负荷以图表形式表示，如图 6-2 所示。

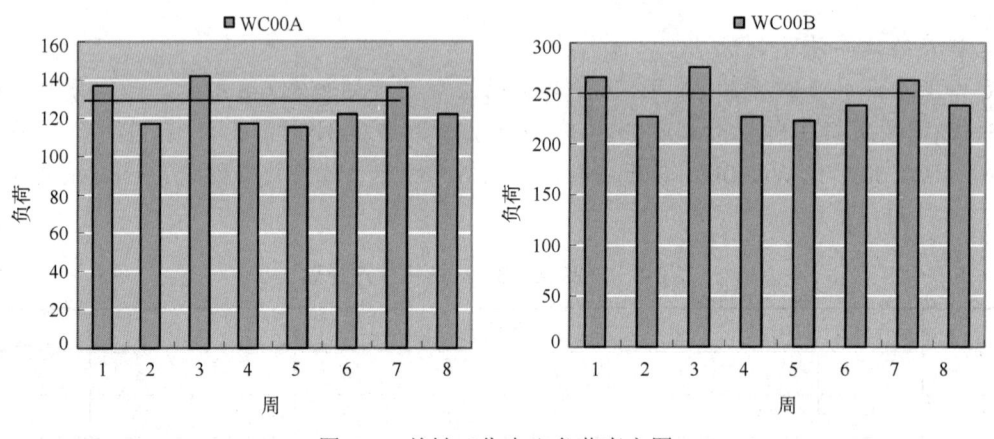

图 6-2 关键工作中心负荷直方图

从负荷直方图中可以看到，第 1、3、7 周 WC00A 和 WC00B 的负荷超过了其额定能力，因此必须对第 1、3、7 周进行能力平衡。

(2) 第二种计算方法：资源清单法。

这种方法的计算步骤如下：

- 根据产品结构树和工艺路线得出关键工作中心的资源清单；
- 根据资源清单和主生产计划计算关键工作中心的每时段负荷；

- 进行能力平衡。

资源清单法的特点是比较准确,但计算时间较长。

【例6-3】

资源清单法示例。某产品 X 和 Y 对应的物料清单、主生产计划和工艺路线文件分别如表 6-12、表 6-13 和表 6-14 所示。生产过程中的关键工作中心有 3 个:100、200 和 300。请据此制订粗能力计划。

表 6-12 产品 X 和 Y 的物料清单

父项	子项	用量(件)
X	A	1
X	B	2
Y	B	1
Y	C	2
C	D	2

表 6-13 产品 X 和 Y 的主生产计划

最终产品	周数							
	1	2	3	4	5	6	7	8
X(件)	30	30	30	40	40	40	32	32
Y(件)	20	20	20	15	15	15	25	25

表 6-14 产品 X 和 Y 的工艺路线文件

最终产品	加工批量(件)	工序号	工作中心代码	生产准备时间(额定工时)	单件准备时间(额定工时)	单件加工时间(额定工时)	单件总时间(额定工时)
X	40	1 of 1	100	1.0	0.025	0.025	0.05
Y	20	1 of 1	100	1.0	0.050	1.250	1.30
子项							
A	40	1 of 2	200	1.0	0.025	0.575	0.60
	40	2 of 2	300	1.0	0.025	0.175	0.20
B	60	1 of 1	200	2.0	0.033	0.067	0.10
C	100	1 of 1	200	2.0	0.020	0.080	0.10
D	100	1 of 1	200	2.0	0.020	0.0425	0.0625

本例解答过程:根据题中给出的信息,首先确定关键工作中心的资源清单,即产品 X 和 Y 在关键工作中心的单件总时间。

对关键工作中心 100 而言,产品 X 和 Y 的能力需求是分别由自身单件的能力需求和其子项的能力需求加总的。由于产品 X 的子项 A 和 B 的生产不经过此关键工作中心,因此产品 X 对该关键工作中心的能力需求仅为其自身单件的能力需求,即 0.05 个额定工时。同理,产品 Y 对关键工作中心 100 的能力需求为 1.30 个额定工时。

对关键工作中心 200 而言,产品 X 的能力需求为:1×子项 A 的单件总时间+2×子项 B

的单件总时间=1×0.60+2×0.10=0.80 个额定工时。同理，产品 Y 的能力需求为：1×子项 B 的单件总时间+2×子项 C 的单件总时间+2×2×子项 D 的单件总时间=1×0.10+2×0.10+2×2×0.0625=0.55 个额定工时。

对关键工作中心 300 的计算过程与上述过程相同，计算的结果如表 6-15 所示。

表 6-15 关键工作中心的资源清单　　　　　　单位：额定工时

关键工作中心	X	Y
100	0.05	1.30
200	0.80	0.55
300	0.20	0.00
单件总时间	1.05	1.85

接下来计算关键工作中心的负荷，计算方法是结合题目给出的主生产计划，用计划产出量乘以产品 X 和 Y 在关键工作中心的单件总时间，得到的结果如表 6-16 所示。

表 6-16 关键工作中心负荷表　　　　　　单位：额定工时

工作中心代码	1	2	3	4	5	6	7	8
100	27.50	27.50	27.50	21.50	21.50	21.50	34.10	34.10
200	35.00	35.00	35.00	40.25	40.25	40.25	39.35	39.35
300	6.00	6.00	6.00	8.00	8.00	8.00	6.40	6.40
合计	68.50	68.50	68.50	69.75	69.75	69.75	79.85	79.85

上面的计算过程计算出了产品 X 和 Y 的主生产计划的能力需求。当题目中提供了 3 个关键工作中心的标准额定能力时，就可以进行能力平衡分析。

6.4 能力需求计划

在上一节讲述了粗能力计划，它对主生产计划是否可行进行校验。在主生产计划确定后，生成的物料需求计划是否可行，同样需要进行详细的校验。本节讲述对物料需求计划的可行性进行检验的能力需求计划(CRP)。

6.4.1 能力需求计划概述

1. 能力需求计划的概念

能力需求计划(Capability Requirement Planning，CRP)也称细能力计划，是对物料需求计划的能力需求进行核算的一种计划管理方法。能力需求计划对各生产阶段、各工作中心(工序)所需的各种资源进行精确计算，得出人力负荷、设备负荷等资源负荷情况，并做好生产能力与生产负荷的平衡工作。

能力需求计划用来检查物料需求计划的可行性。它根据各个工作中心的物料需求计划和各物料的工艺路线，对各生产工序和各工作中心所需的各种资源进行精确计算，得出人力负荷、设备负荷等资源负荷情况，然后根据工作中心各个时段的可用能力对各工作中心的能力与负荷进行平衡，以便实现企业的生产计划。能力需求计划的主要内容如图6-3所示。

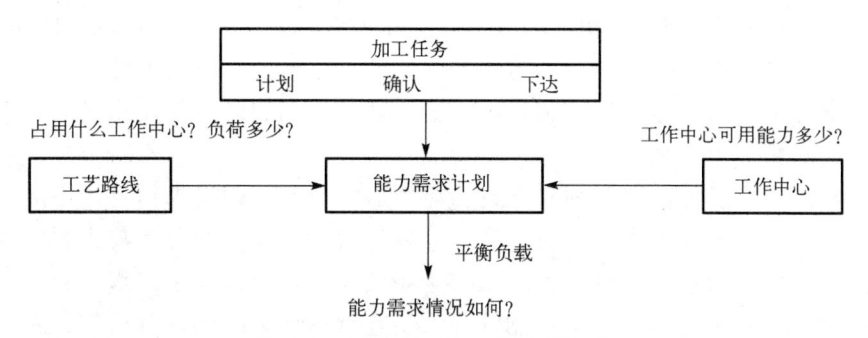

图 6-3　能力需求计划的主要内容

可见，能力需求计划核算的对象包括各时段和各工作中心所需的各种资源，考虑所有加工物料在工艺路线上经过的所有工作中心的能力与负荷情况，以便决定如何调整车间作业计划。

能力需求计划分时段、分工作中心精确地计算出人员负荷和设备负荷，并进行瓶颈预测，调整生产负荷，做好生产能力和生产负荷的平衡，是将生产计划和各种生产资源连接起来的管理生产和计划的工具。能力需求计划的建立，一方面可以对设备和人力等资源进行充分的利用；另一方面能减少加工等待时间，缩短生产周期，为生产管理人员提供能力与负荷信息。

能力需求计划帮助企业在分析物料需求计划后产生一个切实可行的能力执行计划。在计划的过程中，能力需求计划使企业能在生产能力的基础上及早发现能力的瓶颈所在，提出切实可行的解决方案，从而为企业完成生产任务提供能力方面的保证。

总而言之，能力需求计划的制订过程就是一个平衡企业各工作中心所要承担的资源负荷和实际具有的可用能力的过程。

2．能力需求计划与粗能力计划的区别和联系

能力需求计划在逻辑上和计算方法上与粗能力计划类似，但两者之间又有区别，主要区别如表6-17所示。

表 6-17　能力需求计划与粗能力计划的区别

对比项	粗能力计划	能力需求计划
计划对象	独立需求	相关需求
主要面向	主生产计划	物料需求计划
主要参照	资源清单	工艺路线
能力对象	关键工作中心	全部工作中心
订单范围	以计划、确认的订单为主	全部订单
库存量计算	不扣除现有库存量	扣除现有库存量
批量计算	需求量	批量规则

能力需求计划是在制订好物料需求计划后进行的，计划对象是相关需求物料；能力需求计划面向全部工作中心进行能力的核算，而不仅仅是关键工作中心。

能力需求计划将物料需求计划生成的生产订单转换成不同时段、不同工作中心上的工时数。有时会出现这样的情况，粗能力计划认为企业的现有生产能力足以完成主生产计划，而能力需求计划经过更细致的分析，得出在某些时段生产能力不足的结论。

能力需求计划与粗能力计划一脉相承，能力需求计划的运算是在粗能力计划的基础上进行的，也是对粗能力计划的深化。

需要注意的是，能力需求计划只能说明能力需求情况，即提供信息，不能直接提供解决方案。企业处理能力与需求的矛盾，还是要靠计划管理人员的分析与判断，通过模拟功能寻找解决办法。能力需求计划有追溯负荷来源的功能，可在计划过程中查明超负荷的现象是由什么订单需求引起的，便于计划管理人员在调整计划时进行分析与参考。

6.4.2 能力需求计划的制订

1. 能力需求计划的制订步骤

能力需求计划主要用图形或表格形式表示各工作中心将要承担负荷的大小，能力需求计划的制订过程主要是收集数据和编制负荷图表。

（1）收集数据

能力需求计划制订的第一步是收集数据。能力需求计划的输入数据包括：已下达的车间订单、物料需求计划的计划订单、工艺路线文件、工作中心文件等。

（2）根据收集的数据，计算工作中心负荷

在不考虑能力的前提下，根据已下达的车间订单、物料需求计划的计划订单及订单的工艺路线计算出每个有关工作中心的负荷；当不同的订单使用同一个工作中心时，将按时段汇总负荷；最后将每个工作中心负荷与工作中心的可用能力进行比较，得出工作中心负荷与能力之间的对比，以及工作中心的利用率。

（3）分析各工作中心的负荷情况

制订的能力需求计划指明了工作中心的负荷情况，如负荷不足、负荷刚好或超负荷。存在的问题是多种多样的，有在主生产计划阶段产生的问题，有在物料需求计划阶段产生的问题，也有工作中心和工艺路线方面产生的问题。具体问题要具体分析研究，确认产生各种具体问题的原因，从而寻求解决问题的方法。

（4）调整各工作中心的能力与负荷

在解决工作中心负荷过小或超负荷的问题时，应视具体情况对能力和负荷进行调整，如提高或降低能力、增加或减少负荷，或者两者同时调整。调整能力的方法有很多，如增加工作时间、增加人员与设备、提高工作效率、改变工艺路线、增加外协处理等方法；调整负荷的方法也有多种，如修改生产计划、调整生产批量、推迟交货期、撤销订单等方法。通过反复的调整，使能力和负荷达到平衡，才能确认能力需求计划。

以上制订能力需求计划的步骤中涉及的计算比较多，主要包括以下计算步骤：

- 计算每个工作中心的负荷：工作中心的负荷=加工数量×单件加工时间+准备时间；
- 计算每个工作中心的额定能力；

- 计算各订单在每个工作中心的加工天数；
- 用倒序排产法确定每道工序的开工日期和完工日期；
- 确定每个加工中心在各时段的负荷；
- 各零件订单的负荷计算完毕后，将其汇总并编制成各加工中心在各时段的负荷总表；
- 进行能力平衡。

物料需求计划用倒序排产法确定订单下达日期。倒序排产法即从订单交货期开始，以时间倒排的方式确定工艺路线上各工序的开工日期和完工日期。具体过程见例 6-4 中的能力需求计划计算示例。

2．能力需求计划的制订方法

能力需求计划有两种制订方法：无限能力计划和有限能力计划。

(1) 无限能力计划(Infinite Capacity Planning)

无限能力计划是指在做物料需求计划时不考虑企业能力的限制，而将工作中心的能力、负荷进行相加，找出超负荷和少负荷的情况，产生能力报告。我们认为负荷工时大于能力工时的情况为超负荷。对超过能力工时的部分进行调整，负荷调整策略包括延长工作时间、使用替代加工级别、转移工作中心负荷、做出购买决策、选择替代工序、进行外协加工等。在采取以上各项措施均无效的情况下，可以延期交货。负荷与能力的平衡工作是反复进行的，直到得到较为满意的计划方案为止。

无限能力计划需要手工调整生产计划和生产能力，大多数生产管理软件都是按照这种方法设计的。

(2) 有限能力计划(Finite Capacity Planning)

有限能力计划按分配选择方式又分为优先级计划和有限顺排计划。

优先级计划按照优先级给工作中心分配负荷，当满负荷时优先级别低的被推迟。这种方法由于按优先级分配负荷，不会产生超负荷，可以不做负荷调整。

有限顺排计划在考虑能力的限制下安排负荷，它假定能力是固定不能调整的，因而计划可完全由计算机自动编排。有限顺排计划通常适用于某种单一的工作中心或较难调整的能力单元。有限顺排计划对头道工序往往是有效的，但对后续工序会增加复杂性，甚至可能影响交货期。不少软件都设置了有限顺排计划的功能。

有限顺排计划与倒排计划可以结合使用。例如，在同客户洽谈交货期时，可以从瓶颈工序开始，考虑能力限制用有限顺排计划求出交货期。安排计划时，对非瓶颈工序，用倒排计划和能力需求计划处理，对瓶颈工序用有限顺排计划，并留有一定的缓冲余地。对超负荷情况，可以先调整工作中心能力，如周末或某几天的第 3 班加班，然后用调整后的可用能力进行计划制订。

总之，有限能力计划认为工作中心能力有限，遇到能力不满足要求时，自动调整生产计划。

3．能力需求计划的计算示例

【例 6-4】

能力需求计划计算示例。某产品 A 的产品结构树如图 6-4 所示，表 6-18、表 6-19 和

表 6-20 分别是产品 A 的主生产计划、物料需求计划和工艺路线文件。其中，H、I、D、G 为外购件。根据以上信息资料制订能力需求计划。

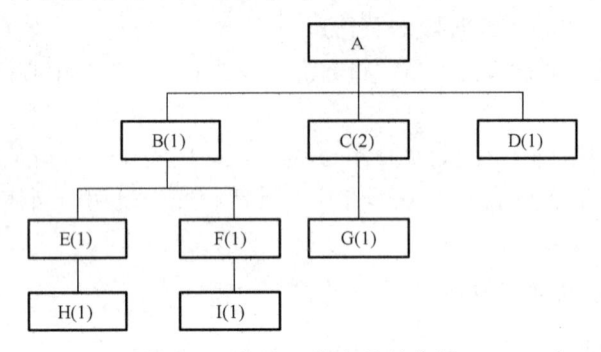

图 6-4 产品 A 的产品结构树

表 6-18 产品 A 的主生产计划

周数	1	2	3	4	5	6	7	8
主生产计划（件）	25	25	20	20	20	20	30	30

表 6-19 产品 A 的物料需求计划

	周数	1	2	3	4	5	6	7	8
	需求	25	25	20	20	20	20	30	30
A 提前期=1周	毛需求量（件）	25	25	20	20	20	20	30	30
	现有库存量 100（件）	75	50	30	10	0	0	0	0
	净需求量（件）					10	20	30	30
	计划产出量（件）					10	20	30	30
	生产计划下达（件）				10	20	30	30	
B 提前期=2周	毛需求量（件）				10	20	30	30	
	现有库存量 100（件）				70	50	20	0	
	净需求量（件）							10	
	计划产出量（件）							10	
	生产计划下达（件）					10			
E 提前期=1周	毛需求量（件）					10			
	现有库存量 100（件）					35			
	净需求量（件）								
	计划产出量（件）								
	生产计划下达（件）								
F 提前期=1周	毛需求量（件）					10			
	现有库存量 100（件）					50			
	净需求量（件）								
	计划产出量（件）								
	生产计划下达（件）								

续表

C 提前期= 2周	毛需求量(件)			20	40	60	60	
	现有库存量 100(件)			10	0	0	0	
	净需求量(件)				30	60	60	
	计划产出量 (件)				30	60	60	
	生产计划下达 (件)		30	60	60			

表 6-20 产品 A 的工艺路线文件

零件编码	工序号	工作中心代码	单件加工时间 (工时)	生产准备时间 (工时)	平均批量(件)	单件准备时间 (工时)	单件总时间 (工时)
A	10	30	0.09	0.40	20	0.0200	0.1100
B	10	25	0.06	0.28	40	0.0070	0.0670
C	10	15	0.14	1.60	80	0.0200	0.1600
	20	20	0.07	1.10	80	0.0138	0.0838
E	10	10	0.11	0.85	100	0.0085	0.1185
	20	15	0.26	0.96	100	0.0096	0.2696
F	10	10	0.11	0.85	80	0.0106	0.1206

本例的数据资料由产品 A 的物料需求计划和工艺路线文件可以得到。为简便起见，本例制订能力需求计划的计算过程仅以零件 C 为例。其详细的计算过程如下。

(1)计算零件 C 在每道工序的每个工作中心上的负荷。

工序 20 的 WC-20：

$$30\times0.07+1.10=3.2(工时)$$
$$60\times0.07+1.10=5.3(工时)$$
$$60\times0.07+1.10=5.3(工时)$$

工序 10 的 WC-15：

$$30\times0.14+1.60=5.8(工时)$$
$$60\times0.14+1.60=10.0(工时)$$
$$60\times0.14+1.60=10.0(工时)$$

(2)计算工作中心的额定能力。工作中心的数据如表 6-21 所示。

表 6-21 工作中心数据(一)

工作中心 代码	名称	每天班次	每周天数	每班工时	每班人数	设备数	效率	利用率
WC-20	铣床	1	5	8	1	1	95%	95%
WC-15	车床	1	5	8	1	1	80%	90%
…								

每天可用工作能力：

$$WC\text{-}20:\ 1\times8\times95\%\times95\%=7.22(工时)$$

$$WC\text{-}15: 1×8×80\%×90\%=5.76(工时)$$

每周可用工作能力：

$$WC\text{-}20: 7.22×5=36.1(工时)$$
$$WC\text{-}15: 5.76×5=28.8(工时)$$

(3) 计算零件 C 在每个工作中心上的工作天数。

这一步需要将负荷工时转换为天数（必要时取整），在车间日历和倒序排产法中一般以"天"为单位表示日期。

计算方法：天数=工作中心负荷/工作中心可用能力

工作中心 WC-20：

$$3.2/7.22=0.44≈1(天)$$
$$5.3/7.22=0.73≈1(天)$$
$$5.3/7.22=0.73≈1(天)$$

工作中心 WC-15：

$$5.8/5.76≈1(天)$$
$$10.0/5.76=1.74≈2(天)$$
$$10.0/5.76=1.74≈2(天)$$

(4) 计算每道工序的开工日期和完工日期。

倒序排产法：将物料需求计划确定的订单完成时间作为起点，然后安排各道工序，找出各工序的开工时间和完工时间，得出各工序的工作中心负荷在各周的时间分布。

排序过程中使用"工序间隔时间"，如图 6-5 所示。两个工作中心的排队时间和运输时间如表 6-22 所示。

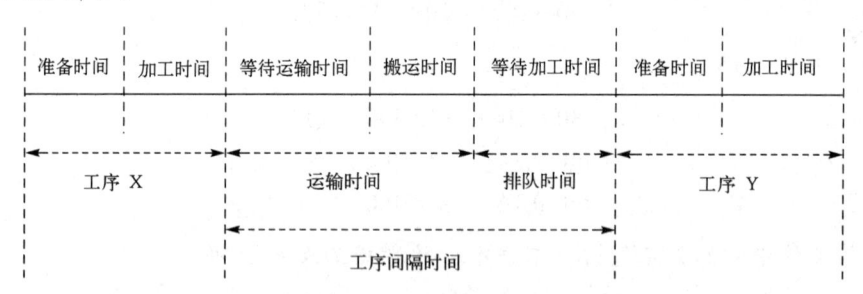

图 6-5 工序间隔时间图示

表 6-22 工作中心数据（二）

工作中心代码	名称	排队时间（天）	运输时间（天）
WC-20	铣床	1	1
WC-15	车床	1	2
…			

由产品 A 的物料需求计划表知道，对零件 C 一共有 3 份生产订单。

第 1 份生产订单 30 件，应该在第 5 周的星期一早上完工或第 4 周的星期五下午最终完成，加工完毕后还需要 1 天的运输时间，因此工序 20 加工完毕的时间应在第 4 周的星期四下午下班前。同样可知第 2 份生产订单和第 3 份生产订单的完成时间。

图 6-6 用倒序排产法确定了这 3 份生产订单的开工日期和完工日期。

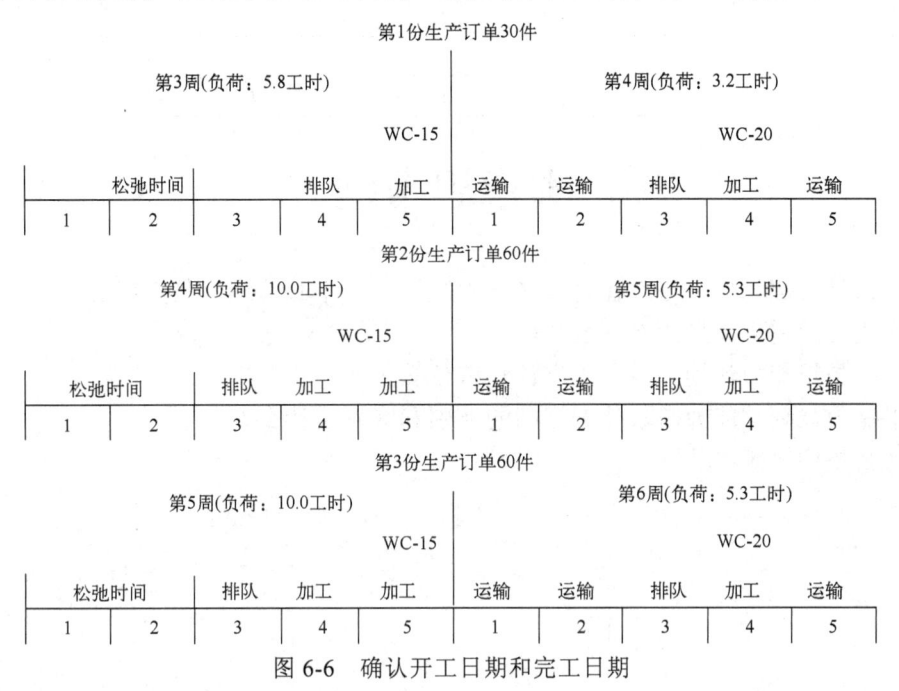

第1份生产订单30件

第3周(负荷：5.8工时)					第4周(负荷：3.2工时)				
				WC-15				WC-20	
松弛时间			排队	加工	运输	运输	排队	加工	运输
1	2	3	4	5	1	2	3	4	5

第2份生产订单60件

第4周(负荷：10.0工时)					第5周(负荷：5.3工时)				
				WC-15				WC-20	
松弛时间			排队	加工	加工	运输	排队	加工	运输
1	2	3	4	5	1	2	3	4	5

第3份生产订单60件

第5周(负荷：10.0工时)					第6周(负荷：5.3工时)				
				WC-15				WC-20	
松弛时间			排队	加工	加工	运输	运输	排队	加工	运输
1	2	3	4	5	1	2	3	4	5

图 6-6　确认开工日期和完工日期

(5) 编制零件 C 的工作中心能力负荷表。

根据上面用倒序排产法排出来的零件 C 在每个工作中心上的工作天数，可以得到两个工作中心的能力负荷表，即零件 C 的能力需求表，如表 6-23 所示。

表 6-23　零件 C 的能力需求表　　　　　　　单位：工时

工作中心代码	1	2	3	4	5	6	7	8
WC-20			0	3.2	5.3	5.3		
WC-15			5.8	10	10	0		

上面是零件 C 的能力需求计划的计算过程。其他的零件和产品的计算方法相同。当将所有产品和零件的能力需求计算出来后，将其对每个工作中心的负荷加总，得到总负荷表，最后进行能力平衡。表 6-24 是一个总负荷表的示例。

表 6-24　总负荷表示例　　　　　　　单位：工时

工作中心代码	加工项目	工序号	时段							
			1	2	3	4	5	6	7	8
WC01	X	10	0	0	0.43	1.63	0.83	1.23	1.63	0
WC01	A	10	0	0	0	0.84	1.64	0	0	0
	D	10	0	0	0	1.24	0	0	0	0
	合计		0	0	0	2.08	1.64	0	0	0
WC01	A	20	0	0	0	0.62	1.22	0	0	0
	B	10	0	0	1.21	0.81	0.61	0	0	0

续表

工作中心代码	加工项目	工序号	时段 1	2	3	4	5	6	7	8
	合计		0	0	1.21	1.43	1.83	0	0	0
WC01	B	20	0	0	3.03	2.03	1.53	0	0	0
WC01	C	10	0	0	0	0	0	0	0	0

本章思考题

1. 什么是关键工作中心？在企业生产中关键工作中心的地位是怎样的？
2. 简述资源需求计划的制订步骤。
3. 什么是粗能力计划？与主生产计划有什么关系？
4. 粗能力计划与能力需求计划之间的区别和联系是什么？
5. 什么是倒序排产法？

第 7 章 车间作业计划

在 ERP 的计划层次中，车间作业计划(PAC)属于计划执行层。主生产计划(MPS)给出了最终产品(或最终项目)的需求，通过物料需求计划(MRP)按物料清单展开得到零部件直到原材料的需求计划，即自制件的计划生产订单和外购件的计划采购订单。然后，通过车间作业计划和采购作业计划来执行生产计划。

7.1 车间作业计划概述

生产需要按计划执行，生产作业管理是生产计划的细化过程。在 ERP 系统中，生产计划的制订经过了多层计划的逐步深入，每层计划在制订过程中都进行过多次的检验和修订，因此生产计划在进入生产的操作阶段时从理论计算上基本是合理可行的。尽管如此，生产计划在执行过程中还会受到多方因素的影响而产生偏差，如物料是否按计划到货、工作中心的状态是否为可用、技术操作人员是否在岗等。这些因素对生产计划的执行有很大的影响。这时就需要调度员及时掌握情况，进行有效的调度，使生产订单在执行过程中能够得到有效的管理与控制。

企业的生产作业管理按照产品的工艺流程划分，有离散式和流程式之分。离散式的生产作业管理常称为车间作业控制(Shop Floor Control，SFC)，而车间作业计划(Production Activity Control，PAC)也称为生产作业控制，是离散式和流程式生产作业管理的结合体。

车间作业计划是零部件生产计划的细化，是一种工序级计划，是从下达到车间的订单中，按照交货期的前后和生产优先级选择合适的订单，并根据订单中的零部件查询其相应的工艺路线，按照工艺路线的额定工时制订的。它具体说明了被加工的零部件是什么、数量是多少、加工的开始时间和完成时间、工序、额定工时、物料需求等。究竟将生产任务下达给哪台设备、哪个工人、何时下达、下达多少，这就是车间作业计划调度系统所要解决的问题。设计车间作业计划调度系统，就是要通过不断提高生产作业水平，为企业生产系统的运行提供一种优化的计划调度，它带来的巨大效益对企业确实具有相当大的诱惑力。

1. 车间作业计划的定义

车间作业计划是指在企业生产目标的指导下，根据主生产计划制订的产品生产计划、物料需求计划和能力需求计划产生的零部件生产计划，对车间生产的有关事务进行运作管理和分析控制。

车间作业计划在物料需求计划所产生的加工制造订单(即自制零部件生产计划)的基础上,根据交货期前后和生产优先级选择原则及车间生产资源(如设备、人员、物料的可用性、加工能力的大小等),将零部件生产计划以订单的形式下达给适当的车间。在车间内部,根据零部件的工艺路线等信息制订车间生产的日计划,组织日常生产。同时,在订单的生产过程中,实时地采集车间生产的动态信息,了解生产进度,发现问题并及时解决,尽量使车间的实际生产接近于计划。图 7-1 为车间作业计划与控制的系统结构,车间作业计划集中在生产活动控制层。

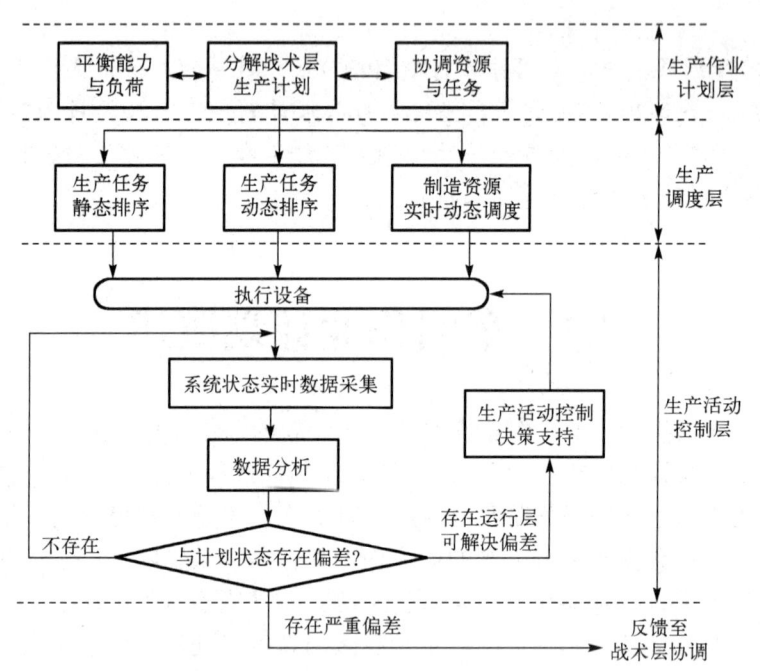

图 7-1　车间作业计划与控制的系统结构

2. 车间作业计划的作用与目标

车间作业计划处于 ERP 计划的底层(执行层),而且车间作业计划的反馈信息显得十分重要,因为 ERP 系统要以此信息为依据对物料需求计划、主生产计划、生产计划大纲乃至企业经营规划做适当调整,以使各层计划更接近于实际。

从功能方面看,车间作业计划相比物料需求计划有更具体的目标,那就是减少工件在制造系统中的"空闲时间"。相关调查表明,在中小批量自动化制造系统中,工件在系统中的"通过时间"主要由 4 个部分组成,即加工准备时间、加工时间、排队时间和运输时间。其中,加工时间只占整个通过时间的 5%左右,即工件在系统中大量无效的"通过时间"是导致在制品库存增加,引起系统效益降低的原因之一。

如果车间的日常生产很正常,完全与计划相符,就无须对生产情况进行监控了,但实际的情况并非都是十全十美的,总会出现这样或那样的问题,如生产拖期、加工报废、设备故障等,因此要对车间作业计划进行经常性的监视、控制和调整。其中,对车间作业计划的监视是通过收集有关车间的数据来实现的;而对车间作业计划的控制则主要表现在解决车间中出现的问题。

车间作业计划的目标就是通过对制造过程中车间层及以下各层次物料流的合理计划、调度与控制，缩短产品的生产周期，减少在制品，降低库存，提高生产资源(特别是主要设备)的利用率，最终达到提高生产率的目的。

7.2 车间作业计划的步骤及其内容

车间作业计划是计划的执行层次，仅执行计划，不能改动计划。具体地说，车间作业计划的步骤与各步骤的内容有以下几项。

1. 核实物料需求计划产生的计划订单

物料需求计划提供的是各种物料的计划需求日期(也可以有开始投入日期)，有的物料可有多条加工路线，由多个车间完成，但这是由生产计划员根据理想状态的物料制订的，并没有真正下达给生产车间。物料需求计划提供的是订单规定的计划下达日期，对于真正将计划下达给车间而言仍然是一个推荐的日期。

所以，虽然物料需求计划产生的计划订单是按物料需求计划的原理编制的，并且通过能力计划做过能力平衡，但在生产控制人员正式批准将这些订单投产之前，必须仔细地核实车间的实际情况，检查物料、能力、提前期和工具的可用性，解决计划与实际之间存在的问题。最后，建立并落实车间任务，做出各物料加工的车间进度计划(加工单)并根据物料短缺报告所说明的物料在任务单上的短缺量，帮助生产控制人员及时掌握有关情况，采取相应的措施，并及时加以解决。

作为生产控制人员，要通过计划订单报告、物料主文件和库存报告、工艺路线文件和工作中心文件，以及工厂日历来完成以下任务：
- 根据工艺路线确定加工工序；
- 确定所需的物料、能力、提前期和工具；
- 确定物料、能力、提前期和工具的可用性；
- 解决物料、能力、提前期和工具的短缺问题。

2. 生成车间任务

该步骤的任务就是要把上述核实过的物料需求计划产生的计划订单下达给车间。一般来说，由于企业的不同车间都可以完成相同的加工任务，而且不同的车间可能会有不同的加工工艺路线，因而必须把物料需求计划产生的计划订单明确下达给某个车间，当然也允许把同一个物料需求计划产生的计划订单分配给不同的车间。

作为车间任务的订单通常以报表形式给出，也称为车间文件，通常包括下达的任务号、物料需求计划号、物料编码、需求量、需求日期、车间代码、计划开工日期、计划完工日期等数据项。表 7-1 是一个车间文件的示例。

表 7-1 车间文件示例

任务号	物料需求计划号	物料编码	需求量	需求日期	车间代码	计划开工日期	计划完工日期
B01	M10	MT001	100	2002/11/03	41	2002/11/01	2002/11/03
B02	M20	MT002	200	2002/11/08	41	2002/11/04	2002/11/08

车间任务生成并经过确认以后，需要对车间任务的物料再次进行落实，也就是对车间任务进行物料分配。完成物料分配后就可以下达车间任务，并确保车间任务的执行。图7-2描述了车间任务的下达流程。

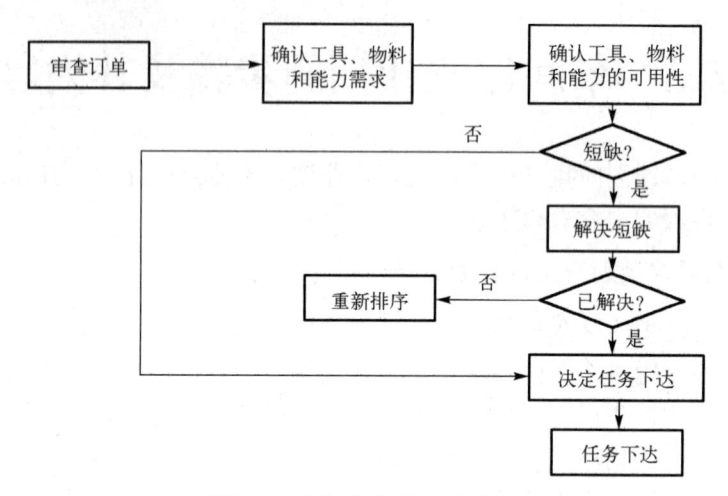

图 7-2　车间任务的下达流程

3. 向车间下达加工单

根据上面步骤生成的车间任务，生成该任务的工序作业计划，也就是生成加工单，并下达给具体的车间。

加工单（Work Order）也称为车间订单（Shop Order），是一种面向加工件说明物料需求计划的文件，包括物料的加工工序、工作中心、工作进度及使用的工装设备等。

加工单的生成流程如图7-3所示。

加工单一般也是以报表的形式下达的，该表中一般包括工序号、工作中心代码/名称、额定工时、本批订单时间、计划进度等，如表7-2所示。

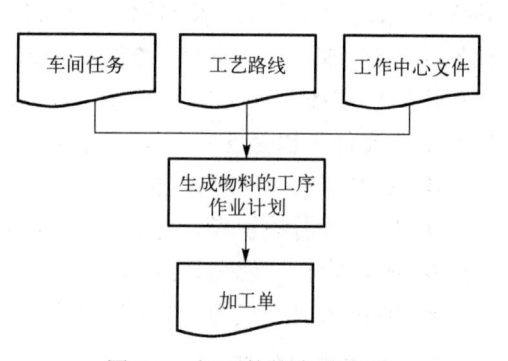

图 7-3　加工单的生成流程

表 7-2　加工单示例

工序号	工作中心代码	额定工时(小时) 准备	额定工时(小时) 加工	本批订单时间	计划进度 最早开工日期	计划进度 最早完工日期	计划进度 最晚开工日期	计划进度 最晚完工日期
1	WC01	0.2	0.1	10.2	2002/11/01	2002/11/03	2002/11/03	2002/11/05
2	WC02	0.3	0.2	20.3	2002/11/03	2002/11/06	2002/11/05	2002/11/08

4. 生产调度

当生产车间里多项物料在同一时区分配在同一个工作中心上进行加工时，需要对物料的加工顺序进行排序，对生产进度情况进行监视、控制与调整。这就是生产调度，即对工作中心的作业(生产任务)进行排序(简称作业排序，详见7.3节)。

生产调度(或作业排序)的目的表现在以下4个方面。
- 将生产任务按优先级编排。优先级高的生产任务先安排。
- 提高设备和人力的利用率。合理的生产调度使设备和人力利用率得到提高。
- 保证任务如期完成以满足交货期。按时按量完成生产任务是基本要求。
- 完成任务时间最短、成本最低。合理的生产调度将减少时间和资源的浪费。

本书在7.3节中将介绍几种常用的作业排序方法，如优先规则法、约翰逊法等。对于上述的生产调度问题，在理论上是很难找到最优解决方案的。实际生产过程中的各种任务的组合编排是比较复杂的，在现实的技术水平条件下，企业可以根据具体的生产情况来设置本企业的排序方案，制定某些适用的规则，尽量使车间的日常生产过程通过生产调度达到既定的目标。

企业常用的生产调度措施有：平行顺序作业，加工单分批，压缩排队、等待和传送时间，替代工序或改变工艺，或者采取其他措施，如加班加点、调配人力等。无论采用哪种生产调度措施，最终都要围绕上面的4个目的来进行生产管理。

平行顺序作业是指当订单在上一个工作中心完成了一定数量时，不等全部加工完就部分地送到下一个工作中心进行加工。平行顺序作业可以缩短加工周期，但是由于增加了传送次数，因此传送时间也增加了，搬运费用也相应增加；也就是说成本会增加。另外，考虑传送的批次时要注意上、下工序加工时间的比值，如果上一道工序加工时间很长，或者各道工序加工时间呈无规律的长短时间，有些工作中心就会出现窝工等待的情况。因此，有些工序会在全部加工完成后再传送给下道工序，形成平行顺序作业和依次顺序作业交替使用的现象。

加工单分批是指把原来一张加工单的数量分成几批，由几张加工单来完成，以缩短加工周期。每批的数量可以不相同。采用加工单分批或分割的措施只有在几组工作中心能完成同样的工作时才有可能实施。每组工作中心都需要有准备时间，准备时间增加了，成本也会增加。有时候上一道工序由一组工作中心完成，下一道工序由两组不同的工作中心完成，然后又由一组工作中心来完成第三道工序，这种分合交替的作业经常会发生。

5. 下达派工单

加工单生成后，根据各工作中心当前的生产任务与排队任务等生产情况，进行各个工序的生产任务安排，即下达派工单。派工单(Dispatch List)也称调度单，是一种面向工作中心说明加工优先级的文件，包括某时段内该工作中心的生产任务、物料的加工工序、工作进度及使用的工装设备等。若同一工作中心在同一时段接受了多份生产订单，则派工单还需要包括各任务的优先顺序(作业排序详见7.2节)。

派工单一般也是以报表的形式下达的。表7-3为派工单示例，其中包括工作中心代码、生产订单号、物料编码、加工数量、开工日期、完工日期、优先级别顺序等。

表7-3 派工单示例

工作中心代码：WC001　　工作中心名称：车床　　车间名称：冷加工　　派工日期：2003/06/27

生产订单号	物料编码	加工数量	开工日期	完工日期	优先级别顺序
MO001	XT2334	10	2003/07/01	2003/07/15	1
MO004	CT0002	20	2003/07/08	2003/07/15	2
...					

6. 分析报表

在派工单下达后，车间开始开展生产任务。分析报表的主要对象是物料和能力可用量报表、加工单状态报表、工序状态报表等。这些报表主要包括车间的日常生产情况的反馈信息，用于对车间生产进行监控。如果车间的日常生产很正常，完全与计划相符，那么就无须对生产情况进行监控了。但实际的情况并非都是十全十美的，总会出现或发生这样或那样的问题，如生产拖期、加工报废、设备故障等。因此，要对车间的生产过程进行经常性的监视、控制和调整。

通常情况下，用于监视和控制生产过程的主要信息有：
- 投入/产出报告；
- 拖期订单报告；
- 物料短缺报告；
- 设备状态报告；
- 车间人员反馈的信息。

7. 投入/产出控制

投入/产出控制（Input/Output Control）是衡量能力执行情况的方法，主要是指对生产能力的投入、产出进行控制，并调度与控制投入、产出的工作量，平衡与充分发挥各工序的能力，同时控制投入、产出的物品流动和在制品库存量，保持物流的平衡和有序（如图7-4所示）。

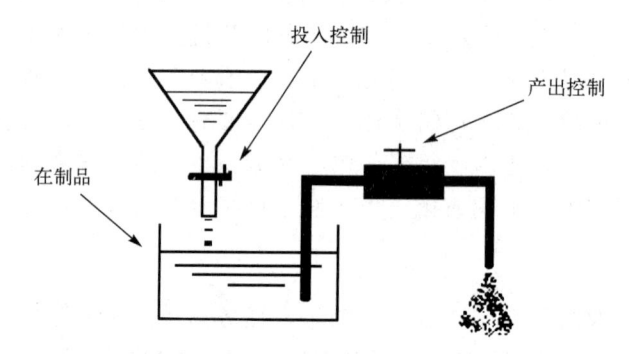

图7-4 投入/产出的物流控制模型

投入/产出报告也称"输入/输出报告"。投入/产出报告需要用到的数据包括计划投入量、实际投入量、计划产出量、实际产出量、计划排队时间、实际排队时间和偏差等。投入/产出控制是一种需要逐日分析的控制方法。

在生产中，投入/产出报告的分析需要对计划投入量与实际投入量、实际投入量和实际产出量及计划产出量与实际产出量做出比较，分析计划和生产中出现的问题。表7-4中列出了各种情况所反映的问题。

表7-4 投入/产出分析

对比结果	说明什么
计划投入量>实际投入量	生产任务推迟到达
计划投入量=实际投入量	生产任务按计划到达

续表

对比结果	说明什么
计划投入量<实际投入量	生产任务提前到达
实际投入量>实际产出量	未完成任务或等待加工队列增加
实际投入量=实际产出量	任务量维持不变
实际投入量<实际产出量	未完成任务或等待加工队列减少
计划产出量>实际产出量	工作中心落后计划
计划产出量=实际产出量	工作中心按计划
计划产出量<实际产出量	工作中心超前计划

(1) 计划投入量与实际投入量：将计划投入量与实际投入量进行比较的目的在于监视生产任务进入某工作中心的情况。

当某工作中心的计划投入量大于实际投入量时，通常表明生产任务推迟到达该中心，应检查前一道工序的工作中心来确定拖期原因；当计划投入量与实际投入量相等时，生产任务按计划到达工作中心；若计划投入量小于实际投入量，则说明生产任务提前到达，也应检查前一道工序工作中心的生产定额，因为很可能在原制订的计划中低估了工作中心的能力。

(2) 实际投入量与实际产出量：这项比较告诉生产控制人员，报告上每个工作中心是否都完成了进入该中心的所有生产任务，指出了工作中心的实际未完成任务及等待加工队列情况。

当实际投入量大于实际产出量时，说明工作中心未完成任务较多，应该考虑减少投入或加快产出；若两者相等，表明已有任务已完成，另一种情况是有未完成任务，而该任务量保持不变；若实际投入量小于实际产出量，则表明未完成任务或加工等待队列减少。

(3) 计划产出量与实际产出量：比较工作中心执行计划的好坏。

若某工作中心的计划产出量大于实际产出量，则表明工作中心的生产进度落后，这往往会导致后序工作中心的计划投入量大于实际投入量。通过对两个比较的分析，可以确定问题出现在哪个工作中心。

如果计划产出量等于实际产出量，则表明工作中心按计划进度生产。此时应注意的问题是生产率。当计划产出量小于实际产出量时，表明工作中心超前计划，这可能意味着该工作中心正在追补前期拖欠任务，或者意味着生产定额过低，应重新审查。这种情况很可能导致后续工作中心产生积压的工作任务，因为从这个工作中心来的工件比预期快。

(4) 投入/产出报表还可以用来分析物料流动和排队状况。

排队时间相当于已下达订单但尚未完成的"拖欠量"，但并不意味着一定是拖期。排队时间的变化可用下式表示：

$$时段末的排队时间 = 时段初的排队时间 - 产出量 + 投入量$$

如果要减少排队时间，就必须使产出量大于投入量。永远不要投入超过工作中心可用能力的工作量。当拖欠量增大时，不加分析地用延长提前期(放宽额定工时)的办法，过早地下达过多的订单，这样只会增加排队时间，积压更多的在制品，人为地破坏了优先级，从而造成了更多的拖欠量，形成恶性循环。由于能力问题造成的拖欠量只能从能力入手来解决。

7.3 作业排序

在制订成批车间作业计划与单件小批车间作业计划的过程中,由于生产多品种产品对生产设备的需求会发生冲突,因此需要解决各个生产层次中生产任务的加工顺序问题,这里既包括哪个生产任务先投产、哪个生产任务后投入,又包括在同一设备上不同工件的加工顺序。本节将讲述车间作业计划中的作业排序,并介绍几种常用的排序规则及计算方法。

7.3.1 作业排序概述

1. 作业排序的概念

作业排序是指为某设备或加工中心决定哪个作业(任务)首先开始进行的过程。在许多情况下,可能会有几项不同的作业,如几种不同的工件,要在一台或一组设备上加工,每种工件都有各自的加工时间和交货期。由于这些工件不能同时在一台设备上加工,因此只能按照一定的顺序依次加工,作业排序就是寻求合适的方法来解决这些工件的加工顺序问题。在确定各个工件在设备上加工的先后顺序之后,再给定一个加工开始时间和结束时间,就构成了一个完整的作业计划。

作业计划与作业排序是两个不同的概念。作业排序是确定工件在设备上的加工顺序,而作业计划不仅包括确定工件的加工顺序,还包括确定设备执行每个工件的开始时间和结束时间。当确定初步的任务(作业)执行顺序后,通常是按照最早开始(结束)时间来制订作业计划的,所以人们经常将这两个概念不加区别地使用。给出一个加工顺序并不十分困难,问题的难点在于不同作业排序的结果差别会很大。因此,排序的目标是在尽可能满足各种约束条件的情况下,给出一个令人满意的排序方案。

2. 作业排序的目标

作业排序主要是为了达到以下目标:
- 满足客户的交货期;
- 最小化作业提前期;
- 最小化响应时间;
- 最小化作业完成时间;
- 设备或劳动力利用率的最大化;
- 最小化在制品库存;
- 最小化准备时间和成本。

3. 作业排序优劣绩效考评指标

作业排序优劣绩效考评指标主要包括以下内容。
- 作业流程时间。作业流程时间是指作业从到达工作地开始到加工完毕运离工作地的时间长度。它包括实际加工时间、等候加工时间、中间各操作之间的搬运时间,以及设备故障和质量问题造成的中断时间。平均作业流程时间等于全部完工时间除以作业数。

- 作业延期时间。作业延期时间是指实际完成时间与预定完工时间之差。该指标评价的是作业计划满足客户交货期的能力。
- 平均作业数。它反映了在制品库存的大小。其计算式为：平均作业数=全部完工时间/时间跨度。时间跨度是指第一个作业开始到最后一个作业完成所经历的时间段。

4. 作业排序的分类

作业排序有多种不同的分类方法。下面是常用的两种分类法。

(1) 按工件到达车间的情况不同，作业排序可以分成静态排序和动态排序。当进行排序时，所有的工件都已经到达，可以一次性对它们进行排序，这种方法称为静态排序。若工件陆续到达，要随时间安排它们的加工顺序，这就是动态排序。动态排序又可以按照工件到达时间是确定性的和随机性的，分为确定性动态排序和随机性动态排序。

(2) 按设备的种类和数量不同，作业排序可以分为单台设备排序和多台设备排序。多台设备排序，按工件加工路线的特征，可以分成单件车间排序和流水车间排序。单件车间排序的基本特征是工件的加工路线不同，而完全相同的工件加工路线则是流水车间排序的基本特征。

7.3.2 作业排序规则

作业排序是管理科学中的一个重要的理论研究领域，许多研究工作者都提出了优化作业排序的算法。由于作业排序问题的复杂性，它们大多属于NP-难题，至今还没有研究出有效的解析求解方法，因此大多数排序算法采用优先调度规则(优先安排哪一个任务)解决生产任务与设备需求发生的冲突。本书主要介绍优先规则法和约翰逊法，其中后者为选修内容。

1. 优先规则法

对作业的排序问题，企业常采用"优先级"来确定待加工工件的先后顺序。优先级是工序之间的相对的优先顺序，数字越小说明加工工序的级别越高，应该安排先加工。下面介绍几种常见的排序规则及相应的"优先级"确定方法。

(1) 先到先服务规则(First Come, First Served, FCFS)

先到先服务规则指按订单到达的先后顺序来进行加工，先到达的订单先加工。优先级计算方法为：

$$\text{优先级(FCFS)} = (\text{订单到达日期} - \text{固定日期})/365$$

其中，固定日期是系统设置的固定日期，如可以设置成当年的1月1日。

(2) 后到先服务规则(Last Come First Served, LCFS)

后到先服务规则与"先到先服务"规则相反，按后到达的订单先加工的顺序进行车间作业。

(3) 最短作业时间规则(Shortest Operating Time, SOT)

最短作业时间规则即将所有作业的加工时间由短到长进行排序以确定优先级，所需加工时间最短的作业优先级最高，最先开始加工，然后是加工时间第二最短的，以此类推。该规则也常常称为最短加工时间规则(Shortest Processing Time, SPT)。

(4) 最长作业时间规则(Longest Processing Time, LPT)

最长作业时间规则与"最短作业时间"规则相反，即对所有作业的加工时间由长到短进行排序来确定优先级，所需加工时间最长的作业优先级最高，最先开始加工，然后是加工时间第二最长的，以此类推。

(5) 最早交货期规则(Earliest Due Date，EDD)

最早交货期规则即将加工作业按交货期的时间从早到晚进行排序，优先安排完工期限最紧的任务。优先级按下面的公式确定：

$$优先级(EDD)=交货期-当前时间$$

(6) 最短剩余松弛时间规则(Slack Time Remaining，STR)

剩余松弛时间是指从当前时间起距离交货期所剩余的时间减去剩余的作业时间所得的差值。在STR规则下，最短的剩余松弛时间的作业优先级最高，最先开始加工。优先级按下面的公式确定：

$$优先级(STR)=(交货期-当前时间)-剩余作业时间$$

(7) 最小临界比规则(Smallest Critical Ratio，SCR)

最小临界比规则和STR规则类似，但采用比率形式，以利于作业计划绩效评估。临界比最小的作业最先进行加工。其优先级计算公式为：

$$优先级(SCR)=交货期剩余时间/剩余作业时间=(交货期-当前时间)/剩余作业时间$$

2. 约翰逊法

约翰逊法(Johnson's Algorithm)一般指约翰逊规则，适用于 n 个工件经过有限工序(设备)上加工的次序相同的排序问题。该排序方法的目标是实现两台设备排序的最大完成时间最短。假设有两台设备，分别为设备1和设备2，基本步骤如下。

(1) 列出所有工件在两台设备上的加工时间的工序矩阵。

(2) 找出工序矩阵中加工时间最短的工序。如果该最小值是在设备1上，就将对应的工件先安排加工；如果该最小值是在设备2上，就将对应的工件放在最后安排；若加工时间最短的工序有多个，则可以任选其中一个。

(3) 将已经排序的工件从工序矩阵中划去。

重复步骤(2)和(3)，直到所有工件都排序完毕。

3. 作业排序规则举例

【例7-1】

优先规则法排序举例。今天是9月1日，早上，某工作中心接到5个作业订单：A、B、C、D、E。作业名称、加工时间、交货期如表7-5所示。试用适当的顺序(优先规则)决定作业顺序。

表7-5 作业排序原始数据

作业名称	加工时间/天	交货期
A	5	9月10日
B	10	9月15日
C	2	9月5日

续表

作业名称	加工时间/天	交货期
D	8	9月12日
E	6	9月8日

本例解题过程如下：

假定第一个作业开始时间为0(9月1日开始)，下一个作业开始时间是上个作业的完成时间。下面依次用以下规则进行排序。排序方案的绩效评价指标(标准)选取了3个——平均作业流程时间、平均作业延期时间和平均作业数。

(1) 按先到先服务规则(FCFS)

按照FCFS规则，将这5个订单排序，结果如表7-6所示。

表7-6 按FCFS规则的排序结果　　　　　　　　　单位：天

加工顺序	开始时间	加工时间	完成时间	交货期	延期
A	0	5	5	10	0
B	5	10	15	15	0
C	15	2	17	5	12
D	17	8	25	12	13
E	25	6	31	8	23
总和		31	93		48

下面计算绩效评价指标。

① 5个生产作业的总作业流程时间是所有作业在工作中心停留时间之和，共93天。因此，平均作业流程时间=93/5=18.6(天)。

② 平均作业延期时间=48/5=9.6(天)。

③ 时间跨度为31天，平均作业数=93/31=3(件)。

(2) 按最早交货期规则(EDD)

按照EDD规则，将这5个订单排序，结果如表7-7所示。

表7-7 按EDD规则的排序结果　　　　　　　　　单位：天

加工顺序	开始时间	加工时间	完成时间	交货期	延期
C	0	2	2	5	0
E	2	6	8	8	0
A	8	5	13	10	3
D	13	8	21	12	9
B	21	10	31	15	16
总和		31	75		28

下面计算绩效评价指标。

① 平均作业流程时间=75/5=15(天)。

② 平均作业延期时间=28/5=5.6(天)。

③ 平均作业数=75/31=2.4(件)。

(3) 按最短剩余松弛时间规则(STR)

首先计算各个作业的松弛时间为：$STR_A=(10-1)-5=4$(天)；$STR_B=(15-1)-10=4$(天)；$STR_C=(5-1)-2=2$(天)；$STR_D=(12-1)-8=3$(天)；$STR_E=(8-1)-6=1$(天)。按照计算结果进行排序，得到的结果如表7-8所示。

表7-8 按STR规则的排序结果　　　　　　　　　　单位：天

加工顺序	开始时间	加工时间	完成时间	交货期	延期
E	0	6	6	8	0
C	6	2	8	5	3
D	8	8	16	12	4
A	16	5	21	10	11
B	21	10	31	15	16
总和		31	82		34

下面计算绩效评价指标。

①平均作业流程时间=82/5=16.4(天)。
②平均作业延期时间=34/5=6.8(天)。
③平均作业数=82/31=2.6(件)。

(4) 按最小临界比规则(SCR)

首先计算各个作业的临界比为：$SCR_A=(10-1)/5=1.8$(天)；$SCR_B=(15-1)/10=1.4$(天)；$SCR_C=(5-1)/2=2$(天)；$SCR_D=(12-1)/8=1.375$(天)；$SCR_E=(8-1)/6=1.167$(天)。按照计算结果进行排序，得到的结果如表7-9所示。

表7-9 按SCR规则的排序结果　　　　　　　　　　单位：天

加工顺序	开始时间	加工时间	完成时间	交货期	延期
E	0	6	6	8	0
D	6	8	14	12	2
B	14	10	24	15	9
A	24	5	29	10	19
C	29	2	31	5	26
总和		31	104		56

下面计算绩效评价指标。

①平均作业流程时间=104/5=20.8(天)。
②平均作业延期时间=56/5=11.2(天)。
③平均作业数=104/31=3.4(件)。

(5) 按最短作业时间规则(SOT)

按照SOT规则，将这5个订单排序，结果如表7-10所示。

表7-10 按SOT规则的排序结果　　　　　　　　　　单位：天

加工顺序	开始时间	加工时间	完成时间	交货期	延期
C	0	2	2	5	0

续表

加工顺序	开始时间	加工时间	完成时间	交货期	延期
A	2	5	7	10	0
E	7	6	13	8	5
D	13	8	21	12	9
B	21	10	31	15	16
总和		31	74		30

下面计算绩效评价指标。

①平均作业流程时间=74/5=14.8(天)。
②平均作业延期时间=30/5=6(天)。
③平均作业数=74/31=2.4(件)。

以上是按各种作业排序规则计算的 3 个排序绩效评价指标结果，将这些数据放在一起进行对比，结果如表 7-11 所示。

表 7-11 5 个排序规则的结果对比

规则	平均作业流程时间(天)	平均作业延期时间(天)	平均作业数(件)
FCFS	18.6	9.6	3
EDD	15	5.6	2.4
STR	16.4	6.8	2.6
SCR	20.8	11.2	20.8
SOT	14.8	6	2.4

从上表可以看出，对于 3 个绩效评价指标，采用 EDD 规则和 SOT 规则进行排序的结果相差不大，应用这两个规则安排工作能够达到比较好的效果。而在采用 FCFS 和 SCR 这两个排序规则时，各个指标都比较差。

通常情况下，对于单工序问题，通常 SOT 规则能够使平均作业流程时间和平均作业数最小化，而 EDD 规则的平均作业延期时间最短。在实际操作中，在确定选用哪个规则前，先要确定哪个指标比较重要，给指标赋予权重，计算每个规则结果的得分，最后选定得分较高的规则。

【例 7-2】

约翰逊法排序举例。工件的工序矩阵如表 7-12 所示，按照工件的加工顺序，计算得到按约翰逊法的排序结果：4→1→2→3→5，排序后的新工序矩阵如表 7-13 所示。

表 7-12 工序矩阵

工件号	1	2	3	4	5
第一工序 M1	8	9	5	2	6
第二工序 M2	6	5	4	8	3

表 7-13　按约翰逊法排序后的工序矩阵

工件号	4	1	2	3	5
第一工序 M1	2	8	9	5	6
第二工序 M2	8	6	5	4	3

7.3.3　作业排序方案评价

按不同的生产规则进行作业排序会得到不同的结果，企业在具体选择哪一种排序规则之前，需要确定选择、评选的标准。常用的作业排序方案的评价指标如下。

(1) 作业延期时间。作业延期时间可以用实际完成所有订单的总时间比预定完工时间延迟了的时间长短来表示，也可以用平均作业延期时间(总作业延期时间/订单数)来表示，还可以用未来预定时间完工的工件数占总件数的百分比来表示。作业延期时间越短，越接近预定完工时间，排序方案越好。

(2) 在制品库存量。在生产过程中，工件是从一个工作地移向另一个工作地的。有时由于一些原因被拖延，工件放置于加工线上或零件库内，都可认为是在制品库存。在制品库存的度量标准可以是在制品货币价值，也可以是在制品的数量。在制品库存量越少，库存成本就越低，排序方案越好。

(3) 工件流程时间。工件流程时间即从工件可以开始加工(不一定是实际的开始时间)至完工的时间。它包括在各个设备之间的等待时间、移动时间、加工时间，以及由于设备故障、零部件没有到位等问题引起的延迟时间等。它也可以用平均工件流程时间来表示，即总工件流程时间/订单数。很容易理解，工件流程时间越短，设备等资源利用效率越高，排序方案越好。

(4) 全部完工时间。全部完工时间即完成一组工件所需的全部时间。它是从第一个工件在第一台设备开始加工时算起，到最后一个工件在最后一台设备上完成加工时为止所经过的全部时间。此指标还可以用平均作业数来表示，即全部完工时间/时间跨度。其中，时间跨度为下达订单的主生产计划的跨度，一般以月份为单位，按天数计算。全部完工时间越短，排序方案越好。

具体选择怎样的评价指标，企业可以结合自身情形制定合适的指标体系。总之，进行作业排序可以针对具体设备分配生产任务和人员，不断监督任务的完成情况，将生产任务进行最有效的排序，使其如期完成。

7.4　车间作业控制

企业的生产环境是多变的，生产过程的影响因素较多，出现问题的可能性也很大。如果车间的生产很正常，不出现问题完全符合计划，就不用监控生产情况。但是实际的生产情况并不是十全十美的，总会发生各种各样的问题，如生产时间拖后、加工件报废、设备出现故障等，因此需要对生产过程进行调控。车间作业计划的执行过程需要进行有效的控制，主要是解决车间中出现的问题，保证计划的实现。

1. 车间作业控制的概念

车间作业控制(Shop Floor Control, SFC)，是指在生产计划的执行过程中对有关产品的生产数量、质量和进度进行控制。作业计划在车间执行的过程中，由于受到各种因素的影响，计划和实际之间必然存在差异。为了能够保证按质、按量、按期完工，必须对生产作业进行有效的控制。

生产的过程中出现问题是不可避免的，但重要的是应该预见问题并迅速应变和正确地解决问题。只有快速而正确地做出反应并解决问题，才能减少停机时间，维护车间作业计划，减少返工并节省资金。

2．车间作业控制的工作内容

实施车间作业控制，需要进行以下3个方面的工作。
- 控制标准。在制订好的计划中规定的产品的品种、数量、质量、交货期都是进行车间作业控制的基本标准。车间作业控制的最根本的目的就是有效地完成作业计划，达到这些作业计划的标准。
- 控制信息。控制信息是指生产过程中需要采集的数据，根据这些数据进行分析，可以得出目前生产过程的进行状况。如果分析结果认为出现了问题，就要及时采取措施进行纠正。但采集的控制信息必须有效，且利于分析，也就是说要设置好控制点。
- 控制措施。控制措施即针对生产过程中的偏差，根据收集到的信息资料，分析其产生的原因，并采取有效的措施加以解决。

3．车间作业控制措施

当采取各种控制措施，以解决车间作业计划中的各种问题时，应考虑如下因素。
- 采取某个措施可能会产生什么样的后果？
- 今天的问题解决了明天是否会产生更大的问题？
- 对某个订单采取的措施会不会影响其他的订单？
- 采取措施的目标是否为尽可能使生产接近计划？

车间作业控制采取的措施都是要围绕以上问题来展开的。

一般地，车间产生的问题多数是由于缺少工具、物资、加工能力而没有按计划完成任务，这些问题包括物料短缺、废次品物料、机床停机、出勤问题、人为失误等。只有快速反应并采取措施，才能避免产生大量的拖期任务，出现过大的投入/产出偏差。

(1) 物料短缺

尽管在订单下达过程中已做出巨大努力保证物料的可用性，但由于在生产中出现如物料数量订错、发至工作中心的数量出错、物料清单出错等问题，物料短缺的情况仍时有发生。一旦发生物料短缺，应对发生原因做出如下分析。
- 物料清单中的物料需求量是否正确？
- 适当的数量发到工作中心了吗？
- 利用率/报废率是否超出定额值？
- 报废定额是否正确？应提高否？
- 是人为失误或机床停机造成的吗？

同时，还要将情况汇报给有关人员，防止问题再次发生。但首要任务则是使工作中心启动并运转起来。此时，类似于订单下达计划中的措施，可以采取使用同等或高档的替代品、调整批量、完成部分产品或停机重新安排生产等办法。对于人为失误、物料报废、机床停机等原因，也应及时进行调整修补。

(2) 废次品物料

废次品物料是指发送到工作中心或由工作中心生产加工的一些有缺陷的物料。如果这些物料过多，有可能阻滞生产加工。当发生此类问题时应考虑以下问题。

- 送到工作中心的物料是否有缺陷？若没有，则在哪里首次发现这些有缺陷的物料？
- 是否长期以来存在设备方面的问题？
- 该设备从上次加工出标准产品后，有何不同？发生了何种变化？
- 操作员是否进行了相应的培训？

应迅速地判断出产生废次品物料的原因，在首次发现问题的地方着手调查，系统地检查所有的运行环节(包括供应商)，对问题进行确定并纠正。从长远考虑，可在所有的生产环节引入质量管理，制订设备预修计划并对相关人员进行培训。

短期内，应尽快地解决问题以便继续生产。此时，可以采取以下措施：

- 对废次品物料进行返工；
- 要求维修部门或设计部门采取措施；
- 产品降级；
- 将其视为物料短缺问题。

如果选择返工，那么受影响的工作中心(假设废次品物料的出现不是在该中心)，在完成返工任务后，继续加工下一优先级别高的工件。若高档产品出现缺陷，则可将其进行降级生产。另外，也可视其为物料短缺，此时可用解决物料短缺的办法。

(3) 机床停机

机床停机是指因机床出现故障无法工作时的任何停机情况。当分析停机原因时，应考虑机床和机床操作人员两方面因素，具体如下。

- 有缺陷的物料是产生机床故障的原因吗？
- 是否进行日常的维护性保养？
- 是按规程操作与运行机床吗？
- 自从上次机床正常运行以来有何变化？

为解决机床停机可以制订预防性维修计划，制定正确物料质量控制方法并对人员进行必要培训。而当发生停机时，可采取的措施包括以下几种：

- 请维修或工程部门来修理；
- 将生产任务转到备用机床上；
- 将生产任务委托外部加工；
- 停机，重新排计划，等待修复；
- 安排加班或增加开工次数。

在此期间，应根据不同的情况，采取相应的解决措施，同时也要考虑采取措施后可能产生的其他问题。

(4) 出勤问题

出勤问题对生产能力的影响也是十分重要的。它影响着生产计划，特别是劳动密集型的工序。如果缺勤或迟到的职工，掌握着他人未掌握的关键技巧，那么问题会更严重。

处理缺勤的方式方法取决于企业的人事政策。解决这类问题的理想方法是对职工进行交叉培训以便能承担多个工种的任务。这样，当出现岗位缺勤时可以迅速地重新指定人员到所需的工作中心。但是，这样做需要时间和费用，它是一种预防措施。而在生产过程中，尽管已经通过能力需求计划对能力需求进行了估计，仍可能因缺勤问题而影响生产，对此可采取的措施有以下几点：

- 重新指定经过交叉培训的人员；
- 指定一组候补人员或临时人员；
- 雇用临时工；
- 安排加班；
- 委托外协加工。

(5) 人为失误

人为失误是许多生产问题产生的原因。当确认是人为失误时应检查以下方面：

- 造成失误的人员是否接受了该项工作的培训？
- 该人员过去是否已证明是可以胜任这项工作的？
- 是否有合适的工具和设备来做这项工作？
- 该人员发生的失误是否具有偶然性？

针对上述问题，可以采取一些预防性的措施，包括开展专门、深入的培训，进行监控以保证车间按正确规程生产，进行岗位指导或提供参考资料，对作业进行重新设计等。

尽管培训常被看成开销很大的事而不是一种正常需要，但为了适当地培训职工而付出的费用可以从减少差错和降低生产成本上得到补偿。不过，要使这种培训取得最大收效，还应保证工作环境有助于实施培训中规定的正确规程。因此，所进行的培训应当反映实际的和正确的规程。另外，对于如何处理很少发生的一些情况，提供有关的指示或参考资料是必要的，这些资料可以是一些卡片或图表。最后，当某一工作点反复出现差错时，应考虑重新设计作业，以便从根本上得到改变。

本章思考题

1. 什么是车间作业计划？车间作业计划在 ERP 的计划体系中处于哪一层？
2. 简述车间作业计划的制订步骤。
3. 什么是作业排序？请列举常用的排序规则并做简要说明。
4. 作业排序的效果如何评价？
5. 车间作业控制的主要情形有哪些？每种情形有哪些控制措施？
6. 作业排序练习：n 个作业单台工作中心排序问题。在一周的开始，有 5 位客户提交了订单。原始数据如表 7-14 所示。

表 7-14　订单数据

订单(按到达的顺序)	加工时间(天)	交货期(天)
A	3	5
B	4	6
C	2	7
D	6	9
E	1	2

请按照不同排序规则(FCFS、SPT、EDD、STR、SCR)进行作业排序，并选择最优方案。

第8章 采购管理

在ERP系统的计划层次体系中，采购管理和车间作业计划一样，处于计划的执行层。运行物料需求计划的结果，一方面是生成"计划的加工单"，另一方面是生成"建议的采购单"。采购管理是ERP系统的基本模块，主要实现对从物料需求计划产生采购订单开始到收货的全过程进行管理。本章将介绍采购管理的业务流程和功能实现。

8.1 采购管理概述

8.1.1 采购与采购管理的概念

制造业的一个共同特点就是必须首先购进原材料才能进行加工生产，必须购进配套件、标准件才能进行装配。生产订单的可行性在很大程度上要靠采购作业来保证，企业生产能力的发挥也在一定程度上受到采购作业的制约。为保证按期交货，满足客户需求，第一个保证环节就是采购作业。采购提前期在产品的累计提前期中通常占很大比例，不可轻视。

1. 采购

采购一般包括以下两层含义。
- 采购的基本作用就是将资源从资源市场的供应者手中转移到用户手中。在这个过程中，一是要实现资源的所有权从供应者手中转移到用户手中，二是实现将资源的物质实体从供应者手中转移到用户手中。前者是一个商流过程，后者是一个物流过程，只有这两个方面都实现了，采购过程才算完成。因此，采购既是一个商流过程，也是一个物流过程，采购过程就是商流过程与物流过程的统一。
- 同时采购也是一种经济活动。所谓经济活动就是遵循经济规律、追求经济效益的活动。采购一方面获得了资源，保证了企业的正常生产顺利进行，这是采购经济效益；另一方面在采购过程中也会发生各种费用，这就是采购成本。要追求采购经济效益的最大化，就是要不断降低采购成本，以最小的成本获取最大的效益。要做到这一点，关键就是努力追求科学采购。

采购作业包括企业生产产品所需的原材料的采购、机械设备的采购和企业管理所需物品的采购，其中原材料采购是最主要的业务，也是制造业企业内部物流的启动性业务，没有原材料的采购，就没有企业的生产与销售，也就没有企业内部供应链流程。

采购作为企业全部经营活动的起点，这一环节对企业整体活动效率的提高非常重要，在一定意义上是企业的成本之源、质量之源和效率之源，将来也必将成为一个企业的创新之源。

2．采购管理

采购管理对采购作业(从采购订单产生到收到货物)的全过程进行组织、实施和控制，是企业为了实现生产、科研或销售计划，在确保适当品质的条件下，从适当的供应商，在适当的时间，以适当的价格，购入必需数量的物品或劳务所采取的一切管理活动。

企业采购管理旨在解决以下方面的问题：
- 物料是外购还是自制；
- 采购哪些物料及物料的采购量是多少；
- 物料的到货期是什么时候；
- 采购资金；
- 采购对象，即供应商如何选择；
- 物料检验方式；
- 付款方式；
- 退货索赔方式；
- 违约处理；
- 经济纠纷的仲裁方式。

同时，企业进行采购管理应围绕以下目标展开：
- 在需要的时间和地点向需要的部门提供符合规格、质量和数量要求的物料；
- 以最经济合理的价格获得上述物料；
- 物料的来源应是稳定的和可靠的；
- 尽量缩短采购周期(采购单作业时间、物料运输时间、物料检验时间、物料入库时间等构成采购提前期)和降低库存；
- 尽量利用供应商的存储空间，以减少企业的库存成本。

8.1.2 采购管理的作用

采购管理在企业经营管理中占据非常重要的位置。任何企业向市场提供产品或服务都离不开原材料或消耗品的采购。对于制造业来说，原材料成本占销售额的比重较大，或者说非常大，如石油炼油企业，其原材料成本占销售额的80%。而原材料成本较低的加工业和制药业，其原材料成本也占了销售额的30%。制造业大多数的原材料成本都占其销售额的一半以上，面对如此大的资金占用额，也就可以理解采购管理在企业经营管理中的分量了。当然，更重要的还是企业的采购部门必须适时、适量、适质、适价地完成采购任务，为生产部门提供生产所需要的原材料(或外加工件)。

由于原材料成本的资金占用额如此之大，因此采购部门必须想方设法降低原材料的采购成本，同时还必须考虑其库存。大量库存积压，意味着原材料的库存成本增加、资金占用额增加，降低原材料成本和提高采购作业的质量成为每个企业所追求的目标。

采购管理在企业经营中的作用主要通过以下几个方面来体现。

1. 采购管理的利润杠杆效应

传统的赢利模式已经发生改变，企业的赢利不再仅仅通过调节市场销售价格来获得。控制采购环节是企业赢利的秘密武器，也是利润之源。

资料显示，在美国和日本的制造业，采购成本（直接原料费用）降低5%所创造的利润，需要直接人工费用降低22%或制造费用降低24%才能达到相同的效果。因此，在企业各项支出对利润的影响中，采购成本的影响最大，其大致比例如表8-1所示。

表 8-1 企业各项支出对利润的影响

项目	成本结构	降低比率	利润增加
直接原料费用	53%	5%	2.65 亿元
直接人工费用	12%	22%	2.65 亿元
制造费用	11%	24%	2.65 亿元
管理费用	16%	17%	2.65 亿元
销售费用	8%	34%	2.65 亿元

20世纪90年代以来，人们对采购作业的管理越来越重视。我们在此可以做一个计算：假设企业的销售额为10亿元；利润为销售额的5%，即0.5亿元；企业采购额为5亿元；如果采购管理做得好，使得采购成本降低10%，则能使利润增加0.5亿元。但如果单靠提高销售额来实现同样的利润的增加，则销售额至少要增加10亿元（一倍）才行，而要实现销售额的加倍，显然是非常困难的。由此看来，采购部门可能是企业最后尚未开发的"利润创造源"，采购作业的成本管理对企业经营效果影响巨大。

2. 采购管理的保障作用

采购管理为企业保障物资供应，维持正常生产，降低缺货风险。很显然，物资供应是生产的前提条件，生产所需的原材料、设备和工具都要通过采购来获得，没有采购就没有生产条件，没有物资供应就不可能进行生产。而且，采购的物资的好坏直接决定着企业产品质量的好坏，能不能生产出合格的产品，取决于所提供的原材料及设备工具的质量的好坏。

3. 采购管理对企业整体运行效率产生重要影响

采购过程中的准时率、质量保证情况对生产甚至是销售产生重要影响，不重视采购环节会造成废品率上升、交货延迟等，对企业整体运行效率产生重大影响。

采购是企业进行生产和按时交货的首要环节，采购物料的质量和数量对于生产效率具有重要影响。

4. 采购管理影响企业的竞争地位和客户满意度

一方面，在购买产品时，客户需要得到最大的让渡价值，而降低采购价格、提高产品质量是提高客户满意度的重要方法，这些都与采购环节紧密相关。

另一方面，在采购管理过程中，企业与供应商之间的关系非常重要，因此采购也会影响企业的竞争地位。下面这个很经典的实例深刻地反映了这一问题。

2001年1月份，为手机市场两大巨头——爱立信和诺基亚公司提供手机芯片的供应商飞利浦公司，发生了一场意外的火灾，致使其芯片供应不正常。面对这种突发情况，爱立信公司内部并没有对此发出警报，以引起高层管理者的重视。而诺基亚公司却大不一样，当飞利浦公司将火灾引发的问题告知诺基亚公司之前，一些诺基亚公司的管理人员就注意到芯片供应出现了不正常情况，诺基亚公司处理部件供应问题的首席管理人员能在两周内就将30位诺基亚公司的管理人员集中到总部，共同研究解决问题的办法。

当时的情况是，爱立信公司为了节约成本，只有飞利浦公司一家提供这种用于生产手机的无线电频率芯片的供应商，没有其他生产可替代的芯片的供应商。这样的采购策略使爱立信公司面临很大的供应风险，如果飞利浦公司的芯片供应出现问题，就很可能引发爱立信公司的芯片供应危机；而诺基亚公司则有多个供应商，这使诺基亚公司有更强的供应危机预防能力。由于对供应危机反应的差异，诺基亚公司在供应危机中占据了主动权，使飞利浦公司在火灾恢复后优先保证了诺基亚公司的芯片供应，而且因为有其他供应商提供芯片，诺基亚公司受飞利浦公司火灾的影响明显要比爱立信公司小得多。

面对这场危机，诺基亚和爱立信两家公司的反应形成了鲜明的对照，其结果也有天壤之别。火灾成全了诺基亚公司，害苦了爱立信公司。谁能想到，这场持续了10分钟的火灾居然打破了这两家知名的移动电话生产公司的实力平衡。

在这个事例中，爱立信公司和诺基亚公司两者的差异表现为供应链管理上的差异，即采购环节的决策差异。两家公司在采购过程中的危机管理能力不同，导致了结局的差异。在市场竞争日趋激烈的今天，企业之间的联系越来越紧密，供应链上的任何一个企业发生危机都可能引发相关企业的危机，企业如果没有很强的危机管理能力，就很可能因为供应链上相关企业的危机而陷入困境。

5. 采购管理影响企业形象

采购部门对待供应商的态度会直接影响企业形象。如果采购部门不能以良好的态度对待潜在的和现有的供应商，就会导致行业内部对于整个企业的不良印象。

这样的事例也有很多，如2003年某连锁超市发生的"假茅台事件"，问题就是出在其致命的采购系统上。该连锁超市的多家分店销售了由其供应商提供的假茅台酒，而之所以出现这样的采购漏洞，是由于该连锁超市的分店掌握了自主采购权，在追求利润最大化的目标时，向供应商提出更多利润上的要求，分店对利润最大化的追逐客观上也会使整个采购系统放松其对于商品质量和供应商素质的要求。这样的采购系统会导致供应商的利润下降，促使少数供应商铤而走险，寻找一些利润更高但来路不明的商品。而之后事件的责任却全由供应商承担。此次事件无疑令该连锁超市的企业形象受到极大影响。

6. 采购管理在供应商管理方面的作用

ERP系统根据主生产计划并利用MRP系统可以迅速制订出企业在未来一段时间内的采购计划，这个采购计划有两个非常重要的作用。

一是作为与供应商谈判的资本，即采购部门可以利用采购计划与供应商谈判。企业与供应商谈判的策略有很多，如规模性采购就是重要的一种。但如果企业规模不大，无法做到规模性采购，那么利用企业长期的采购计划与供应商谈判不失为一个好的技巧。因此，将采购计划做成一个谈判支持报告，报告中显示未来一年内企业要下达的采购订单，虽然单次采购量不一定很大，但一年的总采购量比较大，对供应商仍然有很大的吸引力。

二是对供应商的生产实施有计划的管理。通过 MRP 运算得出的采购计划比较准确，供应商可以据此提前安排自己的生产计划，有利于自己企业的经营管理。采购企业也可以据此要求供应商提供生产安排与供应保证，使企业的采购业务由被动变为主动，极大提高采购作业的效率与效果。

采购计划也可能发生调整，特别是长期计划，但根据主生产计划做出的采购计划调整的幅度与概率都比较小。而且主生产计划一旦调整，新的采购计划就会很快生成，这种变化可以很快传递给供应商。这一切在手工状态下都是无法达到的。

7．采购管理在信息沟通方面的作用

采购管理可以改变企业间信息沟通的方式，如采购企业与供应商的信息可以通过网络直接传递。比如，采购企业生产任务的改变与供应商生产能力等信息在合作伙伴的框架下可以实现直接交流，不需要通过采购部门传递，减少了信息沟通环节，提高了信息的及时性。

另外，供应领域是培养人才的基地，企业的骨干不对采购业务和采购的产品有所了解，就会缺乏全过程管理的能力。采购部门也是企业的信息源，如价格、产品可用性、新供应源、新产品和新技术信息等。

8．采购管理对企业战略产生重要影响

采购管理对企业战略产生重要影响。对于资源需求很强的业务，确保资源的稳定和及时供应将形成企业的核心竞争优势。

8.1.3 采购管理的基本内容

采购管理的基本内容很多，包括货源调查和供应商评审、选择供应商和询价、核准并下达采购订单、采购订单跟踪、到货验收入库、采购订单完成等。

1．货源调查和供应商评审

货源调查和供应商评审的结果是建立供应商档案（供应商主文件），记录有关信息，其中包括：

①供应商代码、名称、地址、电话、状态（已经得到批准或试用）；
②商品名称、规格、供方物料编码；
③价格、批量要求、折扣、付款条件、货币种类；
④发货地点、运输方式；
⑤供应商信誉记录，包括按时交货情况、质量及售后服务情况；
⑥供应商技术水平、设备和能力。

2．选择供应商和询价

查询档案记录，选择适当的供应商，并就商品价格、技术和质量条件与供应商进行洽谈。

供应商处于企业供需链的供应端，供应商的资源也是企业的资源之一，采购部门掌握越多的供应商，企业的供应来源就越丰富。当然，供应商多但不一定优，现代管理的管理

思想已经趋向于"企业与供应商是合作关系或合作伙伴关系"。企业在选择供应商时一般考虑3个要素：价格、质量、交货期。传统的企业与供应商的关系是一种短期的、松散的竞争对手关系，这种关系容易产生价格上的波动、质量上的不稳定及供货期的不可靠等现象。

现代企业管理者们意识到供应商对企业的重要影响，把建立和发展与供应商的关系作为企业整个经营战略的重要部分，与供应商共同分析成本与质量因素，并向供应商提供技术支持。尤其是在 JIT(Just In Time，准时制)生产方式下，企业要求供应商在需要的时候按需要的数量提供优质产品。因此，在 JIT 生产方式下的这种合作关系要求更稳定、更可靠。

ISO9000 质量保证与管理体系，要求企业必须对分供方(供应商)进行评估，并向分供方(供应商)提供全部的质量及技术要求，帮助分供方(供应商)进行质量改善。这本身也体现了企业与供应商的合作关系。但企业对供应商太过于依赖也容易产生供应商缺乏竞争力的现象，并且企业的风险也会增加。一般来说，企业对每种物料的供应至少保持两家供应商才合适。当然，企业要根据自身的缺点与市场的环境制定合作的策略。

3. 核准并下达采购订单

(1) 根据物料需求计划及库存子系统生成的物料需求，并综合考虑物料的订货批量、采购提前期、库存量、运输方式及计划外的物料申请，系统自动进行物料合并，也可以人工干预和修改。另外，有些物料的采购提前期很长(有的进口件要半年以上的采购周期)，因此其采购周期有可能超过主生产计划周期。这类物料的采购计划应经过销售、财务与计划等部门的综合讨论与评估来确定所需的数量和时间，然后制订材料的中期或长期采购计划。

(2) 采购订单审批。一般说来，各采购员负责的采购物料和采购金额有一定范围，必要时采购员应定期轮换。采购员应当编码，以便查询和维护他所负责的物料主文件及物料的库存状况。每一位采购员允许经管的采购物料和采购金额是预先设定的，系统会自动检查，合乎权限规定就无须审批，流程将自动进行下去。当超过权限时，系统也会生成采购申请单提出报批，按照设定的审批顺序，自动逐级提交给审批人(系统会自动向审批人发出处理提示)。审批通过后，采购申请单再形成正式的采购订单下达。

(3) 与供应商签订供货协议，确定交货批量和交货日期；确定收货地点、运输和装卸方式，明确责任；确定付款方式、地点、银行账号等。同供应商物料编码的对应关系，需要在这个阶段明确。为了避免可能出现的不确定因素，对采购物料往往采用安全提前期，合同协议上的交货时间要早于需用时间，适当提前。

采购管理要求采购员必须把材料的质量、数量及交货时间的要求准确无误地下达给供应商。因此，采购员除应具有采购专业知识外，还要熟悉企业所需材料的技术要求与制造工艺知识。当然，企业的质量管理人员、技术人员、生产人员及计划人员都要对采购工作给予充分的支持。

4. 采购订单跟踪

采购员的一项职责就是采购订单跟踪，以确保供应商能够保证订单按期、按质及按量交货。根据与供应商的关系及供应商执行计划状况的不同，跟踪的程度会有很大不同，有的可能需要跟踪得很细，有的也许完全不需要跟踪。如果需要跟踪，可以在供应商计划中设置一个跟踪日期，即对采购订单上的每种物料设置一个跟踪日期。到了这个日期，系统会为采购员或供应商计划员提供提示信息。如果还需要再次跟踪，那么采购员或供应商计划员应当重新设定这个日期。如果双方都实施了 ERP 系统，就可以按照权限进入对方系统查询采购物料的加工进展情况，或者通过电子数据交换控制进度，并做好运输安排。

5．到货验收入库

到货验收入库包括登录验收报告，核对采购订单、到货量和发票的一致性，进行库存事务处理，退货、退款，补充货品，返工处理。采购部门要协助库存与检验部门对供应商来料进行验收，按需收货，不能延期也不能提前，以平衡库存物流。

在出现不合格品时，要及时采取补救措施，包括不同的退货处理流程，如未付款退货、退货退款、补齐、返修、撤销合同等。处理流程都要根据企业的需求而定。

6．采购订单完成

采购订单完成包括采购订单费用结算，分析采购费用差异（采购与财务部门协同进行），评价供应商业绩并记录、维护采购提前期数据，维护订货批量调整因素的合理准确性等。

8.1.4 采购管理的基本流程

企业的采购管理工作主要由采购部门完成，有的企业将采购、计划、仓库等部门组成一个新部门，称为物料控制部或生产及物料控制部。

采购部门是企业物资的重要入口部门，也是物流的主要相关部门，与各个部门都有密切的关系。但它主要的工作是完成生产物资的采购，它与生产部门、财务部门和仓库部门的业务联系为：采购部门根据生产计划和物料需求计划制订采购计划，并形成用款计划提交财务部门，再发出采购订单(合同)，供应商按采购计划送货，仓库部门根据采购订单收货，然后安排检验，合格后办理入库业务，入库单据提交财务部门，并根据发票形成应收款。

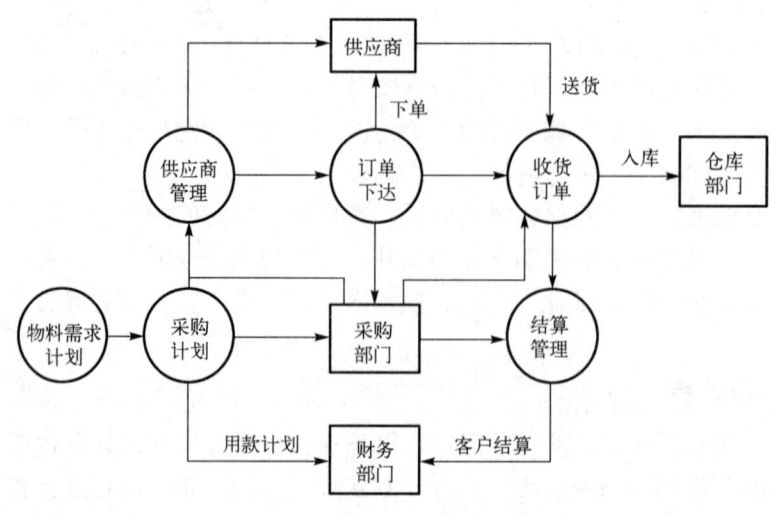

1．采购管理的业务流程

采购管理的业务流程如图 8-1 所示。

图 8-1 采购管理的业务流程

在图 8-1 的采购管理业务流程中,首先是根据物料需求计划或采购指示生成采购计划,然后根据采购计划填制采购申请单,当采购申请单得到批准后,可以开始做采购的准备工作,具备包括:得到供应商的报价,了解供应商的信用情况、产品质量、交货进度,然后可以与供应商签订采购合同,即一份采购订单。根据采购订单的内容,对供应商发送来的货物进行数量上和质量上的验收。当验收合格之后,采购物料可以正式入库,如果验收不合格,则应该进行退货处理。

2．采购流程的关键控制点

采购流程的关键控制点包括以下几点。

- 采购计划:做好采购计划是采购管理的重要工作。
- 采购订单管理:包括下达采购订单、进行采购订单跟踪、日常维护等。
- 检查验收:接收并检验收到的货物。收货的基本目的是确保以前发出的订单所采购的货物已经实际送达;检查到达的货物是否完好无损;确保收到的货物数量是正确的,将货物送往应该到达的下一个目的地,以进行储存、检验或使用;确保与接收手续有关的文件都已进行了登记并送交有关人员。在对货物进行检查时,有时会发现短缺现象。这一情况有时是因为运输过程中丢失了一些物料,有时则是发运时数量就不足。有时,物料在运输过程中也可能损毁。所有这些情况,都要形成详细的报告并交给运输部门和采购部门。
- 供应商选择:确定可能的供应商并对其进行调查、评审。供应商的选择是采购管理中重要的一环。在一个组织良好的供应部门中,无论采用计算机工作方式还是手工工作方式,必要的记录有以下几点:履行情况良好的合同(当有需求时可以基于这些合同发出订单)、所购物料项目的分类表、供应商记录。

8.2 供应商管理

随着全球经济一体化的发展,企业常常需要与遍布全球的对象进行合作,如何在广泛的地域分布和不同语言文化之间进行迅速、准确和有效的沟通与信息交流显得尤为重要,因此供应商管理成为企业管理的一项重要内容。企业需要系统地总结供应商管理独特的规律,并且采用信息技术作为现代企业供应商管理的基础。

8.2.1 供应商管理概述

1．供应商及供应商管理

供应商是指那些向买方提供产品或服务并相应收取货币作为报酬的实体,是可以为企业生产提供原材料、设备、工具及其他资源的企业。供应商处在企业供需链的供应端,从一定意义上说,供应商也是企业的资源之一。采购部门掌握越多的供应商,企业的供应来源才能越丰富。

供应商管理是指对供应商的了解、选择、开发、使用和控制等综合性管理工作的总称。供应商的开发和管理是整个采购体系的核心,其表现也关系到整个采购部门的业绩。

2. 供应商类型

在供应商管理中，企业一般会区别对待一般供应商和战略型供应商。对于一般供应商可以用标准的程序进行交涉，所花的精力也相对少一点；对于战略型供应商需要细分级别、区别管理，必须清楚主动性掌握在采供双方哪一边，以及采供双方达成相互依赖关系的时间和方式。如果采供双方的关系融洽，交货就及时，售后服务就有保障，同时价格还可适当降低，这对提高企业的竞争力很重要。

根据采供双方关系的重要性，供应商可以分为以下4种类型。

①商业型供应商。采购商和供应商均认为业务不是很重要，双方均可迅速选择第三方作为替代。

②优先型供应商。采购商认为对方并非十分重要，供应商认为业务对自己非常重要。

③重点型供应商。供应商认为业务无关紧要，采购商认为业务对自己非常重要。

④伙伴型供应商。供应商应该有较强的产品开发能力，采供双方均认为彼此非常重要。

3. 供应商管理的目标

供应商管理是围绕以下目标开展的。
- 获得符合企业质量和数量要求的产品或服务。
- 以最低的成本获得产品或服务。
- 确保供应商提供最优的服务和保证送货的及时性。
- 发展和维持良好的供应商关系。
- 开发潜在的供应商。

8.2.2 供应商选择

采购管理的永恒主题是：提高质量、降低成本、提高效率、保证供应。质量和成本是供应商选择的两项重要指标，统称"比质比价"。但是，在成本方面，仅仅"比价"是不够的，还有一些其他重要的要素同样需要考虑。

1. 供应商选择指标

供应商选择需要注意以下方面。

(1) 信誉，还包括供应商所处的行业地位、管理水平等。选用信誉和履约率高的供应商，可以免去企业采购人员大量的催货等无效作业，而把时间和精力用在提高采购管理水平上。如果企业产品中的配套件和零部件都是由一流的供应商提供的，那么企业产品的品牌度也会同样提升。

(2) 技术。要考察供应商的可持续发展能力，关注供应商的产品开发能力、制造工艺、现有可能扩充的能力及其利用情况，以及技术发展战略。

(3) 质量。供应商全面质量管理(TQM)的执行情况，不是表面上是否通过ISO9000论证，而是真正保证质量持续稳定并不断提高，还要注意供应商的退货记录。

(4) 成本。关注企业成本不是关注价格，而是通过观察分析，研究供应商在控制成本上的种种措施，同时分析批量折扣、运输条件，并不断优化。

(5) 服务。关注供应商能否提供某些零部件使用方法的培训服务，关注供应商的服务网点的分布状况，以及供应商对投诉和保修能否提供保证。

(6) 位置。供应商所处的地理位置，直接影响订货批量、运输方式和运输成本。在条件相同的情况下，供应商尽量本地化。汽车行业实施的 JIT 模式就很注重地理位置这个因素。

(7) 沟通。沟通指信息沟通的有效手段，如信息门户、EDI、Extranet，还包括能否实现信息集成和协同商务、能否快速响应需求市场的变化等。

表 8-2 中列出了供应商综合评价指标体系。

表 8-2 供应商综合评价指标体系

一级指标	业务评价						生产能力评价					服务能力评价				质量系统评价					企业环境评价		
二级指标	成本分析	交货质量	运输质量	交货速度	企业信誉	企业发展前途	技术合作	人事合作	财务状况	设备状况	制造生产状况	服务点分布	服务技术水平	服务人员能态度	服务响应速度	质量体系	产品开发质量	供应商质量保证	制造过程质量控制	质量检验与试验	质量资料与质量职员	政治法律环境	经济与技术环境	自然地理环境	社会文化环境

2．供应商选择的步骤

供应商选择的过程包括以下步骤。

(1) 分析市场竞争环境

这个步骤的目的在于找到针对哪些产品市场开发供应链合作关系才有效，必须知道现在的产品需求是什么、产品的类型和特征是什么，以确认客户的需求，从而确认供应商评价选择的必要性；同时，分析现有供应商的现状，分析、总结企业的存在的问题。

(2) 建立供应商选择目标

企业必须确定供应商选择程序如何实施、信息流程如何、由谁负责，而且必须建立实质性的、实际的目标。其中，降低成本是主要目标之一，供应商选择不仅仅是一个简单的选择过程，也是企业自身和企业与企业之间的一次业务流程重构过程，实施得好，它本身就可带来一系列的利益。

(3) 建立供应商综合评价指标体系

供应商综合评价指标体系是企业对供应商进行综合评价的依据和标准，是反映企业本身和环境所构成的复杂系统不同属性的指标，按隶属关系、层次结构有序组成的集合。企业应根据系统全面性、简明科学性、稳定可比性、灵活可操作性的原则，建立集成化供应链管理环境下的供应商综合评价指标体系。不同行业、企业、产品需求，不同环境下的供应商综合评价指标体系应该是不一样的，但都应涉及供应商的业绩、设备管理、人力资源开发、经营管理、合约执行、质量控制、成本控制、财务状态、技术开发、用户满意度、交货协议等方面。

(4) 建立评价小组

企业必须建立一个评价小组以控制和实施供应商选择。评价小组必须同时得到制造商企业和供应商企业最高领导层的支持。

(5) 供应商参与

一旦企业决定实施供应商选择程序，评价小组必须与初步选定的供应商取得联系，以确认他们是否愿意与企业建立合作关系，是否有获得更高业绩水平的愿望。企业应尽可能早地让供应商参与到选择程序的设计过程中来。然而，因为企业的力量和资源是有限的，企业只能与少数的、关键的供应商保持紧密的合作关系,所以参与的供应商不宜太多。

(6)评价供应商

评价供应商的一个主要工作是调查、收集有关供应商的生产、运作等方面的信息。在收集供应商信息的基础上,就可以利用一定的工具和技术方法进行供应商评价了。在评价完成后,通过一个决策点,根据一定的技术方法选择供应商,若选择成功,则可以开始建立合作关系;若没有合适的供应商可选,则返回步骤(2)重新开始供应商选择。

(7)实施合作关系

在建立合作关系的过程中,市场需求将不断变化,企业可以根据实际情况及时修改供应商综合评价指标体系,或者重新开始供应商选择。在重新选择供应商的时候,应给予旧供应商足够的时间适应变化。

3. 供应商选择方法

供应商选择方法有定性方法,如直观判断法、协商法、招标法等,也有定量方法,如层次分析法。定性方法比较简单,下面主要介绍定量方法中的层次分析法,并举例说明。

层次分析法(Analytic Hierarchy Process,AHP),是美国运筹学家萨蒂提出的一种多目标、多准则的决策分析方法,该方法被广泛运用于工程、管理、经济、军事、政治和外交等领域,解决了如系统评价、资源分配、价格预测、项目选择等诸多重要问题,是一种定量分析与定性分析相结合的有效方法。

用层次分析方法做决策分析,首先要把问题层次化,根据问题的性质和要达到的总目标,将问题分解为不同的组成因素,并按照因素间的互相影响和从属关系归结从最低层(如决策方案)到最高层(总目标)的相对权重值,从而对问题进行优劣比较并排序。

【例 8-1】

用层次分析法选择供应商示例。

假设用质量 Q、价格 C、服务 S 和交货期 P 4 个指标来评价企业的 4 个供应商 A1、A2、A3、A4。

评价过程如下所述。

(1)建立打分规则

给指标指定重要性,或者给供应商在某个指标上的优势打分,可以采用两两比较的方法。如果打分分值设定为 1~10,那么打分表如表 8-3 所示。先把某个指标的分值设为 1(如质量),如果认为选择供应商时价格比质量稍微重要一些,那么可以将价格的分值定为 3,如果认为服务比质量明显重要,那么可以将服务的分值定为 5,以此类推。

表 8-3 打分表

打分描述	分值
极其重要	9
很重要	7
明显重要	5
比较重要	3
重要性相同	1

(2)确认指标权重

先建立指标比较初始矩阵,如表 8-4 所示。

表 8-4　指标比较初始矩阵

指标	Q	C	S	P
Q	1	2	4	3
C	1/2	1	3	3
S	1/4	1/3	1	2
P	1/3	1/3	1/2	1
列和	25/12	11/3	17/2	9

将表 8-4 所示的矩阵中的每个指标除以相应的列和,再计算每行的平均值,得到每个指标的权重,指标比较矩阵如表 8-5 所示。

表 8-5　指标比较矩阵

指标	Q	C	S	P	权重
Q	12/25	6/11	8/17	3/9	0.457
C	6/25	3/11	6/17	3/9	0.3
S	3/25	1/11	2/17	2/9	0.138
P	4/25	1/11	1/17	1/9	0.105
列和					1

(3)计算供应商在各指标下的权重

计算方法和上面的两个表相同,结果如表 8-6 所示。

表 8-6(a)　质量指标下的供应商权重

	A1	A2	A3	A4	权重
A1	1	5	6	1/3	0.297
A2	1/5	1	2	1/6	0.087
A3	1/6	1/2	1	1/8	0.053
A4	3	6	8	1	0.563

表 8-6(b)　服务指标下的供应商权重

	A1	A2	A3	A4	权重
A1	1	5	4	8	0.597
A2	1/5	1	1/2	4	0.140
A3	1/4	2	1	5	0.124
A4	1/8	1/4	1/5	1	0.050

表 8-6(c)　价格指标下的供应商权重

	A1	A2	A3	A4	权重
A1	1	1/3	5	8	0.303
A2	3	1	7	9	0.573
A3	1/5	1/7	1	2	0.078
A4	1/8	1/9	1/2	1	0.046

表 8-6(d)　交货期指标下的供应商权重

	A1	A2	A3	A4	权重
A1	1	3	1/5	1	0.151
A2	1/3	1	1/8	1/3	0.060
A3	5	8	1	5	0.638
A4	1	3	1/5	1	0.151

(4)供应商排序

供应商 A1 的质量指标权重为 0.297,乘以质量指标本身的权重 0.457,可以得到该供应商的最终质量权重为 0.136,再分别加上服务、价格和交货期指标下的最终权重,得到总权重为 0.325。用同样方法计算其他供应商的总权重,结果如表 8-7 所示。根据表 8-7 中的排序,最终可以选择供应商 A1。

表 8-7 供应商排序

	A1	A2	A3	A4
Q	0.136	0.040	0.024	0.257
C	0.091	0.172	0.023	0.014
S	0.082	0.019	0.017	0.007
P	0.016	0.006	0.067	0.016
总权重	0.325	0.237	0.131	0.294
排序	1	3	4	2

8.2.3 供应商评价

供应商管理体系的一个基本目标，是将企业内部的工作流与供方的工作流直接衔接，直接处理跨越二者的综合业务，形成跨越组织界限的高效率的业务流程。除传统的"采购"业务外，供应商管理需要关注所有与供方相关的业务，如供应商的选择与评估、战略合作关系的建立与协调、共同开发计划、直接参与供方设计过程、建立有效的沟通方法与渠道、参与意外处理的流程等。近年来的趋势是，作为"客户"的买方越来越深入供方的业务流程。例如，通过建立基于信息技术的业务模式，使二者之间的供需业务如同在同一家企业内的生产计划和送货安排一样及时和有效，甚至将买方的原材料仓与供方的成品仓合为一体。

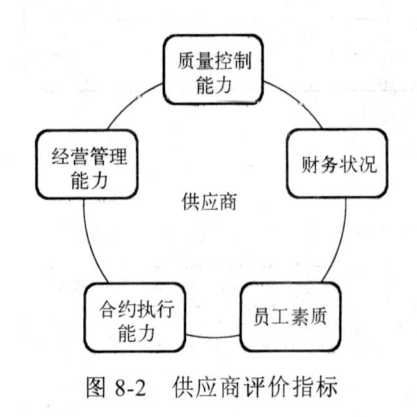

供应商评价系统要对现有供应商在过去合作过程中的表现或对新开发的供应商做全面的资格认定。供应商评价指标主要包括图 8-2 所示的 5 个方面的内容。

本小节介绍 ERP 系统中的供应商绩效评价方法——打分法。打分法的评价步骤如下。

第一步：确定评价指标和打分规则，以及各指标权重。评价指标和权重如表 8-8 所示。

图 8-2 供应商评价指标

表 8-8 评价指标和权重

一级指标	二级指标	分值	标准
质量	被拒绝与不一致	4	没有发生过被拒绝或不一致送货
		3	不一致送货不超过 5%
		2	不一致送货：5%~10%
		1	不一致送货：10%~20%
		0	不一致送货大于 20%
	加工能力数据/样本	4	从所有送货中抽样，超出控制限度小于 1%
		3	从 90%~99%送货中抽样，超出控制限度小于 5%
		2	从 80%~90%送货中抽样，5%~10%超出控制限度
		1	从 70%~80%送货中抽样，10%~20%超出控制限度
		0	从小于 70%送货中抽样，超出控制限度大于 20%

续表

一级指标	二级指标	分值	标准
交付	数量	4	数量全部正确
		3	不正确的交付小于5%
		2	不正确的交付：5%~10%
		1	不正确的交付：10%~20%
		0	不正确的交付大于20%
	时间	4	所有交付准时
		3	无法容忍的交付延迟小于5%
		2	无法容忍的交付延迟：5%~10%
		1	无法容忍的交付延迟：10%~20%
		0	无法容忍的交付延迟大于20%
	文书工作	4	没有漏记批量数目、包装表列、发票错误等
		3	被错记的交付小于5%
		2	被错记的交付：5%~10%
		1	被错记的交付：10%~20%
		0	被错记的交付大于20%
	交付条件	4	所有交付都在期望条件下完成
		3	有垫衬破损、包装不全或纸箱破损的交付小于5%
		2	有如上损坏的交付：5%~10%
		1	有如上损坏的交付：10%~20%
		0	有如上损坏的交付大于20%
持续改进	改正行为	4	不一致情况报告/供应商做出反应并实施改进不超过10天
		3	不一致情况报告/供应商做出反应并实施改进：10~20天
		2	不一致情况报告/供应商做出反应并实施改进：20~30天
		1	不一致情况报告/供应商做出反应并实施改进：30~60天
		0	60天内无反应
	单位成本、提前期、批量规模的减少	4	单位成本、提前期和批量规模有较大减少
		2	单位成本、提前期和批量规模有较小减少
		0	单位成本、提前期和批量规模无减少

第二步：规定打分周期，每隔一段时间进行打分。供应商打分表如表8-9所示。

表8-9 供应商打分表

		二级指标权重与得分		一级指标权重与得分		
		得分	权重	得分	权重	总得分
质量	被拒绝与不一致	3	0.65	1.95		
	加工能力数据/样本	2	0.35	0.7		
	小计			2.65	0.3	0.80
交付	数量	4	0.3	1.2		
	时间	4	0.3	1.2		
	文书工作	4	0.2	0.8		
	交付条件	4	0.2	0.8		
	小计			4	0.3	1.2
持续改进	改正行为	3	0.5	1.5		
	成本、提前期和批量规模的减少	0	0.5	0		
	小计			1.5	0.2	0.3
	合计					2.30

第三步：对得分情况的评估。

对得分情况的评估可以从以下 3 个方面进行。

- 与预设得分标准对比，查看供应商送货是否合格。
- 对多次评分结果进行分析，查看供应商送货情况的变化趋势(保持、改善、恶化)。
- 与其他供应商进行比较并排名，为以后采购时的供应商选择提供参考。

ERP 系统提供两种不同的得分排名方法：供应商全面的综合总分排名(针对其所有物料供货情况的综合分)和按某项物料(或某项物料分类)的综合总分排名。两个供应商 A、B 全面的综合总分和按物料 No.1 的综合总分排名情况如表 8-10 所示。

通过对比不同供应商的这两种排名情况，可以从多角度来判断供应商是否符合要求。如表 8-10 所示，在全面的综合总分排名方面，供应商 A 比供应商 B 更优，但针对物料 No.1 来说，则供应商 B 比供应商 A 更优。

表 8-10　样例：对比各供应商的综合总分的两种方法

	全面的综合总分排名					物料 No.1 的综合总分排名				
	综合	价格	质量	交货	服务		综合	价格	质量	交货	服务
供应商 A	78	91	85	79	60	供应商 B	81	88	75	72	90
供应商 B	76	88	75	72	70	供应商 A	78	71	85	89	70

(注：假设以上各项指标的权重相等，均为 1)

8.3　采购绩效评价

采购绩效评价，是指在给定的时间内，从数量和质量上来评估与采购经济性、效率和有效性有关的企业目标或运作达到的程度及完成的情况。采购绩效评价可以帮助企业从计划和实施情况的比较中发现差异，通过对差异进行分析，可以寻找差异形成的原因，并及时采取措施防范意外事件的发生。

8.3.1　采购绩效评价指标

1. 采购绩效评价指标体系

常见的采购绩效评价指标体系有以下 3 种。

①效率导向的采购绩效评价指标体系，主要考察的指标有以下 3 点：

- 材料成本降低；
- 经营成本降低；
- 采购时间缩短。

②实效导向的采购绩效评价指标体系，主要考察的指标有以下 3 点：

- 采购对企业利润的贡献率；
- 与供应商的关系质量；
- 客户满意度。

③多重目标采购绩效评价指标体系，这一体系同时考虑效率导向采购绩效评价指标体

系与实效导向采购绩效评价指标体系。

2. 采购绩效评价指标分类

(1) 质量指标

质量指标主要是指到货质量合格率和订货差错率。到货质量合格率是指采购合格品金额占采购总金额的百分率。订货差错率是指所采购物资有数量、质量问题的金额占采购总金额的百分率。

(2) 时间指标

时间指标考察采购到货及时率，即在规定采购时限内完成采购任务的采购申请单数占总采购申请单数的百分率。

(3) 效率指标

效率指标考察以下几个方面。

- 采购计划完成率：考核期采购总金额占考核期计划采购金额的百分率。
- 人均完成采购申请单数：考核期采购人员完成采购申请单的平均数。
- 人均完成采购金额：考核期采购人员完成采购金额的平均数。

(4) 组织系统指标

组织系统指标，如采购柔性，是反映企业采购活动对生产经营活动的适应性程度的一个指标。计算公式为 $P=[1-(|T_{ih}-T_{il}|)/T_i]\times 100\%$，其中 T_{ih} 是生产高峰供应及时率，T_{il} 是生产低峰供应及时率，T_i 是平均供应及时率。

(5) 财务绩效指标

财务绩效指标考察以下方面。

- 采购费用率：报告期采购费用占报告期采购总金额的百分率。
- 采购费用额：围绕采购活动而发生的除物资购入外的费用。
- 采购资金节约率：报告期采购资金节约金额占报告期采购总金额的百分率。
- 大宗设备采购成本节约率：报告期采购大宗设备节约资金金额占报告期大宗设备采购总金额的百分率。

(6) 供应商绩效指标

供应商绩效指标考察以下方面。

- 供应商流动比率：企业每年流入的供应商数占流出供应商数的百分率。
- 供应商交货及时率：某供应商及时交货次数占该供应商总交货次数的百分率。
- 供应商信用度：考核期内供应商诚信交货次数占总交货次数的百分率。

(7) 客户反馈指标

客户反馈指标考察以下方面。

- 物资供应客户满意度：物资使用部门满意度，通过第三方调查获得。
- 供应商满意度：该指标考核采购部门、物资使用部门与供应商之间的合作与共赢情况，主要通过供应商反馈和第三方调查获得。

8.3.2 采购绩效评价示例

表 8-11 是一张采购绩效评价的结果表。表中使用了多重目标采购绩效评价指标体系。此例设置了考核标准作为评价的参考，并根据各个指标的完成值进行打分，从得分具体情

况来衡量采购活动的绩效。这种绩效评价法相对比较简单。而在实际应用中，企业的绩效评价法往往复杂得多，如财会方法，对企业的利润中心、标准成本和预算控制、财务审计等进行全面分析。

表 8-11 采购绩效评价

指标类别		指标名称	考核标准(%)	完成值(%)	得分(5分制)
采购组织绩效指标	质量	到货质量合格率	99	100	5
		订货差错率	1	0	5
	时间	到货及时率	98	99.7	4.5
	效率	采购计划完成率	95	97	4.5
		人均完成采购申请单数	按实	44	4
		人均完成采购金额/万元	按实	5628	4
	组织系统	采购柔性	按实	100	5
财务绩效指标		采购费用率	0.15	0.12	5
		采购资金节约率	5.5	5.53	4.5
		大宗设备采购成本节约率	5	5.5	4.5
供应商绩效指标		供应商流动比率	按实	107	4
		供应商交货及时率	95	99.7	4.5
		供应商信用度	按实	96.5	4
客户反馈指标		物资供应客户满意度	80	82	4.5
		供应商满意度	85	83.7	3

8.4 ERP系统的采购管理

8.4.1 传统采购流程及变迁

传统的采购流程以买卖/交易关系为主，过程中信息不共享，供应商与采购企业竞争多过合作，合作多为短期，响应客户需求能力迟钝，质量和交货期事后控制。

传统的采购流程中存在大量的问题，主要包括以下几个方面。

(1) 大部分采购是典型的非信息对称博弈过程。选择供应商在传统的采购流程中是首要的任务。在采购流程中，采购方为了能够从多个竞争的供应商中选择一个最佳的供应商，往往会保留私有信息。因为给供应商提供的信息越多，供应商的竞争筹码就越大，这样对采购一方不利。因此，采购方尽量保留私有信息，而供应商也在和其他的供应商的竞争中隐瞒自己的信息。这样，采购、供应双方都不进行有效的信息沟通，采购信息没有实现有效共享，包括采购方和供应方之间、企业采购部门和相关部门之间，以及管理者与实施者之间。这就是非信息对称的博弈过程。

(2) 响应客户需求能力迟钝。由于供应与采购双方在信息的沟通方面缺乏及时的信息反馈，在市场需求发生变化的情况下，采购方也不能改变供应方已有的订货合同，因此采购方在需求减少时库存增加，在需求增加时出现供不应求。重新订货需要增加谈判过程，因此采购、供应双方对客户需求的响应没有同步进行，缺乏应对变化的能力。

(3) 采供关系是临时的或短时间的合作关系，竞争多于合作。在传统的采购模式中，供应方与采购方之间的关系是临时的，或者是短时间的，而且竞争多于合作。由于缺乏合作与协调，采购过程中各种抱怨和扯皮的事情比较多，很多时间耗费在解决日常问题上，没有更多的时间用来做长期性预测与计划工作，供应方与采购方之间缺乏合作的气氛增加了许多运作中的不确定性。

(4) 采购与预测和物料需求计划结合不紧密。企业不能有效根据生产需求组织采购，实现物料的供应计划与当前需求的平衡，并与库存投资和策略相一致。而且，采购过程缺乏监督和制约。采购事务的授权、签发、批准、执行和记录没有进行职务分类，容易导致暗箱操作。

另外，企业还存在以下问题。

(1) 各需求部门都设有采购及相关业务的执行和管理部门，从企业、行业、国家的角度看，采购机构重叠。

(2) 多头对外，分散采购。对于通用产品无法统一归口和集中采购，无法获得大批量采购带来的价格优惠，使各企业的采购成本居高不下。

(3) 各企业自备库存，无法实现企业间的库存资源、信息的统一协调和交流，这使得通用材料的储备重复，造成各企业的库存量增大。

(4) 采购环节的质量控制和技术管理工作重复进行，管理费用居高不下。

造成上述现象的主要原因是信息渠道不畅通和基础数据不准确。因为不论是制订采购计划还是审批计划，都需要了解各种相关的信息，如目前的需求、当前的库存情况和在途情况、物料的历史成本和最新的成本等。这些信息在手工操作的前提下，一般都是通过其他部门的手工报表体现的，而手工报表既滞后又容易出错，在数据量大的时候也不太容易翻阅，所以很难起到相应的作用。

面对传统采购流程的上述特点，当前的采购流程正面临着三大变化趋势：一是经济全球化催生全球采购战略；二是电子采购方式正在改变采购营销业务的手段；三是合作竞争的思想正促使采购行为向"纵向一体化"和"横向一体化"延伸和扩张。面对这些趋势，对传统采购流程的变革势在必行。协同采购成为采购流程变革的理念，基于供应链环境下的采购流程建立了起来。它包括企业内部协同、企业外部协同、"为库存采购"转为"为订单采购"、采购过程中的外部资源管理等内容。

基于供应链环境下的采购流程的优势在于：在供应链中建立最佳供货商组合，实现供应链的最优化。即通过协同采购理念，将采购企业的生产模式与供应商的供货模式相结合，帮助供应商提高效率，改进质量和交货效能，共同节约成本、提高效益。

8.4.2 ERP系统的采购管理业务流程

1. 采购管理业务流程的步骤

ERP系统的采购管理业务流程主要包括以下6个步骤。

①采购需求触发。

②采购计划下达与配额分配：确定采购数量和采购时间，并规定在一定期间内物料总需求在特定的供应商之间如何进行分配。

③采购订单管理。

④收退货管理。
⑤生成应付发票。
⑥采购计划(采购数量和采购时间)下达。

2．滚动采购计划法

滚动采购计划法是一种供应商调度的采购方法。

按现代企业的经营观点，企业同供应商的关系不再是讨价还价的博弈关系，而是一种合作伙伴关系，即双方建立长期的供求协议，互惠互利，按照滚动计划的方法，近期的采购条件应该具体且详细，远期的采购条件可以比较笼统。但这有一个控制范围，把长期协议(半年至一年)和短期协议(月)结合起来，一次签约，分期供货。

滚动采购计划法的过程如下。

- 与供应商签订一个长期合作协议。
- 根据物料需求计划生成一个较长时间内(半年或一年)的各个时段的采购计划，并提供给供应商，到每个时段再根据实际情况对计划进行微调，如图 8-3 所示。

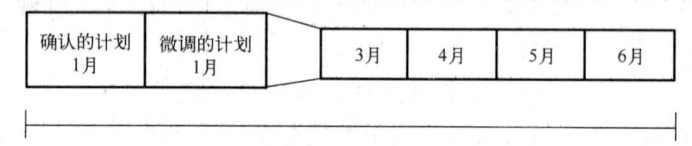

图 8-3 物料需求计划生成的采购计划

如果供应商距离比较远，不适合多批次小批量送货，那么怎么制订采购计划？

例如，假设订货成本(主要是运输费用)为 100 元/次，库存成本为 1.5 元/件。物料需求量如表 8-12 所示。

表 8-12 物料需求量　　　　　　　　　　　　　　　　单位：件

周数	1	2	3	4	5	6	7	8
需求量	0	20	30	20	0	40	40	0

为了达到最小总成本，采用最小总成本法(总成本=订货成本+库存成本+货物价格)进行计算，结果如表 8-13 所示。

表 8-13 最小总成本法下的订货

周数	订货量(件)	库存量(件)	库存成本(元)
2	20	0	0
2~3	50	30×1	45
2~4	70	30×1+20×2	105
6	40	0	0
6~7	80	40×1	60
订货次数	2 次	订货成本	200
合计总成本(元)			365

3．供应商配额分配

ERP 系统根据配额，规定在一定期间内物料总需求在特定的供应商之间如何进行分配。

根据配额分配主数据的设定，ERP 系统可以自动完成采购任务在不同供应商之间的分配，从而简化手工分配任务。

常用的配额分配法有 AB 角制供应商管理法，其原理通过下面问题的解答可以反映出来。

问题：目前采购 A 公司的产品，过段时间 B 公司的产品质量超过了 A 公司，且价格更低，该怎么办？选 A 公司还是选 B 公司？如果选 B 公司，那么和 A 公司的关系也就完了。到以后如果又有 C 公司的产品质量超过 B 公司，还要不要新建立的关系？

解决方法：实行 AB 角制供应商管理法，供应由 A、B 两家公司来完成。B 公司的产品质量好、价格低，就多买一些，A 公司的产品则少买一些，但要让 A 公司体会到选择的标准。

$$订货量=(质量/价格)×关系$$

订货量与供应商的产品质量成正比，与产品价格成反比，通常将关系要素视为 1(不合格供应商视为 0)。这样，只要采购方做到公开、公平、公正，则会使 A 公司心服口服，从而更加注重提升品质，改善管理，努力在竞争中做得更好。

8.4.3 采购管理模块与其他模块的关系

ERP 的采购管理模块(子系统)与物料需求计划、库存管理、财务管理、成本管理、质量管理等模块有密切关系。这些功能模块之间的关系可以概述为：由物料需求计划、库存管理等的需求产生采购管理的需求(请购)信息，采购物料收货检验后直接按分配的库位入库；物料的采购成本计算和账款结算工作则由成本管理、财务管理模块完成，如图 8-4 所示。

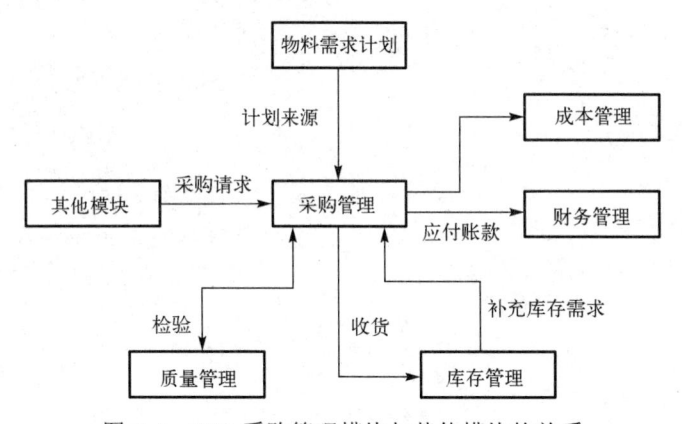

图 8-4 ERP 采购管理模块与其他模块的关系

本章思考题

1．采购管理的基本内容是什么？采购管理有哪些作用？
2．简述采购管理的基本流程。

3. 供应商选择需要考虑哪些指标？
4. 采购绩效评价指标有哪些？
5. 供应商配额分配有什么方法？
6. 传统的采购流程有哪些欠缺？
7. 供应商选择：某企业准备采购一批设备，希望功能强、价格低、容易维护。现有 A、B、C 3 家供应商可供选择。其中，A 的设备性能较好，价格一般，维护需要一般水平；B 的设备性能最好，价格较贵，维护也只需要一般水平；C 的设备性能差，但价格便宜，容易维护。请用 AHP（层次分析法）选择最佳供应商。

第9章 库存管理

库存管理是重要的运营管理职能之一,在供应链管理与企业资源计划中占有重要的地位。库存需要占用大量的资金,影响产品的配送,对运营、营销和财务等职能有很大的影响。本章将讲述库存管理及其原理和方法。

9.1 库存管理概述

9.1.1 库存概述

1. 库存的含义

"库存"一词在英文中有"Inventory"和"Stock"两种表达方式。在《中华人民共和国国家标准物流术语》一书中,库存的定义是:"库存是处于储存状态的物品"。在美国生产与库存控制学会(APICS)的定义中,库存是指以支持生产、维护、操作和客户服务为目的而存储的各种物料,包括原材料和在制品、维修件和生产消耗、成品和备件等。

生产企业为了生产的需要,总有一部分物料处在生产准备状态,也就是处在一种暂时等待状态,这些物料从开始进入等待状态起,到离开等待状态(进入生产、消费,或者下一个流通阶段之前)为止的阶段,就是库存物料。也可以说,库存是可以交换和销售的流动资产。库存一般约占企业资产的20%~60%,是财务报表上的重要内容,管理好库存就是管理好企业的资金。

仅将库存看作生产用物料的观点是不对的,库存还包括生产前的物料与维修用的物料,后面两者也需要占用企业大量的资金,它们对于生产制造都是必不可少的。

2. 库存的分类

库存有多种分类方法。
按功能区分,库存有以下5种基本类型。
- 波动(后备或安全)库存:这是由于销售与生产的数量和时机不能被准确地预测而持有的库存。对一项给定物料,其平均订货量可能是每周100单位,但有时销售量可高达每周300或400单位;通常从工厂订货后3周可收到货物,但有时也可能需要6周。这些需求与供应中的波动可以用后备库存或安全库存来弥补;后备库存或安全库存就是波动库存常用的代称。

- 预期库存：这是为迎接一个高峰销售季节、一次市场营销推销计划或一次工厂关闭期而预先建立起来的库存。基本上，预期库存是为了应对未来的需要，也是为了限制生产速率的变化而储备工时与机时。
- 批量库存：按照物料的销售速率去制造或采购物料往往是不可能或不实际的；因此，要以大于眼前所需的数量去获得物料，由此造成的库存就是批量库存。
- 运输库存：这是由于物料必须从一处移动到另一处而存在的库存。处在卡车上被运往一个仓库的库存在途中可能要经历数天之久，在途时，该库存不能为工厂或客户服务，它存在的原因只是运输需要时间。
- 屏障(投机性)库存：使用大量基本矿产品(如煤、汽油、银或水泥)或农牧产品(如羊毛、谷类或动物产品)的企业可以通过在价低时大量购进这些价格易于波动的物料而实现可观的节约，这种库存就叫屏障库存。还有些时候，对预计以后将要涨价的物料在现行价格较低时便买进额外数量可以降低该物料的物料成本。显然，由此而实现的节约是对该项追加投资的真正报酬。

除按功能分类外，库存也可按其在加工过程中的地位来分类。
- 原料：用来制造成品中组件的钢铁、面粉、木料、布料或其他物料。
- 组件：准备投入产品总装的零件或子装配件。
- 在制品：工厂中正被加工或等待于不同作业之间的物料与组件。
- 成品：备货生产工厂里库存中所持有的已完工物品或订货生产工厂里准备按某一订单发货给客户的完工货物。

此外，根据库存目的库存可以分为以下几类。
- 周转库存：即前后两批物料到达期间维持生产经营的库存。
- 安全库存：用于防止提前期内需求波动或提前期变化的库存。
- 预期库存：用于预防季节性销售和促销的库存。
- 战略库存：用于投资的库存。
- 在途库存：物料运输产生的库存。

3. 库存的作用

库存是生产过程中的缓冲，是因为需求和供应在时间或速度上存在差异而出现的。库存对于市场的发展、企业的正常运作与发展起到了非常重要的作用。

库存的作用有以下几个方面。

(1) 维持最终产品的稳定

按面向库存生产的企业，对最终产品必须保持一定数量的库存，其目的是应对市场的需求变化。这种生产方式下，企业并不预先知道市场真正需要什么，只是按对市场的预测进行生产，因而保持一定数量的库存是必需的。但随着供应链管理的形成，这种库存也在减少或消失。库存也用于预防需求波动和供应波动，如"9·11"事件等突发事件引起的波动。

(2) 维持生产的稳定

企业按销售订单与销售预测安排生产计划、制订采购计划，并下达采购订单。一方面，由于采购订单的物料需要一定的提前期，这个提前期最好是根据统计数据或是在供应商生产稳定的前提下制定的，但存在一定的风险，有可能会拖后而延迟交货，最终影响企业的正常生产，造成生产的不稳定。为了降低这种风险，企业就会增加物料的库存量。另一方面，为了预防季节性促销等行为引起的需求增加（该库存称为"预期库存"），保持适当的库存量也是必要的。

(3) 平衡企业物流

在采购物料、生产用料、在制品及最终产品的物流环节中，库存起到重要的平衡作用，即保持生产过程的连续性和均衡性，使得产量稳定。同时，企业对生产部门的领料应考虑库存能力、生产线物流情况（场地、人力等）而平衡物料发放，并协调在制品的库存管理。另外，对最终产品的库存也要视情况进行协调（各个分支仓库的调度与出货速度等）。

(4) 平衡流通资金的占用

库存的物料、在制品及最终产品是企业流通资金的主要占用部分，因而对库存量的控制实际上也是进行流通资金的平衡。例如，加大订货批量会降低企业的生产准备和订货成本；保持一定量的在制品库存与物料会节省生产交换次数，提高工作效率，但这两方面都要寻找最佳控制点。

4．库存费用

库存占用资金的多少与库存的具体费用有关。库存费用主要包括以下内容。

(1) 订购费用

订购费用是指订货过程中发生的支出。订购分为向供应商和向生产部门下达生产订单，前者的订购价格为采购单价，订购费用为采购价加上运费；后者的订购价格为单位成本，订购费用为直接劳力、直接材料和管理费用之和。

(2) 存储费用

存储费用包括保管、存储库存物料相关的费用，与库存物料的数量、价值、保管的时间及实际发生的库存支出有关。存储费用具体可以分为资本成本（如利息、保险、税金）、仓库管理费用（如供热、供电、租金、保安及折旧费等），以及变质、损坏、偷窃、损耗等引起的损失。

(3) 缺货费用

缺货费用是指由于缺货而不能满足客户订单时，产生的延期交货赔偿、取消订单的费用、利润的损失、生产线停工费用等。

9.1.2 库存管理的基本内容

1．库存管理的概念

库存管理，是指企业为了生产、销售等经营管理需要，对企业内部库存的计划存储、流通的有关物料进行相应的管理，如对存储的物料进行接收、发放、存储保管等一系列的管理活动。企业为了保证生产经营过程的连续性，必须有计划地购入、耗用和销售库存，并保有适量库存以满足生产流转的需要。这些都是库存管理的内容。

库存是企业生产过程的重要组成部分，是企业物料管理的核心，是计划的结果，又是支持计划实现的先决条件。因此，库存管理的首要任务是根据产品计划的要求对库存进行控制。人们习惯把库存管理理解为物料的入库、存储、出库，这种理解是很片面的。库存管理如果不与计划管理相结合，就不能说明库存物料的品种、数量和存储时间是否满足需求。库存量应当是计划的结果，库存如果脱离了计划，就谈不上管理与控制。库存管理除保证库存信息准确、满足客户和市场需求外，还包括控制库存量、控制库存占用资金额、减少超额库存投资、加速库存周转、降低库存成本、保证资产安全完整、防止延迟或缺货等。总而言之，在库存成本合理范围内满足客户和生产的需要是库存管理的目标。

库存管理是物流管理中的一个核心问题，其业务处理过程同技术、质量、采购、生产、销售、财务等部门密切相关，承载着管理流程中计划执行、监督、反馈和校正等重要职能。库存管理就是通过这些职能的发挥，在供需之间建立缓冲区，达到缓和客户需求与企业的生产能力之间、最终装配需求与零配件之间、零件加工供需之间、生产厂家需求与原材料供应商之间的矛盾，从而保证企业的正常运营。

2．库存管理的分类

根据库存管理决策在管理范围和重要程度上的不同，可以将库存管理分为综合级库存管理、项目级库存管理和物料的存储管理3个级别。

(1) 综合级库存管理

综合级库存管理制定总的库存管理政策、综合库存计划、经营目标及其实施程序。它包括确立客户服务水平，库存投资预算和生产、库存策略，库存管理系统的分析和设计，以及选择库存分配方法等。可见，综合级库存管理将市场、生产、财务目标及活动集中到一起综合分析研究，制定出相应的决策。

综合库存计划是针对成品、在制品、原材料、外购件、维修件及备品备件等进行制订的。这一计划制订又是在分析与汇总了库存系统所要提供的所有功能的基础上完成的。库存功能包括预期库存、批量库存、安全库存和运输库存。

(2) 项目级库存管理

项目级库存管理包括对装配件、子装配件、零部件和采购物料的管理。项目级的决策包括 ABC 分类、自制件和采购件决策，以及库存补充订货策略和订货批量计算方法。对原材料库存的决策影响企业实现在制品库存管理目标的能力，而对在制品库存的决策则影响企业实现成品库存管理目标的能力。

项目级库存管理是 MRPⅡ/ERP 软件系统的库存管理模块的重点。

(3) 物料的存储管理

物料的存储管理实现库存管理的事务处理功能。它包括物料的实际存储方法、物料移动的管理方法、保持库存记录准确的方式方法。物料的存储管理主要包括集中管理与分散管理两种。

企业应在生产中对物料要进行动态管理。在物料的搬运过程中，要确保所需的物料送到所需的地方，更重要的是确保库存记录的准确性。

9.1.3 库存管理的基本流程

企业的库存管理工作主要由仓储部门完成,其主要业务就是企业物料的收、发及管理工作,根据物料的不同化学属性做好物料存储与防护工作,降低各种库存管理费用,分析并提供库存管理所需的各种数据报表等。

ERP 系统的库存管理主要实现以下功能:采购入库、销售出库、产品入库、材料出库、其他出入库、盘点管理等,根据业务需要还可提供仓库货位管理、批次管理、保质期管理、出库跟踪、入库管理和可用量管理等全面的业务应用。

ERP 系统的库存管理业务流程如图 9-1 所示。

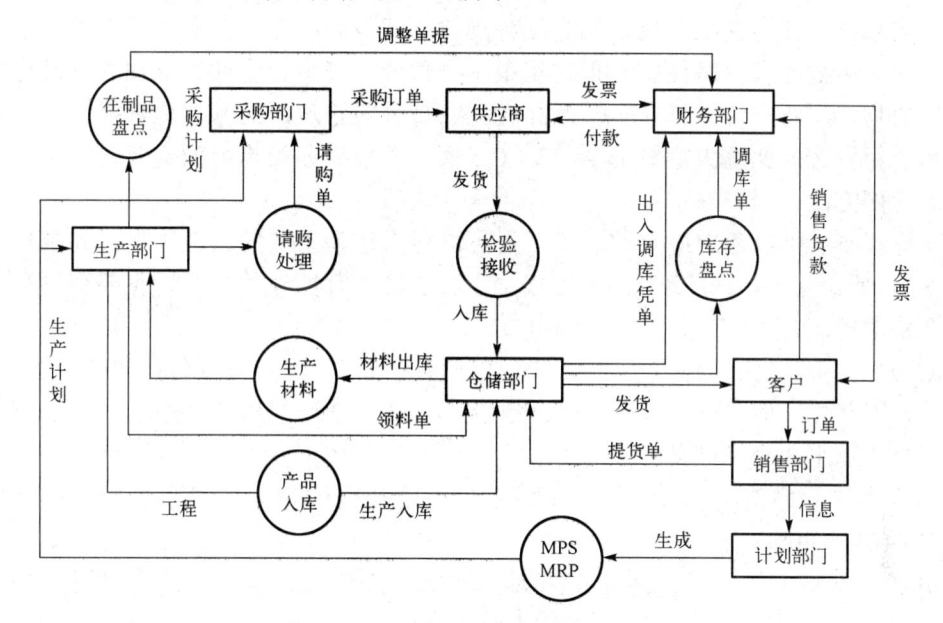

图 9-1 ERP 系统的库存管理业务流程

9.2 ERP 库存管理策略

所有的库存问题都可能会为以下两个问题所困扰:一是对每一种库存物料保持充分的控制,二是确保库存记录的准确可靠。通过不断盘点、发放订单、接收订货等工作来维持库存需要耗费大量的时间和资金。当这些资源有限时,企业自然试图采用最好的方式,充分利用有限的资源来对库存进行控制。换句话说,此时的重点是采用合理的库存管理策略对重要物料的库存进行管理。本节将介绍 ERP 系统的库存管理策略,包括常用的几种库存管理方法、安全库存及库存盘点方法。

9.2.1 库存管理方法

1. ABC 分类管理法

19 世纪,维弗雷多·帕雷托(Vilfredo Pareto)在研究米兰的财富分布时发现,约 20%的人占有 80%的财富；约 20%不同样式的车辆占了年度汽车销售量的 80%；家庭预算中 20%的项目占了现金开支的 80%。这种少数具有重要地位、多数处于次要地位的现象存在于许多方面，被称为帕雷托原理。这是商务中非常有用的一个概念，它可应用于库存控制、生产控制、质量控制及其他许多管理问题。该分析方法的核心思想是在决定一个事物的众多因素中分清主次，识别出少数的但对事物起决定作用的关键因素和多数的但对事物影响较小的次要因素。这是生产控制的基本原理中最有用、最有效却最少被利用的。这种原理在应用于库存控制时，被称为 ABC 分类管理法。

任何一个库存管理系统都必须指明某种物料何时发出订单、订购数量为多少，然而大多数库存管理系统要订购的物料种类繁多，以至于对每种物料都进行模型分析并仔细控制有点不切实际。库存与资金占用之间有这种规律，即少数库存价值昂贵，占用大部分的资金；相反，大多数库存价格便宜，仅占用很少一部分的资金。企业应该加强管理这些少数价值昂贵的物料，来控制大部分的库存价值。ABC 分类管理法的基本原理就是把库存物料按品种和占用资金的比重大小分为 A、B、C 3 类，并根据各类物料的重要程度不同分别采取不同的管理方法。

库存管理不仅可以考虑库存的价值，还可以考虑认为重要的其他项目，如金额、潜在利润、使用（或销售）量、缺货后果等，根据重要程度进行库存的分类，重要程度高的库存应受到严格的控制。

ABC 分类管理法的一种方法是基于库存项目的使用价值（年使用量×单位成本）的。通常情况下，库存总价值的一大部分(80%)是由一小部分(20%)物料产生的。按照这种方法，库存可区分为以下 3 个不同部分：

- A 类物料：高值——其价值占库存总价值的 70%~80%，其库存量通常占物料总量的 10%~20%；
- B 类物料：中值——其价值占库存总价值的 15%~20%，其库存量通常占物料总量的 30%~40%；
- C 类物料：低值——其价值几乎可以忽略不计，只占库存总价值的 5%~10%，是库存物料的大多数，其库存量通常占物料总量的 60%~70%。

许多企业会做进一步的分类，如加一个 D 类或把 A 类再细分为 AAA、AA 与 A，每种物料在该类之中又可以做 ABC 分类。有些物料值得工厂经理个人的关怀，只因为它们代表巨额的金钱。

这一方法和思想在许多其他制造控制活动中有着广泛的应用，举例如下。

- 少数客户给一家企业大多数的订单。
- 少数部门完成制造作业的大部分工作。
- 少数作业产生废品的大多数。
- 少数供应商造成大多数采购物料中的延误。
- 少数物料包揽了大多数对客户的欠交订单。

ERP 系统一般都有 ABC 分类功能，分类的方法就是按照物料价值分类，将物料按使用价值（年使用量×单位成本）排序，然后按次序逐项累加，累加到价值达到总价值的 70%（比例可根据需要确定），即属于 A 类物料；继续累加，价值达到总价值的 95%，之间的物料就是 B 类物料，余下的是 C 类物料。然后，根据事先研究的原则对 3 类物料进行不同的管理。下面以一个只有 10 种物料的简化例子来说明如何做 ABC 分类。

第一步，如表 9-1 所示，列出这些物料及其年使用量，然后用单位成本乘以年使用量，最后从年使用金额最高的开始将这些物料排序。

表 9-1　库存物料的 ABC 分类（1）

物料	年使用量（件）	单位成本（元）	年使用金额（元）	序数
F-11	40000	0.07	2800	5
F-20	195000	0.11	21450	1
F-31	4000	0.10	400	9
L-45	100000	0.05	5000	3
L-51	2000	0.14	280	10
L-16	240000	0.07	16800	2
L-17	16000	0.08	1280	6
N-8	80000	0.06	4800	4
N-91	10000	0.07	700	7
N-100	5000	0.09	450	8

第二步，按序数排列这些物料并计算出累计年使用金额与累计百分数，如果任意地决定 A 类物料将是这些物料中最前面的 20%，那么 A 类物料将包括序数为 1 和 2 的两种物料；序数为 3～5 的这 3 种物料将属于 B 类物料，它们占总物料数的 30%；其余 50% 的物料将属于 C 类物料，如表 9-2 所示。

表 9-2　库存物料的 ABC 分类（2）

物料	年度使用金额（元）	累计年使用金额（元）	累计百分数	类别
F-20	21450	21450	39.8%	A
L-16	16800	38250	71.0%	A
L-45	5000	43250	80.2%	B
N-8	4800	48050	89.3%	B
F-11	2800	50850	94.4%	B
L-17	1280	52130	96.7%	C
N-91	700	52830	97.9%	C
N-100	450	53280	98.9%	C
F-31	400	53680	99.6%	C
L-51	280	53960	100.0%	C

这一 ABC 分类结果可以归纳为表 9-3。如果把最大精力集中于 A 类物料，那么可使其库存压缩 25%。这就是对总库存的相当可观的一笔压缩，即使 C 类物料由于控制不严而增加了 50% 也不要紧。

表 9-3　库存物料的 ABC 分类（3）

分类	占总物料的百分比	每类的年使用金额（元）	占金额的百分比
A：F-20，L-16	20%	38250	71.0%
B：L-45，N-8，F-11	30%	12600	23.4%
C：所有其他物料	50%	3110	5.6%
总计	100%	53960	100%

库存物料划分为 A、B、C 3 类后，企业可以根据物料的重要程度不同，对其开展不同的管理工作。关于 ABC 分类管理法的库存控制，需要注意以下方面。

(1) 控制的程度

对于重点的 A 类物料，应投入最多的精力和资源进行重点严格的控制，包括最完备、准确的记录，最高层监督的经常评审，供应商按总括订单频繁地实时地更新采购记录，对车间进行紧密跟踪以压缩提前期，等等。

对于 B 类物料，可以做正常控制，包括良好的记录与常规的关注。

对于 C 类物料，尽可能使用最简便的控制，如定期目视检查库存实物、简化的记录、最简的标志法表明补充存货已经订货、采用大库存量与订货量以避免缺货，以及安排车间作业计划时给予低优先级。

(2) 库存记录

对于 A 类物料，要有最准确、完整与明细的记录，要频繁地甚至实时地更新记录；对事务文件、报废损失、收货与发货的严密控制是不可能缺少的。

对于 B 类物料，只需正常记录处理，成批更新，等等。

对于 C 类物料，不用记录(或只用最简单的记录)，成批更新，简化得以大量计数，等等。

(3) 优先级

在一切活动中，给 A 类物料高优先级，以压缩其提前期与库存；对于 B 类物料只要求正常的处理，仅在关键时给予高优先级；给 C 类物料以最低的优先级。

(4) 订货过程

为 A 类物料提供仔细、准确的订货量、订货点与 MRP 数据，常常使用 JIT 订货法。对计算机数据需进行人工核对，再加上频繁地评审以压缩库存。本节后面将介绍 JIT 订货法。

对于 B 类物料，每季度或当发生主要变化时评审一次 EOQ(经济订货批量，本节接下来将讲解)与订货点，MRP 的输出按例行公事处理。

对于 C 类物料，不要求做 EOQ 或订货点计算，但应该多订货，防止缺货；订货往往不用 MRP 作为计划；当前存货还相当多时就订购一年的供应量；使用目视评审和堆放方法，等等。

2. 库存控制模型

库存管理系统的日常运作非常复杂，仓储部门的经理面临的主要决策有：确定订货批量(称为数量决策)，确定订货时间(称为时间决策)，如何控制系统，制定决策的程序、规则、确定库存物料的优先级别，库存信息的管理，等等。这些也正是库存控制模型要解决的问题。归纳起来，库存控制模型要解决 3 个问题：确定库存检查周期、确定订货量和确定订货点。

库存控制模型有两种基本控制模型：

- 定量库存控制模型(Q 模型)：订货量不变、订货间隔改变；
- 定期库存控制模型(P 模型)：订货间隔不变，订货量改变。

(1) 定量库存控制模型(Q 模型)——经济订货批量(EOQ)

在讲述主生产计划(MPS)这一章中，我们讲解过经济订货批量的相关内容。假设有一个最佳订货批量，该批量使得库存总成本最低，则称为经济订货批量。经济订货批量是基于以下假设：

- 需求稳定不变；
- 提前期已知，且固定；
- 满足所有需求，不允许缺货，因为需求和准备时间是已知的常量，所以人们可以准确地确定订货时间来避免缺货；
- 产品单位成本不变；
- 库存持有成本基于平均库存；
- 订货成本不变；
- 订货或生产都是批量进行的，并且整批货同时进行存储。

基于这些假设，定量库存控制模型随时间变化的库存水平如图9-2所示，这是一个完美的锯齿形状，需求恒定，每次订货量 Q 相同，R 为订货点，L 为订货提前期。其中，订货量 Q 就是需要确定的经济订货批量。

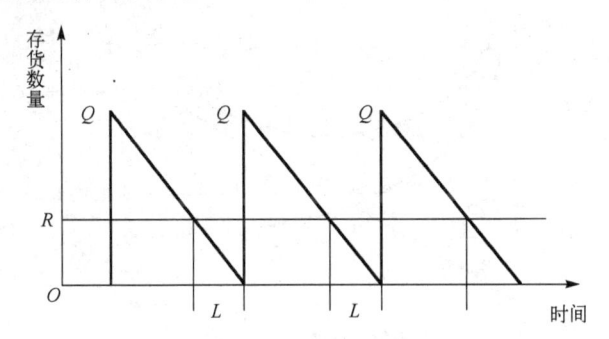

图 9-2 定量订货控制模型的库存变动

根据假设条件和图9-2，可以得出年库存总成本结构中各组成成本的计算公式：

$$年货物成本 = D \times C$$

$$年订货成本 = \frac{D}{Q} \times S$$

$$年存储成本 = \frac{Q}{2} \times H$$

将以上各组成成本相加，得出年库存总成本为：

$$TC = D \times C + \frac{D}{Q} \times S + \frac{Q}{2} \times H \tag{9-1}$$

其中：

D——每年货物需求量；

C——单位产品成本；

Q——订货批量；

S——生产准备成本或订货成本；

H——单位产品存储成本，可用单价的百分比表示；

TC——年库存总成本。

图 9-3 表示了各组成成本与订货批量、年库存总成本与订货批量之间的关系，最佳订货批量 Q_{opt} 对应着 TC 曲线的最低点(此处为极点，斜率为0)。因此，要求使得库存总成本

最低的最佳订货批量 Q_{opt}，只要对式(9-1)求 Q 的导数并令其为 0 即可，即：

$$\frac{dTC}{dQ} = 0 + \frac{-D \times S}{Q^2} + \frac{H}{2} = 0$$

根据上面的计算过程，得到经济订货批量的计算公式为：

$$EOQ = \sqrt{\frac{2D \times S}{H}}$$

其中：

D——每年货物需求量；
S——生产准备成本或订货成本；
H——单位产品存储成本，可用单价的百分比表示。

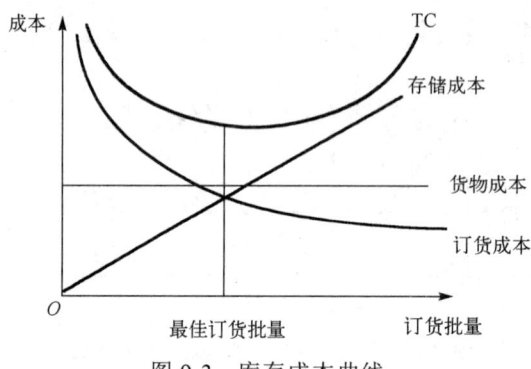

图 9-3　库存成本曲线

【例 9-1】

定量库存控制模型 EOQ 计算：一家地毯经营商店要决定订购多少码某类型的地毯。该地毯商店每年要卖出该类地毯 360 码，每次订货需要花费 80 元，该地毯商店货物成本价格为 640 元/码，每年存储成本是成本价的 25%。问每年应该进几次货？每次进货量多大？

解题过程如下：

根据 EOQ 公式，经济订货批量 $EOQ = \sqrt{\frac{2 \times 80 \times 360}{0.25 \times 640}} = 60$（码），订货次数 $= \frac{360}{60} = 6$（次）。

也就是说，每隔两个月就要进一次货，每次订购 60 码。

EOQ 方法适用于下列情况。
- 该物料通过采购或通过制造成批地得到补充，它不是连续地生产出来的。
- 销售或使用的速率是均匀的，而且同该物料的正常生产速率相比是低的，显著数量的库存因而产生。

EOQ 方法也有不足和缺陷。对经济订货批量的理论有许多批评，但并不是批评该方法在内容上的不足之处，而是批评那种不顾实际情况而不适当地随便使用这种方法的态度。伯比奇教授在其 1978 年的著作《生产管理原理》中，对经济订货批量提出的批评如下：①它是一项鲁莽的投资政策——不顾有多少可供使用的资本，就确定投资的数额；②它强行使用无效率的多阶段订货办法,根据这种办法所有的部件都足以按不同的周期提供;③它回避准备阶段的费用,更谈不上分析及降低这项费用;④它与一些成功的企业经过实践验证的工业经营思想格格不入。似乎那些专心要提高库存物资周转率,以期把费用减少到最低限度的企业会比物资储备膨胀的企业获得更多的利益。其他反对意见则认为:采用使库存总成本最低的经济订货批量并不一定意味着获利最多。此外,许多企业使用了经另一学者塞缪尔·艾伦教授加以扩充修订的经济订货批量法之后认为,在它们自己的具体环境条件下,该方法要求进行的分析本身就足够精确地指明这种方法的许多缺点所在,而其他方法又不能圆满地解决它们试图要解决的问题。

尽管 EOQ 方法存在诸多前提假设条件,但其综合考虑了订货成本与存储成本两方面因素,所以经常作为一个参考起点,再用其他方法修正。因此,ERP 系统中一般提供 EOQ 方法。

(2) 定期库存控制模型(P 模型)——经济订货周期(EOI)

在定期库存控制模型中,以一个固定的时间间隔检查库存量,订货量应将库存量提高到一个目标库存水平。定期库存控制模型没有订货点,每次的订货量都是变化的。定期订货方法弥补了定量订货方法的订货成本较大、工作量加大的缺陷。

定期库存控制模型与定量库存控制模型的基本假设相同,原理是预先确定一个订货周期 T 和最高库存量 Q_{max},周期性地检查库存,根据最高库存量、实际库存、在途订货量和待出库商品数量,计算出每次订货数量,发出订货指令,组织订货。每次订货的数量都不相同。

定期库存控制模型的库存水平随时间的变化如图 9-4 所示。

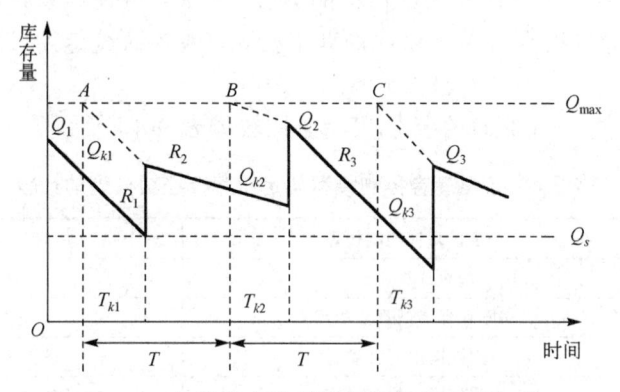

图 9-4 定期库存控制模型的库存水平变动

定期库存控制模型必须确定订货周期 T。订货周期 T 通过经济订货周期(Economic Order Interval,EOI)法确定,其基本原理也是要求年库存总成本(即货物成本+存储成本+订货成本)最小,如图 9-3 所示。定期库存控制模型下年库存总成本与各组成成本的关系式为:

$$TC = D \times C + \frac{S}{T} + H \times D \times \frac{T}{2} \tag{9-2}$$

其中,T 为订货周期;其余参数与定量库存控制模型相同。

为使年库存总成本最小,对式(9-2)两端的订货周期 T 求导,并令等式为 0,得到:

$$\frac{dTC}{dT} = 0 + \frac{-S}{T^2} + \frac{H \times D}{2} = 0$$

因此,得到经济订货周期为:

$$T_{\text{opt}} = \sqrt{\frac{2S}{H \times D}}$$

【例 9-2】

定期库存控制模型 EOI 计算：已知某产品的年需求量为 10000 台，订货成本为每台 10 元/次，存储成本为 4 元/台，计算经济订货周期。

求解过程如下：

$$T_{\text{opt}} = \sqrt{\frac{2S}{H \times D}} = \sqrt{\frac{2 \times 10}{10000 \times 4}} = 0.02236 \text{年} = 8.16 (\text{天})$$

将结果取整，即经济订货周期为 8 天。

EOI 方法的适用场合如下。

- 需多次少量从库存提货，以致每次提货都登入记录是不实际的。食品超级市场、汽车零件供应店及类似的零售业属于这一类型，如电子的与机械的机器制造业中的服务零件业务。
- 订货成本比较小。这发生在从一个来源收到许多不同物料的订单或从一个中心仓库向分支仓库转移许多存货物料的订单的场合。
- 一次订购许多物料以构成生产日程的场合。例如，可使该系列物料的设备调整组合起来，或者通过组合订单从供应商获得折扣，或者通过定期发运满载车皮而降低运费。

定量库存控制模型与定期库存控制模型的比较如表 9-4 所示。

表 9-4 定量库存控制模型与定期库存控制模型的比较

特征	定量库存控制模型	定期库存控制模型
订货量	每次订货量相同	每次订货量变化
何时订货	在库存量降低到订货点时	盘点时决定
库存记录维护	每次入库出库都做记录	只在定期盘点时记录
库存规模	比定期库存控制模型小	比定量库存控制模型大
维持所需时间	记录持续，所以较长	比定量库存控制模型短
物料类型	昂贵、关键或重要物料	一般物料

定量库存控制模型是"事件驱动"的，而定期库存控制模型是"时间驱动"的。也就是说，定量库存控制模型的思想是库存在达到规定的再订货水平后，就进行订货。这种情况有可能随时发生，主要取决于企业对物料的需求情况。相比而言，定期库存控制模型只限于在预定时期期末进行订货，是由时间驱动的。定期库存控制模型具有固定补货时间和较少库存记录的优点，具有较大安全库存（安全库存要满足前置期和检查间隔期的需求波动）。定期库存控制模型适用于不保持永久记录的慢速和快速移动廉价物料；当从同一个供应商处购进多种物料的时候，也适合采用定期库存控制模型。定量库存控制模型可用于高价值、提前期短、订货批量大的物料。两种模型在实践中都得到了广泛的运用，企业往往根据具体的管理实践与经济效益做出选择。

3. JIT 订货法

JIT（Just In Time）订货法，也称准时化采购法，由 JIT 思想演变而来，是一种先进的采购模式，也是一种管理哲理。它是把 JIT 生产的管理思想运用到采购中来，从而形成的一种先进的采购模式。它的基本概念是在恰当的时间、恰当的地点，以恰当的数量、恰当的质量提供恰当的物料。

JIT 思想的出发点在于不断消除浪费。消除浪费是一种市场竞争策略，要降低成本，就要不断消除浪费。这里的浪费比企业里通常所说的浪费的概念要广泛得多、深刻得多。凡是超过生产产品所绝对必要的最少量的设备、材料、零件和工作时间的部分都是浪费。

和 JIT 生产一样，JIT 订货为了消除库存和浪费而进行持续性改进，不但能够最大限度地满足客户的需求，而且可以最大化地消除库存，最大限度地消除浪费。

与传统采购面向库存不同，JIT 订货法是一种直接面向需求的采购模式，它的采购送货是直接送到需求点上的。

- 生产需要什么，就采购什么，品种规格符合生产需要。
- 生产需要什么质量的物料，就采购什么质量的物料，品种质量符合生产需要，拒绝次品和废品。
- 生产需要多少就送多少，不少送，也不多送。
- 生产物料什么时候需要，就什么时候订货，不晚也不早，非常准时。
- 生产物料在什么地点需要，就送到什么地点。

以上几条，即 JIT 订货法的原理，它既做到了很好地满足企业对生产物料的需求，又使得企业的库存量最小，只需要在生产线旁边有一点临时存放，一天工作完，这些临时存放就消失了，库存完全为零。依据 JIT 订货法的原理，一个企业中的所有活动只有当需要进行的时候再接受服务，才是最合算的。

JIT 订货法和传统的采购模式在质量控制、供需关系、供应商的数量、交货期的管理方面有许多不同。JIT 订货法包括供应商的支持、合作及制造过程、货物运输系统等一系列的内容，它不但可以减少库存，还可以实现加快库存周转、缩短提前期、提高购物的质量、获得满意交货等效果。

9.2.2 安全库存及其设定

1. 安全库存的概念

安全库存（Safety Stock）是指为了防止不确定因素（如突发性大量订货或供应商延期交货）影响订货需求而准备的缓冲库存，安全库存用于满足提前期需求。

零库存生产，是每个企业追求的目标。但是，零库存生产需要较高的管理水平，一般企业很难做到这一点。因为每日需求量、交货时间、供应商的配合程度，存在较多的不确定因素，这些因素控制不好的话，企业很容易因为断货而影响生产，进而影响企业的交货，给企业造成损失。所有的业务都面临着不确定性，这种不确定性来源各异。从需求或消费者一方来说，不确定性涉及消费者购买多少和什么时候购买。处理不确定性的一个习惯做法是预测需求，但从来都不能准确地预测出需求的大小。从供应一方来说，不确定性是指获取零售商或厂商的需求，以及完成订单所要的时间。就交付的可靠性来说，不确定性可能来源于运输,还有其他原因也能产生不确定性。不确定性带来的结果通常是一样的,企业要备有安全库存来进行缓冲处理。在给定安全库存的条件下,平均存货可用订货批量的一半和安全库存来描述。安全库存在正常情况下不动用,只有在库存过量使用或送货延迟时才能使用。

2. 安全库存的设定

安全库存的设定一般说来很复杂,虽然有理论公式,但是没有一个标准的设定方法。在实际操作中,安全库存主要是根据企业的历史数据和采购人员的经验进行设置,而且还需要在实践中不断探索和完善,最终确定出合理的库存量。

安全库存的设定是建立在数理统计理论基础上的。首先,假设库存围绕着平均消费速度发生变化,大于平均需求量和小于平均需求量的可能性各占一半,缺货率为50%。

安全库存越大,出现缺货的可能性越小;但库存太大,会导致剩余库存的出现。企业应根据不同物料的用途及客户的要求,将缺货率保持在适当的水平上,允许一定程度的缺货现象存在。安全库存的量化计算可根据客户需求量固定、需求量变化、提前期固定、提前期变化等情况,利用正态分布图、标准差、期望服务水平等求得。

设置安全库存可以作为应对意外的供需差异的缓冲方法。如果供应商的交货数量小于需求量,如果生产车间生产的零件有缺陷,或者需求预测的结果是10件,而接到的客户订单却是12件,就可用安全库存来满足需求的差异。但是,安全库存的使用必须谨慎。

设置安全库存无疑会增加库存管理成本,所以在物料清单的层次上设置安全库存应当慎重。以下是一些可供参考的策略。

- 对提前期长的物料设置安全库存,这样可以缩短产品的累计提前期。
- 对选项设置安全库存。有时在一个产品族中有很多产品,这些产品是由基本配置和不同选项构成的。在这种情况下,对产品族做预测往往要比对具体的产品做预测更准确。而对产品族做预测本质上是对产品的基本配置做预测,所以意外情况多出现在选项上。因此,对选项设置安全库存是适当的。
- 对用户希望随时都有的产品设置安全库存。在很多情况下,客户希望生产商的某些产品随时都有,如果没有客户就会感到失望和不可接受,甚至会产生强烈的不满,所以应当对这类产品设置安全库存。

9.2.3 库存盘点方法

库存盘点简称盘点,本小节将介绍盘点的概念、作用和方法。

1. 盘点及其作用

所谓盘点,是指定期或临时对库存物料的实际数量进行清查、清点的作业,即为了掌握物料的流动情况(入库、在库、出库的流动状况),对仓库现有物料的实际数量与保管账目上记录的数量进行核对,以便准确地掌握库存数量。

盘点是保证准确的库存记录的必要手段。盘点的目的是查找出错的原因,修正错误,高水平地维护库存记录的准确性,以便得到正确的财产报告。盘点的主要作用就是维持库存记录的准确性。

企业在营运过程中存在各种损耗，有的损耗是可以看见和控制的，但有的损耗是难以统计和计算的，如偷盗、账面错误等。因此，企业需要通过盘点来得知盈亏状况。

通过盘点，一来可以控制库存，以指导日常经营业务；二来能够及时掌握盈亏状况，以便真实地把握经营绩效，并尽早采取防漏措施。

具体来说，盘点可以达到如下目标：
- 企业在本盘点周期内的盈亏状况；
- 得到企业最准确的目前的库存量，并将所有库存记录数据恢复正确；
- 得知损耗较大的营运部门、产品大组及个别单品，以便在下一个营运年度加强管理，控制损耗；
- 发掘并清除滞销品、临近过期的产品，整理环境，清除死角。

盘点的内容一般主要包括以下几个方面：
①数量盘点；
②重量盘点；
③货与账核对；
④账与账核对。

2．盘点方法

库存的盘点方法通常有两种：定期盘点和循环盘点。

(1) 定期盘点

定期盘点是指每隔一定时间间隔对库存物料盘点一次，补充批量的大小取决于该时间的库存量。因此，订货量随时间变化，并根据需求率的变化来改变订货量。

定期盘点在盘点时要进行某种形式的实际清点，在许多情况下，可以使用销售记录，也可以使用连续的库存记录；但是是否需要订货则可以在预先确定的基础上做出决策，而不需要经过实际清点；对重新输入的物料、业务计算的错误、丢失的物料和损耗物料需要做出处理。

(2) 循环盘点

循环盘点也称永续盘点，其思想是为库存物料在一定数量上保持一个连续不断的记录。每当库存物料发生变化时，就进行记录，然后再将库存量和订货点进行比较，如果库存量大于订货点，则不采取行动。

循环盘点使用于价值高而需要严格控制的 A 类物料。因为它利用了一个有效和有意义的订货批量，仅在提前期内才需要安全库存，对于预测和参数的改变不太敏感，库存的核对与其使用有关，对使用率低的物料不需要给予太多的注意。循环盘点由货主派人会同仓库保管员、产品会计一起进行盘点对账。

循环盘点需要不停地加以盘点，然后将盘点结果与计算机内的连续记录进行比较和分析。

9.3 ERP 库存管理系统业务处理

9.3.1 库存控制任务

库存控制是库存管理的重要任务，库存控制的难点是如何充分发挥库存功能，同时尽可能地降低库存成本。两者间存在一些内在的矛盾,在进行库存控制时应该侧重完成以下几项任务。

- 保障生产供应。库存的基本功能是保证生产的正常进行,而库存控制的目标是保证企业经常维持适度的库存,避免因供应不足而出现非计划性的生产间断。这是传统库存控制的主要目标之一,现代库存控制理论虽然对此提出了一些不同的看法,但保障生产供应仍然是库存控制的主要任务。
- 控制生产系统的工作状态。一个精心设计的生产系统,均存在一个正常的工作状态,此时生产按部就班有序进行,生产系统中库存情况,特别是在制品的数量,与该生产系统的设计在制品定额相近。反之,如果一个生产系统的库存失控,那么该生产系统也很难处于正常的工作状态。因此,现代库存管理理论将库存控制与生产控制结合为一体,通过对库存情况的监控,达到对生产系统整体控制的目的。
- 降低生产成本。控制生产成本是企业生产运作管理的重要工作之一,无论是生产过程中的物资消耗,还是生产过程中的流动资金的耗用,均与生产系统的库存控制有关。有资料表明,在工业生产中,物资消耗常常占用总成本的 60%,同时库存常常占用企业流动资金的 80%以上。因此,通过有效的库存控制方法,使企业在保障生产的同时减少库存量、提高库存物资利用率、降低生产成本是库存控制的目的。

9.3.2 库存管理业务

库存管理业务的主要内容包括:库存管理基础工作、物料入库、物料出库、物料退货、物料盘点、呆滞物料处理,以及定期的统计分析工作。

1. 库存管理基础工作

库存管理的基础工作包括批次管理、货位管理、分类管理、制定安全库存标准等。

批次管理是指入库物料同订单的匹配,即对每一批量同时生产的物料在入库时设定唯一的批号。批次管理的目的是实现产品生产过程和原料投入的质量追溯及商品召回制的实行。例如,目前药品销售领域严格地实行国家统一标准的 GSP 管理,生产领域实行 GMP 管理,使药品管理可追溯到产品的流向、产品的生产过程和每一批投入的产品原料,对于提高产品质量、保障人民生命安全起到重要的作用。

货位管理是指对仓库的存储空间进行分隔。货位管理是货物实行先进先出的基础,也为提高货物摆放、盘查、配送等实物管理的水平起到重要作用。

批次管理结合货位管理是应用信息化手段对库存实物实现精细化管理的基础,它能够使管理者精确地知道什么时间入库、谁生产的某批物料、放在什么地方,管理者就可以准确地按照先进先出规则发出货物,又可以准确地核算投入生产的实际成本,还可以随时跟踪和追溯质量问题,通过数据的积累还可以提供供应商管理和质量改进的数据。

分类管理即对物料进行分类管理,如 ABC 分类管理法就是按物料的重要程度进行分类。进行分类后,我们就可以对关键的物料实行重要的管理方式,而对次要的物料实行一般的管理方式,将有限的资源投入关键的部位,以较少的管理成本投入获得较好的效果。

安全库存是为了应对企业的计划变更,保证企业正常生产而设置的库存保有量,是一种额外持有的库存。安全库存越大，出现缺货的可能性越小；但库存太大，会导致剩余库存的出现。因此，安全库存标准的合理制定很重要。

2．物料入库

物料入库的工作包括保证采购订单的来料入库、生产完工入库、生产剩余物料入库，以及销售退货入库。

物料入库的一般流程是按照采购订单收货，清点到货的供应商，物料的种类、规格和数量，将物料摆放在待验区域；填写检验申请单，连同物料取样一起送交质检部门检验，根据检验结果对收到的物料进行处置，即检验合格的物料办理物料入库手续，达不到质量要求的物料由采购人员进行退货或换货。

3．物料出库

物料出库的工作包括生产投入领料、非生产领料与销售提货，仓库管理人员需要与生产物料领用人及销售部门密切配合，做好物料的出库工作，保证出库及时，数量准确。

物料出库的一般流程是根据生产订单的产品用料要求进行发料。生产投入领料按车间订单(加工单、工票或组装计划，它们都来源于主生产计划)与工序用料，并可以根据物料清单与工艺路线自动生成工序领料单；非生产领料有多种形式，系统可以自由定义领料的类别；销售提货按销售订单或合同生成出货单据，并可以自动生成。上述过程都可以给财务子系统传递相关数据及生成财务记账凭证。

制造业在生产投入领料时一般实行配送模式和限额领料的管理措施。配送模式是指把生产线零部件提前齐套准备的职能放在仓库，仓库作为配送中心不但负责储存、分拣和理货、配货和分放、倒装和分装、装卸搬运、送货，它还负责整个供应链的情报工作。配送中心在物流间起衔接作用，这种衔接不但靠实物的配送，也靠情报信息的衔接。

限额领料是制造业定额管理的主要组成部分，是通过仓库进行成本控制的重要方法。另外，通过限额领料进行定额消耗差异分析，对不断完善物料消耗定额也有十分重要的作用。

4．物料退货

物料退货分为生产过程中的退货和销售退货两种情况：生产过程中的退货是指生产过程中由于订单更改、技术图纸改变、质量问题、计划不准确等原因产生的退货；销售退货是指订单更改或出现质量问题产生的退货。退货处理一般要经技术检测(或服务)后将物料连同退货单一起到仓库进行退货，仓库保管员接收退货物料，同时要依据检验报告的结果进行下一步转储处理。

退货的物流相对于主营业务流程而言是逆向运动的，影响因素也相当复杂，往往不容易处理，很容易形成呆滞物料，还会影响客户的满意度，导致企业形象受损。因此，企业不仅要及时地进行退货处理，还应该建立退货原因的统计分析体系，分类型对其进行跟踪累计，用于对上游工作质量进行评价考核，同时还可以尽快找到关键的改进方向，便于采取相应措施，使管理水平得到提升。

5．物料盘点

物料盘点是指定期或不定期地对库存物料进行全部或部分的清点工作，以掌握当前的实际库存量，针对账面数量与实际数量的差异进行分析，并加以改善。物料盘点的目的包括：确定现存量并修正库存；检查商品存储管理情况，发现潜在的问题；对仓库管理水平进行评估，发现管理上的漏洞。

库存是企业资产的重要组成部分，所以库存物料相关数据的及时性、准确性和真实性对组织生产、交付订单及销售产品都至关重要，定期或不定期地进行盘点、对账、查找原因并及时处理是十分必要的。

6．呆滞物料处理

呆滞物料处理的内容是定期进行各种物料的库龄分析，及时发现呆滞物料，分析产生原因，确定责任部门和责任人，及时上报相关部门进行解决。

呆滞物料是指物料存量过多、耗用量极少、库存周转率极低的物料。良好状态、存储超过 3 个月、在以后的生产中没有机会使用或很少使用的物料，质量不符合标准、在制或制成后客户取消订单、过多库存、储存超过 1 年以上的成品和半成品，都算作呆滞物料。

呆滞物料产生的原因有很多，我们应采取相应措施来处理。

- 由于工艺或设计变更产生的呆滞物料。一些快速更新换代的零件、产品，一些由于政策环境而不符合标准被取代的物料，以及设计开发部门对产品进行变更等都会产生呆滞物料。当工艺或设计发生变更时，必须第一时间通知相关供应商，全面停止此类物料的生产。对于工程变更后有库存的呆滞物料，尽量在以后开发或生产时能够改造使用或替换使用，近期无使用可能的进入市场调剂或出售。
- 由于预测不准或订单变更产生的呆滞物料。市场是千变万化的，制造企业的计划往往赶不上客户需求的变化。当客户需求改变或订单变更时，销售部门要及时通知物料部门、生产部门，由物料部门、生产部门统计将会产生呆滞物料的库存数量、在制数量、在途数量、委外加工数量等。销售部门要根据统计出来的呆滞物料的成本，第一时间与客户沟通，并负责收回客户赔款，同时通知仓库将该呆滞物料暂存、报废或出售。
- 由于客户退货产生的呆滞物料。客户退货的成品经过质检部门确定，只需返修即可再次发货的，应尽快安排生产返修，并由成品仓办理出库、入库、发货。客户不再订购此类货物的，应在其他客户订单中优先消化。若没有可以消化的订单，且积压超过 3 个月，则需填写呆滞物料处理单，经批准采取折价促销等方式盘活资产。
- 由于采购宽量、安全库存量产生的呆滞物料。设置采购宽量的目的是补充安全库存量。采购宽量的标准应适时更改，且只能对常用件、易损件、通用件、价格波动大的物料设定采购宽量。至少每月排查一次采购宽量及安全库存量，是避免多采或错采物料而导致呆滞物料的前提。其他物料一律不设采购宽量，也不设安全库存量。对于设置了采购宽量或安全库存量的物料，必须遵循先进先出的原则，将该物料优先出库。

7．统计分析工作

库存管理的统计分析工作是指对库存业务的各种信息进行汇总分析，主要内容包括：物料进、出、存的业务数据分析，安全库存额度、物料库龄、代用料分析，物料资金占用分析，物料来源和去向分析等，以便为高层的决策提供基础数据。

物料库龄分析对于掌握各种物资流转情况、制订采购计划、确定库存策略、确定呆滞物料都是必不可少的。代用料分析可以了解采购计划和生产实际需求的差异，也可以掌握技术设计和市场供应的偏差，还可以为企业实施标准化、通用化技术战略提供依据。通过分析供应及时率、车间作业计划、销售发货计划的响应和满足度可以观察整个运营过程是否是以客户为中心、以订单为龙头的生产模式，每个环节的响应速度如何，提高效率的瓶颈在哪里等。

总之，传统的库存管理希望解决的基本问题是何时订货和订多少货，旨在"保障供应而储备量最小"；而现代的库存管理关注的重点则增添了"在哪里存货、存什么货、货物种类及仓库如何搭配"等新内容，其根本目标是谋求"通过适量的库存达到合理的供应，使得总成本最低"。现代企业运作对库存管理提出了更高的要求，管理者必须依靠科学的方法和信息技术保证企业物料的供应和产品的分配像流水线一样顺畅，使库存周转更加迅速。

在传统的手工作业环境下，库存管理工作量大、效率低下且库存数据准确度低，这些极大地影响了库存管理的效果，进而影响企业经营管理的全盘方案。采用信息技术管理库存可以最大限度地解决手工作业中存在的问题，如库存常常与生产、销售、采购、仓储、质检等功能分离的问题，库存信息处理速度低而且容易出错的问题及库存量高而且有时缺货的问题等，从而较好地实现库存管理的目标。采用信息技术管理库存，可以对不同类别、不同层次的物料进行区别管理。一个库存管理系统可以使企业对物流进行及时的动态管理，通过 ERP 系统的计划管理和控制，实现对物料的数量、进货时间等的控制，以保证稳定的原材料供应来支持正常的生产，但又尽量少地占用资金。通过与相关部门的需求相结合，可以随时间变化动态地调整库存。库存管理可以精确地反映库存现状，避免物料的短缺、积压、过期变质，及时了解物料的收发成本，将物料数据共享。通过库存管理系统可以方便地得到整理后的各种报表，包括仓库信息报表、入库清单、出库清单和库存报表等，还可以实现库存物料分析统计的自动化管理，使管理部门及时获得日常所需的各种数据信息。

9.3.3 库存管理模块与系统其他功能模块的关系

ERP 系统中的库存管理模块与系统其他功能模块之间的关系如图 9-5 所示。

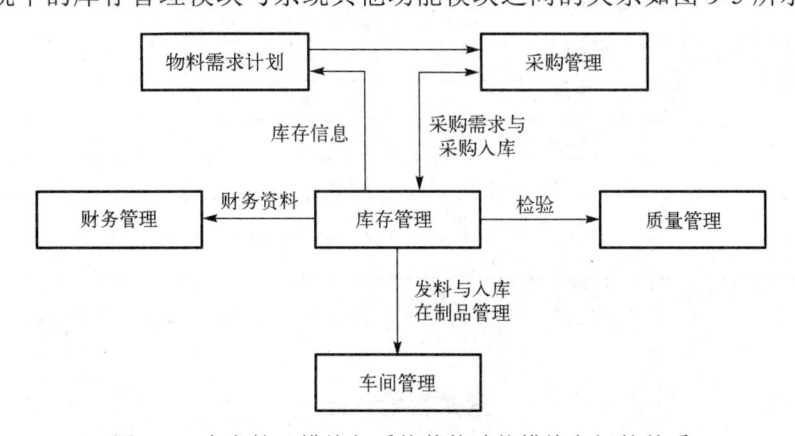

图 9-5 库存管理模块与系统其他功能模块之间的关系

库存管理模块可以参照生产订单生成产成品入库单、材料出库单等，将这些单据的执行情况反馈到物料需求计划模块中，就可以跟踪、查询生产订单的执行情况，并为物料需求计划提供库存信息。

库存管理模块可以根据采购管理模块的采购订单、采购到货单等生成采购入库单，并将入库情况反馈到采购管理模块中；采购管理模块可以根据库存管理模块的采购入库单生成发票，然后根据采购入库单和发票进行采购结算。

财务管理模块对出入库单据登记存货明细账、制单生成凭证，为库存管理模块提供出入库成本等财务数据；库存管理模块为财务管理模块提供产品入库累计入库量。

库存管理模块通过质量管理模块检查物料检验、产品检验、发退货检验及在库检验的记录，并生成各种出、入单据。

本章思考题

1. 库存对于企业来说有什么重要作用？库存如何分类？
2. 库存管理的基本内容是什么？简述库存管理的流程。
3. ABC 分类管理法的基本原理是什么？
4. 库存控制模型中的定量库存控制模型和定期库存控制模型有什么区别？分别适合用于哪些情况？
5. 库存盘点有哪些方法？
6. 库存管理的业务有哪些内容？
7. 采用 ABC 分类管理法对表 9-5 所示的项目进行分类。设定 A 类项目占总价值的 70%，B 类项目占 20%，C 类项目占 10%。

表 9-5　项目 ABC 分类

项目号	单位成本(元)	年需求量(元)	金额(元)	按金额排序	占总值百分比	类别
1011	55	2850				
1290	20	3380				
2030	10	2100				
2255	48	7590				
2275	76	4900				
2410	30	750				
3860	22	1620				
5362	65	5330				
6422	120	350				
7800	80	560				

延伸阅读

煤矿智能仓储

1. 煤矿智能仓储的需求分析

随着煤矿智能化整体水平的迅速提升，智能装备的使用越来越多，智能装备水平的提升依赖大量的感知设备，感知设备的完好率直接影响智能装备的应用效果。如何合理保障传感器类感知设备和大型关键设备的及时供给，以及合理配置相应设备的库存数量是现代化煤矿面临的主要问题。

目前，大多数煤矿仓储采用人工管理、人工取送和配送的方式，部分煤矿实现了通过红外扫码类设备获取领用人员携带的信息码来确定需要领取的物资或设备，然后通过人工寻找的方式和人工操作吊车或叉车的方式来取出物资，并人工配送给领用人。该领取过程不仅存在效率低、误操作率高、人员安全隐患大等问题，也存在库内物资盘点、库位充分使用、物资先进先出等管理难度大的问题。人工取送物资的方式对物资存放货架的高度有所限制，大多数货架的高度不会超过人工获取物资或叉车类设备有效升降的高度，这导致现代化煤矿建设了多个库房，占用了大量的园区有效使用面积。因煤矿多是采用连续生产方式，仓储库房的物资需随时取用，需对每个仓储库房配置多名管理人员以保障仓储随时有人。因此，这种取送物资方式具有仓储管理人员多、总体效率低等特点。

2. 煤矿智能仓储系统总体架构设计

结合煤矿智能仓储既要存放大型电机类设备，又要存放零散传感器类小件和锚杆管路等长条类设备的特点，研究提出了煤矿智能仓储系统的总体架构。煤矿智能仓储系统主要由智能门禁管理系统(车辆门禁管理、人员门禁管理)、内部智能取送系统(智能四向穿梭车、智能堆垛机、输送机及检测等)、智能装卸系统(智能行吊、智能叉车、智能机械臂等)、智能配送系统(智能 AGV 牵引车、智能无人配送车等)、智能仓储管控平台等部分组成，系统总体架构如图 9-6 所示。

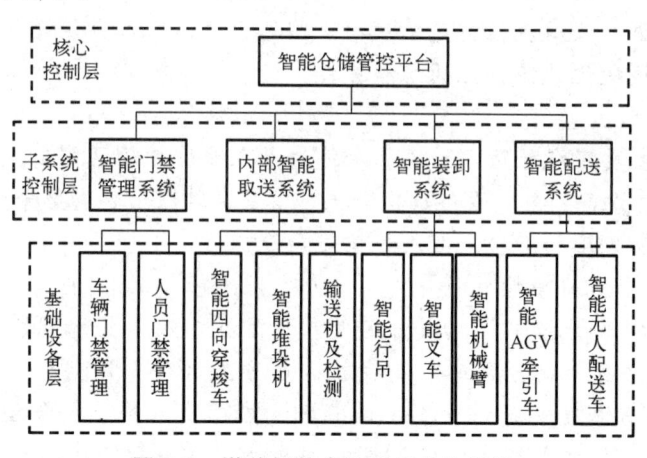

图 9-6 煤矿智能仓储系统总体架构

由图 9-6 可以看出，煤矿智能仓储系统总体架构分为 3 个层级，底层为基础设备系统层，主要完成智能仓储基础信息获取、智能仓储具体工作过程的执行动作；第二层为子系统控制层，实现对各子系统下各设备的智能管控；第三层为核心控制层，实现对各子系统的综合管控，完成对物资出入库、取送、配送等全过程的智能管控，并实现与煤矿其他系统的数据互通。

①智能门禁管理系统。该系统主要通过智能 AI 摄像头类设备，对出入智能仓储的车辆车牌和人员人脸进行识别，并与智能仓储管控平台进行数据层面的互联比对，实现对准入车辆和人员的智能识别，并开启智能仓储相关出入门类设备。

②内部智能取送系统。该系统通过智能四向穿梭车或智能堆垛机等设备对智能仓储中的物资实现智能存放和智能取出，取放设备的具体配置需要结合智能仓储存放货物的种类和数量、取放节拍数和智能仓储的空间大小等综合考虑。

③智能装卸系统。该系统主要通过智能行吊和智能叉车类设备，完成智能取送设备和装载货物车辆之间的无缝衔接，通过智能装卸系统的装置实现物资装载到取货车辆，智能装卸设备也可实现从入库车辆上智能卸载车辆上的物资，传递给智能取送设备。

④智能配送系统。该系统主要通过智能 AGV 牵引车或智能无人配送车等设备实现物资装载，而后按照智能仓储指令，实现物资由智能仓储到指定配送点的过程。该系统主要实现了对物资出入库、库内状态、门禁、智能装卸设备、智能物资配送等的综合智能管控，管控系统具有和矿方 ERP 及全生命周期等系统融合通信的能力，可根据 ERP 和全生命周期系统的指令完成对指定物资的取送、配送、盘点和分析等功能。

3. 智能仓储管控平台功能设计

(1) 总体功能

对上级管控系统，智能仓储管控平台要实现与煤矿的生产经营管理系统、综合管控平台、全生命周期系统等在数据层面的互联互通，可将智能仓储物资的实时状态和分析数据等信息推送给各系统，并接收各系统指令，按指令信息内容完成物资出库、入库、盘点、分析等操作。对下级子系统，智能仓储管控平台要完成对智能门禁管理系统、内部智能取送系统、智能装卸系统、智能配送系统等的智能管控，实现物资进出、存放、装卸、配送全过程的智能管控。智能仓储管控平台具备多仓储协同综合管理、不同对象权限管理、物资短缺预警分析提醒、领用流程自定义、物资信息管理、取入存等规则及优化策略管理，可实现仓储全过程模块化、流程化的智能管控。

(2) 基础信息管控

基础信息管控主要完成领用人和库管人员的权限管理，货区信息、货位信息、货架信息、托盘信息、取送设备、装卸设备、物资状态信息、单据信息类型等的管控，条码编制、单据使用规则、收货制度的管控，拨次管控等功能。

(3) 出入库实时分析及管控

出入库实时分析及管控主要完成自定义入库方式、入库物资智能分配存储货区、不同物资预设多验收方式、物资到库位及存放区多方式入位、智能定位存放、入库验收不合格及退货管理、物资集中或分散多方式出库、依据出入库指令合理规划出入库拨次、物资路径智能规划、多方式智能取放、多方式复合确认、智能库存盘点、智能库存状态更新等功能。

(4) 库存趋势及需求融合分析

库存趋势及需求融合分析可根据仓储内库存和出入库频次节拍等状态，智能分析不同物资的趋势状态；并对库存过多、使用频次较低的物资进行趋势分析提醒，提醒库管和相关人员根据需要减少该类物资采购以降低库存数量；当某种物资的使用频率呈增高趋势时，提醒有关人员并生成预采购相关信息，推送给 ERP 等系统，以提前发起采购，避免物资短缺。智能仓储管控平台实现和综合管控平台、全生命周期、井口超市等系统融合联动分析的功能。例如，全生命周期系统判断 400kW 电机将于 1 个月后有 3 台会发生故障，智能仓储管控平台需根据该条信息自动盘点库房内 400kW 的电机数量，根据库存数量判断是否需要进行该电机采购的发起。智能仓储管控平台与井口超市系统实现融合分析，根据井口超市物资消耗的数量自动生成领取物资信息，待有关人员审批通过后，智能无人配送车自动进入智能仓储内，智能仓储管控平台根据出库信息将相关物资装入智能无人配送车，车辆按照设定路线和目的地将物资智能配送至井口超市，智能仓储管控平台自动完成本次流程并更新库存状态。

(5)统计及报表功能

智能仓储管控平台的管控界面具有仓储数据罗盘类展示，出入库数据统计分析展示，在库数据统计分析功能，仓储状态装置、实景 3D 地图、各种趋势分析报表等综合展示，统计和报表统计功能。

(资料来源：杨丽. 煤矿智能仓储系统研究与设计. 中国煤炭,2022,48(02):48-54)

第10章 成本管理

随着市场竞争日趋激烈，企业要使自己的产品占领市场，就必须对其成本进行控制，否则就会失去市场竞争力，影响企业的生存和发展。ERP为企业的成本管理提供了工具，实施ERP的目的就是优化资源配置，以最低的资源占用和资源消耗生产出市场所需要的产品。ERP系统把财务和成本管理融入其中，极大地增强了企业的综合管理能力。

10.1 成本管理概述

10.1.1 成本管理的概念和作用

本书前面章节讲述了ERP系统的发展历程，从中可以知道，从闭环MRP到MRPⅡ最重大的一个进步就是将资金流和物流集成，实现企业的财务系统与生产系统的同步。这里有一个疑问，ERP中的成本管理是财务做账吗？

要回答这个问题，我们首先需要了解现代会计学中有关财务会计和管理会计的相关内容。

1. 财务会计与管理会计

会计是以货币作为反映方式，采用专门方法，对经济业务进行核算和监督的一种管理方法。现代会计学把主要为企业外部提供财务信息的会计事务称为财务会计，而把为企业内部各级管理人员提供财务信息的会计事务称为管理会计。

财务会计的主要目的在于为企业外部利益相关者提供全面反映企业财务状况、经营成果和财务状况变动的信息。这些信息高度综合，但详细程度不能满足决策的需要。财务会计的时间范围有月、季、年等不同规定；所报告的信息反映已发生的情况；所遵循的约束条件是外部强制的标准、会计原则、方法及程序。

管理会计是20世纪50年代发展起来的一门新学科，是现代管理学的一个重要组成部分，20世纪70年代末才传入我国。管理会计的主要目的在于为企业内部各级管理部门和人员提供经营决策所需的各种经济信息。这些信息要满足特定的要求，详细到可供计划、控制和决策使用。提供信息的范围可根据需要而有极大的伸缩性（时间单位可从小时到年）；所提供的信息既有历史信息，也有预测信息；所遵循的约束条件是以满足成本/效益分析的要求为准的，无外部的强制约束。

归纳起来，财务会计和管理会计的主要区别如表10-1所示。可以看到，管理会计与财务会计的工作对象相同，目标一致，管理会计所需的许多资料和数据来源于财务会计。

表 10-1　财务会计和管理会计的主要区别

对比项	财务会计	管理会计
服务对象	向企业外部利益相关者提供信息	向企业内部各级管理部门和人员提供信息
工作性质	面向过去的"报告型会计"	面向未来的"经营型会计"
范围目的	生成企业整体经营状况的财务报表，高度综合、全面，但详细程度不能完全满足决策需要	生成部分的或有特定目的的财务报表，详细程度可依计划、控制与决策之需要而定
时间跨度	提供规定时期的信息(如年、季、月)，报告业已发生的经营情况	提供信息的时间范围有伸缩性(如从几个小时到数年)，包括历史信息和预测信息
约束规范	遵照外部强制的会计原则，往往只需运用简单的算术方法，遵循固定的会计循环程序	适用的方法灵活多样，工作程序性较差，形式自由，以满足经营管理分析要求为准

2．成本管理的概念和作用

ERP 的成本管理按照管理会计的原理，对企业的生产成本进行预测、计划、决策、控制、分析与考核，采用的是标准成本体系(Standard Costing System，将在下一节详细讲述)。

为了适应当今市场的动态变化、越来越短的产品周期及日益激烈的竞争，ERP 如果只能完成计算机化的成本记录、归档等传统任务，是远远不够的。在 ERP 成本管理中，贯穿着的思想是管理会计的原则和思想。这主要是从以下几个方面体现出来的。

- 从系统本身来看，ERP 强调事前计划、事中控制、事后反馈"三部曲"的统一，整个是一套预测、计划、决策、控制、分析、考核的管理模式，这也体现在成本管理中。
- 从具体管理方法来看，常见的 ERP 系统都能够实现标准成本的预先确定、实际成本发生后成本差异的分析、以成本中心为主体的责任成本管理等功能，而这些都是管理会计的重要内容。
- 从国内的应用环境来看，过去人们常常认为引进的 ERP 系统的成本管理模块不符合我们的国情，认为功能不符合上级机关要求的报表格式，而较少想到它是一个功能非常强大的管理工具。随着我国的会计制度与国际接轨，以及 ERP 系统的进一步发展和广泛应用，ERP 成本管理的优越性会更加明显。

当然，这并不是说财务会计在 ERP 系统中不重要。在 ERP 系统中，财务会计系统业务处理所基于的数据结构是统一的，每项业务交易的单独处理都具有高度的系统集成性。在基本数据输入以后，财务会计系统会进行一系列的操作(包括更新账户、账户汇总、计算余额表数据、资产负债分析及损益分析等)，其中的每次操作都使管理会计系统中的所有数据同时得到相应的更新。因此，财务会计和管理会计实际上是 ERP 系统中成本管理模块的正反两面，两者之间是相互支持、相互补充、不可或缺的关系。

ERP 成本管理的管理对象是生产成本。生产成本是生产过程中各种资源利用情况的货币表示，是衡量企业管理水平的重要指标。企业的资源包括原材料、人力、物力、在制品、产成品、设备、厂房、资金、技术及时间等。通过对这些企业资源的利用效率进行经济分析，可以评判 ERP 系统的应用水平。

10.1.2　企业成本的构成

企业的基本生产经营活动是生产和销售产品。在产品的直接生产过程中，即从原材料投入生产到产成品制成的产品制造过程中，一方面制造出产品，另一方面要发生各种各样的生产耗费。这一过程所有发生的全部支出构成了成本体系，如图10-1所示。

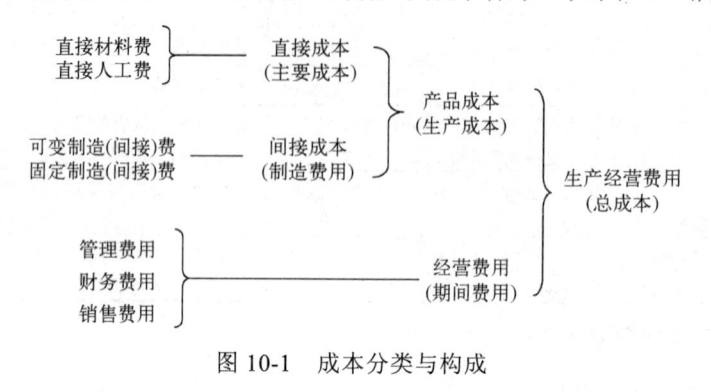

```
直接材料费  ┐
直接人工费  ┘──  直接成本
                (主要成本)      ┐
                                ├── 产品成本
可变制造(间接)费 ┐               │   (生产成本) ┐
固定制造(间接)费 ┘── 间接成本   ┘              ├── 生产经营费用
                    (制造费用)                  │     (总成本)
                                                │
管理费用 ┐                                     │
财务费用 ├──  经营费用                          ┘
销售费用 ┘   (期间费用)
```

图 10-1　成本分类与构成

1. 生产成本

生产成本包括生产过程的全部消耗，具体包括：原材料价值（直接材料费）、劳动创造的价值（直接人工费）和生产过程中的其他损耗（间接成本）。原材料价值在生产过程中被消耗掉或改变其实物形态，其原有价值则一次性全部地转移到新产品中去了；劳动创造的价值以工资形式支付给劳动者，这部分工资也构成产品（生产）成本的一部分，这两部分成本构成了产品的直接成本，可以根据材料费和人工费发生的原始凭证加以汇总和分配后，直接计入成本对象的成本中。其他损耗包括辅助材料、燃料，以及生产过程中使用的设备、占用的房屋土地等，虽然这些设备与房屋不发生形态变化，但其价值是逐渐消耗的，需要通过计提折旧等方式转移到产品中去。此外，生产单位管理人员的工资及其他一些货币支出也包括在这些成本之中，这些费用构成了产品的间接成本，也称为间接费用或制造费用。

所有这些支出，构成了企业产品制造过程的全部生产费用，而为一定种类、一定数量产品而发生的各种生产费用支出的总和就构成了该产品的生产成本。

企业的生产成本包括直接成本和间接成本，这样计算出来的生产成本实际上是到车间（或相当于车间的分厂）为止发生的成本。生产成本将准确反映车间一级的成本水准，便于考核车间的管理责任。企业的经营费用同生产成本核算不发生直接联系，不再计入生产成本。

2. 期间费用

期间费用是指在企业生产过程中发生的一些其他费用，也称为经营费用。期间费用包括3种费用：销售费用、管理费用、财务费用。

销售费用是指在产品的销售过程中，企业为销售产品发生的各种各样的费用支出，如应由企业负担的运输费、装卸费、包装费、保险费、展览费、差旅费、广告费，以及专设销售机构人员的工资和其他经费等。

管理费用是指企业行政管理部门人员的工资、固定资产的折旧、工会经费、业务招待费、坏账损失等。

财务费用是指企业为筹集生产经营所需资金等发生的一些费用，如利息净支出、汇兑净损失、金融机构的手续费等。

上述的销售费用、管理费用和财务费用，与产品生产没有直接联系，而是按发生的期间归集，直接计入当期损益，因此这些费用构成了企业的期间费用。

10.1.3 ERP系统的成本类型

ERP采用的是标准成本体系(Standard Costing System)。标准成本体系是20世纪早期产生并已被广泛应用的一种成本管理制度。在标准成本体系中，在成本发生前通过对历史资料的分析研究和反复测算，估计出未来某个时期内各种生产条件(如生产规模、技术水平、能力资源的利用等)处于正常状态下的确定的计划成本或目标成本或标准成本，成为进行成本控制的依据和基础。在成本发生过程中，将实际发生的成本与标准成本进行对比，记录产生的差异，将差异和各种汇总的信息传递给管理人员，作为分析企业经营生产活动和决策的依据。在成本发生后，对实际成本与标准成本的差异进行全面的综合分析和研究，发现问题，解决问题，并制定新的标准成本。因此，标准成本体系有事前计划、事中控制、事后分析的特点。

传统的成本会计往往局限于事后算账，而ERP采用的标准成本体系则将成本的计划、核算、分析和改进有机结合，形成一个成本管理的科学过程。为了便于计划、监控、分析和维护产品成本，在ERP软件中通常设置4种基本的成本类型。

1．标准成本

标准成本(Standard Cost)是指在正常生产条件下的平均先进成本，是成本管理中的计划成本，是经营的目标和评价的尺度，反映了在一定时期内要达到的成本水平，有其科学性和客观性。标准成本在计划期(如会计年度)内保持不变，是一种冻结的成本，作为预计企业收入、物料库存价值及报价的基础。

在制定标准成本时，应充分考虑在有效作业状态下所需要的材料和人工数量、预期支付的材料和人工费用，以及在正常生产情况下所应分摊的制造费用等因素。标准成本的制定，应有销售、生产、计划、采购、仓储、劳动工资、工艺、车间、财务等有关部门的人员的参与。标准成本制定后，企业要定期进行评价和维护。

2．现行标准成本

现行标准成本(Current Standard Cost)也称为现行成本，类似于人们常说的定额成本，是一种当前使用的标准成本，或者将其看作标准成本的执行成本。现行标准成本反映生产计划期内某一时期的成本标准。在实际生产过程中，产品结构、加工工艺、采购费用和劳动生产率等因素会发生变化，因而也会导致成本数据发生变化。为了使标准成本数据尽量接近实际，可对现行标准成本定期(如3～6个月)进行调整，而标准成本保持不变。

现行标准成本的制定方式与标准成本类似，只是有些数据采用的是现行的成本数据。

3．模拟成本

ERP系统的特点之一就是运用其模拟功能，回答"如果……将会……"的问题。例如，有时想要知道产品设计变更、结构变化或工艺材料代用所引起的成本变化，则可通过ERP系统的模拟功能来实现。为了能在成本模拟或预定过程中不影响现行数据，所以设置模拟成本(Simulated Cost)。这对于产品设计过程中进行价值分析也是有用的。

在制定下一个会计年度的标准成本之前，先把修订的成本项目输入模拟成本系统，经过多次模拟运行比较，审定后再转换到标准成本系统。

模拟成本的制定方式与标准成本类似。现行标准成本和模拟成本均可在标准成本的基础上通过复制和转换来建立。在复制、转换后进行必要的修改，这样就可以大大减少重复的工作量。

4. 实际成本

实际成本是在生产过程中实际发生的成本，主要来自各部门的反馈信息，如工票、领料单、采购发票等。编制财务报表时一般使用的成本就是实际成本。

10.2 ERP系统的成本计算

10.2.1 ERP系统成本计算数据

本书前面章节介绍过产品结构树和物料清单中物料之间的数量关系（包含材料消耗定额）、物料主文件中记录的采购成本、工作中心文件中的各种小时费率、工艺路线文件中的标准时间等，这些都是计算产品成本的基本数据，而完工报告、入库报告的数据又是计算实际成本的依据。这些数据的准确性是成本准确性的保证，只有有了准确的成本才能说清楚各种产品的获利性，才能说清企业的盈亏和利润。

ERP系统成本计算的数据主要包括采购成本、材料定额、工时定额，以及各种费率等。它们分别记录在物料主文件、物料清单、工作中心和工艺路线等文件中。

这些基本数据有一些是数量性数据，如工时定额、材料定额，还有一些是价格性数据，如各种费率、采购成本。这样划分有利于计算和分析。这些数据的准确性是成本计算准确性的前提保证。

10.2.2 ERP系统成本计算方法

ERP系统的产品成本计算工作大致可以划分为以下几项：成本计算对象的确定、成本计算期的确定、材料实际成本核算、各项生产费用的归集和分配、产品成本在产成品和在制品之间的分配。

1. 滚加法

ERP系统是按照成本发生的实际过程来计算产品成本的。ERP系统成本计算方法被称为滚加法，也称成本累加计算法。标准成本、现行标准成本、实际成本和模拟成本都是按照这种方法计算的。滚加法的成本计算是一个累加的过程，按物料清单所规定的物料之间的层次、需求关系和制造过程，从产品结构的底层成本开始计算，每提高一层，成本就累加一次，将本层发生的成本加上低层累加的成本构成本层总成本，这样逐层向上直到最终产品。这样成本的发生和累计与生产制造过程同步，随着生产制造过程的进行，在材料信息和生产计划信息动态产生的同时，成本信息也随之产生，使得企业在计划、控制物流的同时，也控制了资金流，做到了物流、信息流和资金流的统一。

在采用滚加法进行成本计算时，滚加的结构和依据就是产品的物料清单。在物料清单中，处于各个不同层次的物料项目的成本都包含两部分，即本层发生的成本（增值成本）和低层累加的成本。

在一个典型的产品物料清单中，底层的物料项目都是外购件，即原材料或标准件，如图 10-2 中的 C、D、E，它们的材料费（采购件费）和采购间接费（采购部门的管理费、运输费及保管费等）之和组成产品成本中的直接材料费。其中：

$$采购间接费=采购件费 \times 采购间接费率$$

此时尚未发生加工成本。进入上一层以后，若发生加工装配作业，则发生这一层的直接人工费和间接费用，它们的计算公式如下：

$$直接人工费=工作中心记录的人工费率 \times 工艺路线记录的工时数$$
$$间接费用=工作中心记录的间接费率 \times 工艺路线记录的工时数$$

这里的间接费用包括可变间接费和固定间接费，它们可以有不同的费率，但计算公式相同。

直接人工费和间接费用之和称为加工成本，是物料项目在本层的增值，也称为增值成本。再将加工成本同低层各项成本累加在一起，则组成滚加至本层的物料项目成本。

如此逐层由低向高累加，最后到顶层组成最终产品的成本。每一层的成本均由本层增值成本和低层累加成本两部分组成，如图 10-2 所示。

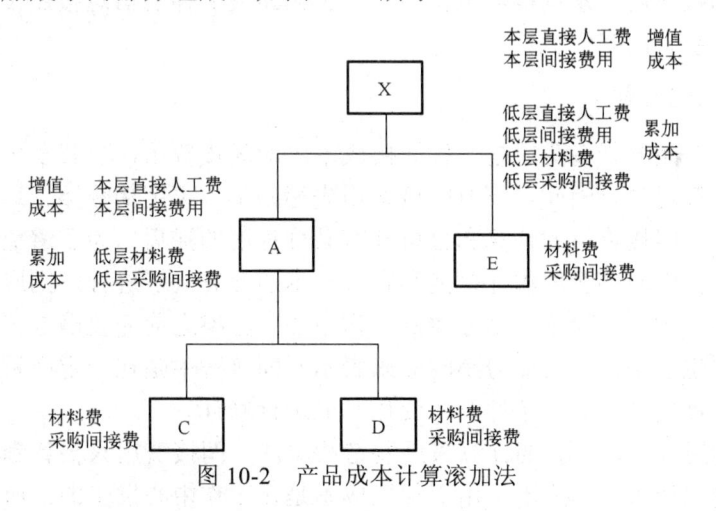

图 10-2　产品成本计算滚加法

滚加法成本分解较细，便于企业财会人员按不同要求进行汇总。若对工作进行跟踪，则会便于进行期末在制品的成本结算或结转。产品结构中任何层次的任何物料成本有了变化，都可以迅速计算出整个产品成本的变化，便于及时调整价格。滚加法对实行各种成本计算方法（如品种法、分步法、分批法）都很方便。

MRPⅡ系统把加工单和采购单看作一个财务实体，成本是在执行车间作业或采购作业的过程中发生的。

系统把产品结构中各层次物料的成本，按低层累加和本层发生的材料费、直接人工费和间接费用，以及其合计值分别列出，用成本物料单（Cost BOM）的报表形式表示。表 10-2 是简化了的电子挂钟的成本物料单。一个完整的成本物料单还应详细列出每项物料的本层增值成本和低层累加成本。

表 10-2 成本物料单

物料号：10000　　物料名称：电子挂钟　　成本类型：标准成本

层次	物料号	物料名称	计量单位	数量	材料费(元)	直接人工费(元)	间接费用(元)	合计(元)
1	11000	机芯	件	1.0	25.00	…	3.00	28.00
1	12000	盘面	件	1.0	…	5.00	8.00	13.00
.2	12100	长针	件	1.0	…	1.10	2.00	3.10
..3	12110	铝材	g	8.0	0.70	…	…	0.70
…	…	…	…	…	…	…	…	…
1	13000	钟框	件	1.0	…	4.50	7.50	12.00
.2	13100	塑料	kg	1.2	2.40	…	…	2.40
1	14000	电池	件	1.0	2.00	…	…	2.00
		合计			32.00	15.00	20.00	67.00

这样通过成本物料单的报表形式，可以详细地表达每一项物料的各种成本费用，又可以表达每一层物料的价值，为分析成本构成、寻求降低成本的切入点提供了充分的信息。表10-2中左侧5列是由物料清单集成过来的，材料费是由采购件的物料主文件集成过来的，直接人工费和间接费用是系统根据工作中心和工艺路线文件的信息按照设定的公式计算得出的，全部由系统自动完成运算。

2．间接费用的分配

如前所述，产品的制造费用是一种间接成本，即间接费用，当其发生时尚不能直接判定所属的成本计算对象。因此，要对间接费用先行归集，再定期分摊。这样一来，在进行产品成本计算时，间接费用的计算和分摊都有某种程度的滞后。为了避免这种情况，使得在成本滚加的过程中间接费用的计算能和直接成本的计算同步进行，则应事先制定间接费率，有了间接费率才能把间接费用分摊到工作中心。分摊之前先要确定工作中心的能力水平，一般用正常生产条件下的能力小时数来表示。间接费率是在一定产量规模、能力水平和效率的条件下预先制定的，条件发生变化时应进行修订。

产品间接费用(制造费用)的计算采用制造成本法，间接费用只核算到车间一级，不再把企业的经营费用计入产品成本，由于加工成本是在工作中心发生的，所以间接费用要分配到工作中心。计算公式如下：

间接费用分配=间接费率(工作中心文件)×工作小时数(工艺路线文件)

间接费用的分配一般按以下步骤进行。

(1)确定间接费用分配依据。预计会计期间生产部门的产量、效率和能力水平，结合产品、车间、工作中心和费用类型等情况来确定分配依据。

(2)计算工作中心的间接费率。表10-3是一个间接费用分配的例子。将间接费用进一步分配到工作中心，确定各个间接费用因素的分配率，但分配的条件、因素都在不断改变，还要根据实际情况进行统计分析，并不断调整优化。

表 10-3　间接费用分配举例

间接费用项目	分配依据
照明、采暖、空调费用	覆盖面积、使用时间
电力费	设备电机安装容量、使用时间
折旧费、保险费用	固定资产价值
维修费	固定资产价值、设备数量
管理人员工资、福利费	员工人数
搬运费	物料的重量、次数

(3) 分配产品的间接费用。最终，间接费用都会分配到各个产品，因此分配到工作中心的费用还必须分配到产品。分配方法按以下公式计算：

$$间接费率 = \frac{预计某个时期的间接费用总额}{预计该时期完成的工作小时数}$$

在大多数情况下，上式中的分母用工时表示，若为设备密集型生产时可以用台时表示。因此，某产品在某工作中心的间接费用计算如下：

$$该项间接费用 = 该工作中心间接费率 \times 该产品占用工作中心时间$$

固定间接费和可变间接费的间接费率是分别计算的。划分这两种间接费用的方法很多，基本上是取历史上两个产量差别较大的时期的间接费用总额之差除以产量之差，从而求出单位产量的可变间接费，再计算计划期内的可变间接费和固定间接费。

10.3　成本管理方法

10.3.1　作业成本法

1. 作业成本法概述

如前所述，传统的成本分配方法以工作中心的工时或台时为基准(或以产量为基准)，把总的期间费用普遍分配到各工作中心，在财务上作为一笔账笼统处理。随着生产自动化程度的提高，在产品成本结构中直接人工费的比例日益降低，而间接费用的比重日益提高。传统的成本分配方法已不能反映不同产品消耗间接费用的真实情况，不利于定价，不利于分析各种产品的盈亏，不利于分清增值作业和无效作业。在此背景下，传统方法无法满足决策的需要，因此出现了作业成本法(Activity Based Costing，ABC 成本法)的成本核算理论和方法，是传统的会计成本系统的一种替代方法。

作业是企业的各种活动，生产产品或提供服务都需要通过一系列的作业去实现，任何作业都要消耗资源并产生成本。作业成本法的用意是通过分析各种作业如何消耗资源、消耗资源的合理性及作业的必要性，从而减少或消除无效作业，实现降低成本的目的。同时，应用作业成本法也便于分析生产各种产品具体发生的作业量，使间接费用按照作业量分配，更接近实际，从而使产品定价更合理；也便于真实地分析各种产品为企业带来的利润，成本计算得更精确，在分析零部件是自制还是外协时也更便于正确决策。

2．作业成本法的原理

作业成本法的理论认为生产过程应该描述为：生产导致作业发生，产品耗用作业，作业耗用资源，从而导致成本发生。也就是说，作业一旦发生，就会触发相应的资源消耗，造成了账目上的成本发生；这些作业过后，才能历经营销、设计、采购、生产、分销从而满足客户的最终需求。这与传统的制造成本法中产品耗用成本的理念是不同的。

作业成本法涉及企业所有的间接费用，包括制造费用以外的间接费用。就产品而言，作业成本法的思想是把间接费用中与具体产品有关的费用，如采购、调试、搬运、质检、工具、库存事务处理、设计修改等费用，归集到一定的作业成本集（Activitiy Cost Pool）中，以建立间接费用与产品成本之间的关系，或者计算出每项作业活动的单位成本，按作业活动发生的次数计算其费用，纳入与产品相关的成本中。作业成本集是指引起间接计入成本的主要作业项目的集合，如维修、搬运、修改等。

作业成本如何分配给产品，即作业成本集与产品成本之间定量关系的计算依据，称为作业成本动因。换句话说，作业成本动因反映作业的业务量与耗费的资源之间的数量关系，即发生作业成本因果关系的主要因素，是分配作业成本到产品或劳务的标准和计算依据。作业成本动因计量了每类产品消耗作业的频率，反映了产品与作业消耗的逻辑关系。例如，当"检验外购材料"被定义为一个作业时，则"检验小时"或"检验次数"就可成为一个作业成本动因。如果检验外购材料 A 所花的时间占总时间的 30%，则作业"检验外购材料"成本的 30% 就应归集到外购材料 A。

作业成本法的原理如图 10-3 所示。

传统的成本分配方法与作业成本法的区别如图 10-4 所示。从图中可以看出，作业成本法是将间接费用先分配到各种作业成本集中，再根据产品发生的作业量和作业成本动因单位费用，分配到具体产品。而传统的成本分配方法把间接费用分配给生产车间，再按统一的间接费率不加区别地分配到各种产品，经常会造成产品成本的严重失真。

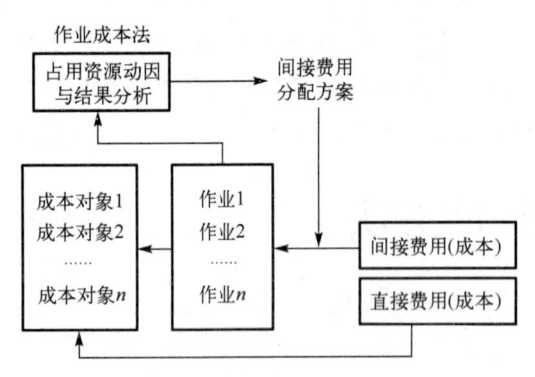

图 10-3　作业成本法原理示意图

下面以处理采购订单为例说明作业成本法。处理采购订单要通过许多作业，如询价、砍价、签约、跟踪、交付、验收、入库、核对发票、付款等，每一项作业都要发生费用。为此，采购作业多的产品分摊的采购费用就应当多些。同理，设计费应当直接分摊到工程师们所设计的产品上，而不是作为间接费用均匀分摊，复杂的产品分摊的设计费就多些。质量成本应当多分摊到相应的有质量问题的零件上，质量成本高的零件，将受到重视而得到改进。

技术含量高的产品，分摊的成本就高；反之，技术含量低的产品，分摊的成本就低。只有如实地反映了产品成本，才能正确定价，从而在招标项目上，不至于出现成本低的产品由于报价高而失去中标的机会；在产品发展方向的决策问题上，也不至于由于盈亏计算的偏差而中断赢利产品的生产或错误地转让出去。

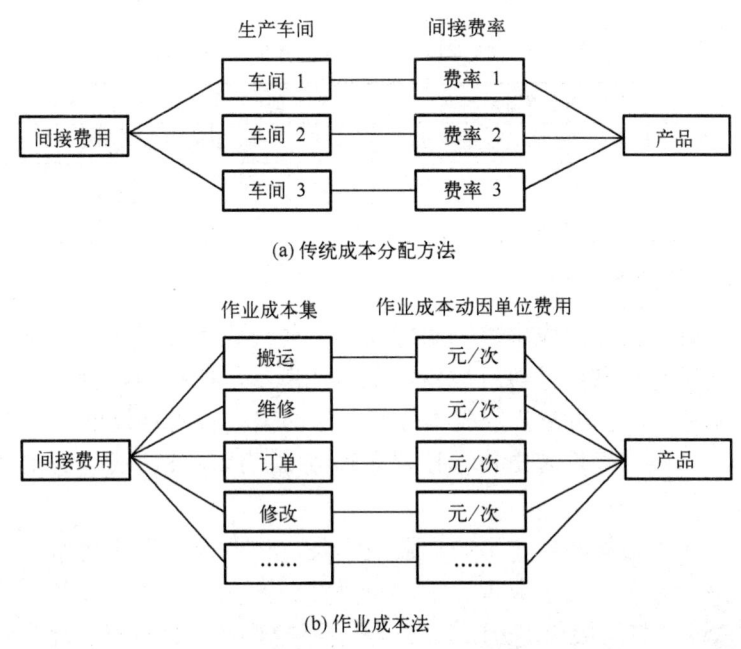

图 10-4 传统成本分配方法与作业成本法的区别

3．作业成本法的计算步骤

下面举例说明作业成本法的计算步骤。

第一步：定义用作业成本法计算的作业。在实际生产中可能出现的作业类型一般有生产准备、购货订单、设备维修、材料处理、材料采购、质量监督、生产计划、工程设计变更、动力消耗、机器小时、存货移动、装运发货、行驶里程、空间占用等。

第二步：确定作业成本集，如表 10-4 所示。

表 10-4 作业成本集

作业成本集元素	成本金额（元）
生产准备	2000
生产控制	1500
机器耗费	6000

第三步：定义作业成本动因。确定作业成本动因要经过试算，计算结果必须合理，如表 10-5 所示。

表 10-5 作业成本动因表

作业成本动因	产品 A	产品 B
生产准备	5	15
生产控制	5	20
机器耗费	20	20

第四步：确定作业成本动因率，再乘以单位费用得出总的费用，计入该产品成本的可变间接费中，如表 10-6 所示。其中，单位费用是根据历史资料计算得到的。

表 10-6 作业成本动因率及其成本分配表

作业成本动因	作业成本动因率	产品 A 的可变间接费（元）	产品 B 的可变间接费（元）
生产准备	2000/25=80	5×80=400	15×80=1200
生产控制	1500/30=50	5×50=250	20×50=1000
机器耗费	6000/40=150	20×150=3000	20×150=3000

4．作业成本法的意义

作业成本法在成本核算和成本控制等方面都与传统成本分配方法有着根本的不同，对企业管理水平的促进与提高也是传统成本分配方法所不能比拟的。目前，已有很多国内的企业应用作业成本法，对于纠正传统成本分配方法的偏差有明显效果。许多 ERP 软件已设置了作业成本法的功能，提供客户自行设置多种成本、成本集、成本类别及定义作业成本动因的功能。

作业成本法增加了归集间接费用的作业成本集。作业成本集的增加，一方面使成本归集渠道多样化，另一方面有利于成本分配的精确性。

作业成本法改变了将间接费用分配到各种产品或产品线中的标准。将导致成本产生的作业成本动因作为间接费用的分配标准是作业成本法区别于传统成本分配方法的一大特点。

作业成本法也改变了许多间接费用的性质。从某种程度上讲，作业成本法使间接费用直接化了，即通过一一对应的作业成本动因这种直接方式将某些原来意义上的间接费用直接归属到产品中，从而可免去成本再分配。

需要指出的是，作业成本法也有一定的局限性。因为它提供的仍然是历史成本信息，所以要发挥决策作用必须要有附加条件。作业成本法虽然极大地减少了现行方法在产品成本计算上的主观分配，但并未从根本上消除它们。也就是说，由于作业成本法的基础资料来自现行的权责发生制，因此其计算结果必须受诸如折旧和开发等成本期末分配中任意性的影响。这样，按作业成本法根据作业成本集归集成本的正确性和客观性就会受到影响。另外，就作业成本法最核心的内容——作业成本集和作业成本动因选择而言，作业成本法也无法做到尽善尽美。尽管作业成本法还存在以上问题，但决不能说它对我们毫无借鉴之处。它不仅是一种先进的成本计算方法，而且是实现成本计算与控制相结合的全面成本管理制度。正如某些学者所说的：由于作业成本法独具的特点，我们完全可以在成本管理的其他方面采用，尤其是成本控制方面，可以用作业成本法来达到控制和节约成本的目的。

10.3.2 目标成本法

1．目标成本法概述

目标成本法是日本制造业创立的成本管理方法，是一种以客户和市场为导向，对有独立的制造过程的产品进行利润计划和成本管理，从战略的高度分析成本，使成本管理与企业经营管理全过程的资源消耗和资源配置协调起来，适应供应链管理的成本管理方法。目标成本法的目的是在产品生命周期的研发及设计（RD&E）阶段设计好产品的成本，而不是试图在制造过程中降低成本。

目标成本法与传统产品设计和售价决定方法有所不同。传统方法是进行市场调查后设计新产品，计算出产品成本，然后再估计产品是否有销路，再加上所需利润，从而计算出产品的售价。传统方法以生产成本与厂商期望的获利程度来决定产品的售价，着重以生产阶段的成本资料为依据。但在实际中，有许多成本是在生产前便发生的，最重要的是产品价格的最后主宰者是市场的期望。目标成本法在产品企划与设计阶段就先做市场调查并制定出目标售价，即最可能被消费者接受的售价，然后根据企划中长期计划制定目标利润，用目标售价减去目标利润即产品的目标成本，其计算公式如下：目标成本=目标售价−目标利润。因此，目标成本法使成本管理模式发生了改变。

目标成本法是一种全过程、全方位、全人员的成本管理方法。全过程是指供应链产品从生产到售后服务的一切活动，包括供应商、制造商、分销商在内的各个环节；全方位是指从生产过程管理到后勤保障、质量控制、企业战略、员工培训、财务监督等企业内部各职能部门各方面的工作，以及企业竞争环境的评估、内外部价值链管理、供应链管理、知识管理等；全人员是指从高层经理人员到中层管理人员、基层服务人员、一线生产员工。目标成本法在作业成本法的基础上考察作业的效率、人员的业绩、产品的成本，弄清楚每一项资源的来龙去脉、每一项作业对整体目标的贡献。总之，传统方法局限于事后的成本反映，而没有对成本形成的全过程进行监控；作业成本法局限于对现有作业的成本监控，没有将供应链的作业环节与客户的需求紧密结合；而目标成本法则保证供应链成员企业的产品以特定的功能、成本及质量生产，然后以特定的价格销售，并获得令人满意的利润。

目标成本法具有下列几项特点：①客户导向以求取竞争优势；②以市场价格作为上限，谋求成本降低；③在产品生命周期的初期阶段使设计者注重成本的降低；④采用跨部门团队方式帮助各部门管理者在未开始生产产品前就衡量产品的功能、客户需求、产品的成本和利润；⑤采用价值工程等方法维持产品功能并降低产品成本。

2．目标成本法的原理

目标成本法对于成本有一种理解：成本绝不是单纯的账簿产物，既然它是在制造过程中发生的，就应当从工程学及技术层面把握成本信息，从研发、设计阶段就开始结合工程学的方法对成本进行预测和监控。目标成本法的立足点是全生命周期成本思想，即成本企划中的目标成本较之传统的成本范围更广，它不仅包括生产者发生的成本，而且要把客户购入产品后发生的使用成本、废弃成本也包括在内。企业为了取得竞争优势，要满足客户在质量、价格、交货期等方面的要求，力求客户的使用成本尽可能低，把包括客户成本在内的全生命周期成本视为必达目标来加以实现。

一般而言，越是处于全生命周期成本的初期阶段，能确定的成本额就越大，且功能构件变更的容易程度也越高，这两种因素的结合使得初期阶段降低成本的潜力大增。因此，有必要针对研发、设计、生产乃至销售阶段的目标成本，将成本计算与产品设计一体化分析，以达到根本性的成本降低。在目标成本法下一个完成了的产品设计，在某种意义上是在图纸上就制造过程进行了一次预演，预演时赋予的各种条件就是实际生产过程中具体各项要求事项的体现。直观地说，设计就是在图纸上"制造"产品，既然实际制造过程中必然发生成本，那么图纸上的"制造"考虑成本发生这一因素就是理所当然的。这意味着降低产品成本的"重心"应该可以从生产制造阶段转移到研发设计阶段。目标成本法的思想正是由这种"重心转移"引起的。这种重心转移表现在两方面，其一是"有备无患"，即在开发设计阶段乃至产品构想阶段就开始降低成本的活动。这种降低成本的活动具有源流管理的属性,即从事物的起点开始实施充分透彻的分析。这种从源流着手的分析有助于避免因后续制造阶段的无效劳动作业耗费无谓的成本。源流式成本管理的实施使得大幅度削减成本成为可能。其二,重心转移更重要地表现为成本的"筑入"特性,成本筑入意味着在将材料、部件等汇集在一起装配成产品的同时,也将成本一并装配进去,或者可以比喻为"盖房子"在砌砖瓦的同时,也将其成本与人工成本一并砌入建筑物。倘若在图纸的预演中排除了各种无效或低效的因素,图纸上有限的筑入可能就等同于制造现场的实际成本,这就等于在前期确保了成本降低的可能性。

目标成本法是由三大环节形成的一个紧密联系的闭环成本管理体系:
- 确定目标,层层分解;
- 实施目标,监控考绩;
- 评定目标,奖惩兑现。

与传统成本管理方法的明显差异在于,目标成本法不是局限于供应链企业内部来计算成本的。因此,它需要更多的信息,如企业的竞争战略、产品战略及供应链战略。一旦有了这些信息,企业就可以从产品开发、设计阶段到制造阶段,以及整个供应链物流的各环节进行成本管理。在目标成本法应用的早期,企业首先通过市场调查来收集信息,了解客户愿意为这种产品所支付的价格,以及期望的功能、质量,同时还应掌握竞争对手所能提供的产品状况。企业根据市场调查得到的价格,扣除需要的利润及为继续开发产品所需的研究经费,这样计算出来的结果就是产品在制造、分销和产品加工处理过程中所允许的最大成本,即目标成本。

一旦建立了目标成本,供应链企业就应想方设法实现目标成本。为此,企业要应用价值工程(Value Engineering)等方法,重新设计产品及其制造工艺与分销物流服务体系。一旦供应链企业寻找到在目标成本点满足客户需求的方法,或者企业产品被淘汰以后,目标成本法的工作流程也就宣告结束。目标成本法将客户需求置于供应链企业制定和实施产品战略的中心地位,将满足和超越产品品质、功能和价格等方面的客户需求作为实现和保持产品竞争优势的关键。

3. 目标成本的计算

目标成本法是一种包含目标市场选择的产品成本计算方法。此法首先应确定产品所欲满足的客户群,然后计算开发生产新产品所需要的整体目标成本,并将此整体目标成本分摊到各个零件中,形成各个零件的目标成本,最后由产品开发设计部门就目标成本与现有生产条件下的实际产品成本进行比较,寻求降低其间差异的方法。

对目标成本的计算是从销售部门对销售价格的详细测定开始的,即从产品在市场上被承认接受的价格开始,一个工序一个工序地剖析其潜在的效益,从后向前核定。比如,企业在现有汽车上添加功能生产出新型汽车,新型汽车的市场价格决定了在原有汽车售价基础上的价格增量部分,然后设计人员用价格乘以产品生命周期中的预计产量,得出产品的全部销售收入。

下一步是评估新产品的成本,其方法是在现有成本的基础上增加新产品相关的设计变更增值成本,得出新产品成本,然后比较收入与成本,评估边际收益。在实际中应当给予投资方适当的收益作为回报,如果设计方案的边际收益达不到目标收益,要求合理回报的动机就会促使对设计方案进行再设计。

再设计过程从计算需要减少的成本开始,然后设计小组的负责人将目标成本削减量分配到设计小组内的各个部门中。各部门对现存的生产实践活动进行改进和对产品及工序进行重新设计,这一过程将一直持续到达到目标成本为止。至此,整个目标成本的计算过程才宣告结束。

4. 目标成本法的注意事项

虽然目标成本法具有某些明显的长处,但在日本,一些对目标成本法的研究指出,在实施目标成本法时也存在潜在的问题,特别是在为集中力量达到目标成本而转移了对企业整体目标的其他要素的关注时。下面是几个例子。

(1)涉及目标成本过程的各个部分之间起冲突。通常为了保证时间进度和降低成本,企业给转包商和供应商施加过大的压力,这样将导致转包商的疏运和破裂。当企业的其他成员没有成本意识时,设计工程师会变得烦躁不安,他们认为为了从产品成本中挤出几便士自己付出了太多的努力,而企业的其他部分(行政、营销、分销)则在浪费大量美元。

(2)许多在应用目标成本法的日本企业工作的雇员,在要达到目标成本的压力下,都有绞尽脑汁的经历。

(3)虽然目标成本可以达到,但为降低成本的价值工程反复循环可能使开发时间增加,最终导致产品上市时间延后。对某些类型的产品,六个月的延后上市可能比少许的产品成本超限代价大得多。

企业可以找到管理这些因素的办法。但有兴趣应用目标成本法的企业在试图应用这种成本降低方法之前应有所警醒,特别是对雇员进行激励而不是让其精疲力尽是应该仔细考虑的问题。尽管有这些问题存在,目标成本法仍是在产品生命周期的关键阶段能为工程和管理人员提供降低产品成本的最好手段之一。

日本企业应用目标成本法已经多年了。日本 Kobe 大学为此做过一次调查,返回的问卷表明,100%的运输设备制造商、75%的精密设备制造商、88%的电子制造商和83%的机器制造商声称他们在应用目标成本法。这样广泛应用的促进力量正在衰减,因为适时制造系统在生产中的应用可以实现效率的提高。日本人确信,如果将注意力从成本降低转移到产品生命周期的研发及设计(RD&E)阶段,不论是在制造还是在服务成本方面,都可进一步得到效率的提高。

5. 作业成本法与目标成本法的比较

作业成本法和目标成本法都以客户和市场为导向,都需要高层管理部门的鼎力支持及企业员工的全面参与。但作业成本法和目标成本法有很多不同点,如表10-7所示。

由表10-7的比较可以看出,作业成本法和目标成本法各有优势,也都有一定程度上的局限性。学者认为:"目标成本法对制订计划和管理资源而言是一个有效的方法,作业成本法对决定和控制成本而言是一种改进了的方法,把作业成本管理应用于目标成本法可以更有效地形成与商业计划密切相关的经营计划"。[①] 通过创造 ABC 标准化的成本动因程序(SCD Procedure)可以简化数据输出,使目标成本法更适应于战略计划。因此,目标成本法与作业成本法可以很好地融合,各自发挥优势和互补,更好地为企业的成本管理服务。

---

①KOONS F J. Applying ABC to Target Costs[J]. AACE International Transactions, 1994: 70.

表 10-7　作业成本法和目标成本法比较

比较项目	目标成本法	作业成本法
目标	为客户提供满意的产品的同时达到预期利润，并对成本进行控制和管理	降低成本、精算成本，使企业利润最大化
重点	新产品的开发设计；强调"源流管理"，重视设计产品成本，能与企业战略很好地结合	作业链和作业成本动因；在某种意义上是战术层面的成本管理
中心	"产品及其功能"，强调某一产品的预期利润，目标成本都是针对这一产品	"作业"，可能是多个产品共有的"作业"
角度	在时间层面进行成本管理，缺乏空间层面的成本管理	主要在空间层面进行成本管理
内容	涉及产品整个生命周期内的成本管理活动，强调"价值链"	一般只涉及企业当前的成本管理，强调企业内部的"作业链"，强调作业成本，特别是一些间接成本
过程	主张事前控制，将降低成本的任务由生产阶段前移至设计阶段；由于客观原因，特别是在开发新产品的情况下，成本预估不可能很细	主要是对成本进行事中控制、事后控制，如果不考虑实施代价，成本计算可以很细

10.4　成本差异分析

实际成本与标准成本之间的差额，称为成本差异。成本差异分析是一种例外管理方法(Management by Exception)，也称重点管理法，是以成本费用预算为依据，将实际成本同计划(标准)成本相比较，找出实际脱离计划(标准)的差异，并对差异进行分析，以便查清原因，从而及时采取措施，降低成本费用。成本差异分析把管理人员的精力有重点地放在差异较大的问题上。成本差异分析对企业及时掌握成本状况、查找成本动因从而控制运营成本具有重要意义，是 ERP 成本管理的重要内容。

成本差异存在两种情况：实际成本低于标准成本而产生的差异，称为有利差异，即成本节约，用负数表示，记在有关差异账户的贷方；反之，则称为不利差异，即成本超支，用正数表示，记在有关差异账户的借方。不论差异是正值还是负值，只要超过了规定的容差限度，就要进行差异分析。有时出现负值不一定是好事，因为在某项差异上出现负值可能导致另一项出现更大的正值。在现代管理会计中，成本差异类目设置比较细，这对于分析和控制成本是非常有必要的。

1. 直接材料成本(费)差异

直接材料成本差异比较容易理解，差异等于材料的实际数量与实际价格的乘积减去标准数量与标准价格的乘积所得的差。造成这种差异既有价差的原因，也有量差的原因。例如，采购价格和运输费用的变化、材料代用或变更、自制件改外购件或反之等皆为价差原因；而材料报废或损耗、材料利用率变化、产品结构变化等均为量差原因。

直接材料成本差异的计算公式为：

直接材料成本差异=实际价格×实际数量-标准价格×标准数量

直接材料成本差异包括材料价格差异和材料数量差异两部分，计算公式分别为：

材料价格差异=(实际价格-标准价格)×实际数量

材料数量差异=(实际数量-标准数量)×标准价格

一般情况下,材料价格差异应由采购部门负责,材料数量差异应由生产部门负责,但也有例外,如由于生产临时急需材料、运输方式改变引起的价格差异,就应该由生产部门负责。

顺差与逆差一样要分析,某一顺差也可能对企业产生不利影响。例如,降低质量要求和使用价格较低的材料,短期内可能会增加企业利润,但会降低企业声誉,影响以后的长期利润。

2. 直接人工成本(费)差异

直接人工成本差异的计算公式为:

直接人工成本差异=实际工资率×工人实际出勤工时-标准工资率×标准工时

造成这种差异的原因可有工作中心和工人等级或工资的变动、设备故障、停电停水、物料短缺或任务不足,工作效率、加工工艺或投料批量的变化等,可以分为以下类型。

(1) 工资率差异。这是一种价差,一般是由于工作中心的工人等级或工资变化造成的。

(2) 停工差异。它一般是由于设备故障、停电停水、物料短缺或任务不足等原因造成的。工人虽然出勤但无工作可做,在工票上填写停工时间,但企业仍需按出勤来支付工资。

(3) 效率差异。它一般是由于工作效率、加工工艺或投料批量等的变化造成的,是一种量差。

3. 间接费用差异

间接费用差异的计算公式如下:

间接费用差异=实际间接费率×实际工时-标准工资率×标准工时

在上述公式中,如果计算可变间接(制造)费差异,则用可变间接(制造)费率;如果计算固定间接(制造)费差异,则用固定间接(制造)费率。

间接费率的差异、工作效率的变化、资源不足、市场疲软等均可以是造成间接费用差异的原因,主要原因可以归纳为两个:一是各项费用项目的价格高于预计价格;二是各项费用的耗费量大于预计耗费量。

4. 可变间接(制造)费差异

间接费用是一种间接成本,为了便于在成本计算时进行分摊,采用了间接费率的方法。这种方法是带有人为因素的,往往同实际情况有较大出入,需要积累经验使间接费率逐渐逼近实际。

可变间接费差异有以下两类。

(1) 开支差异,也称支出差异或费用差异,这是由于间接费率的差异造成的,是一种价差。

(2) 效率差异。该效率差异的概念同直接人工成本差异中的效率差异是相同的,完成产出所耗用的工时有了变化,如果间接费率是基于人工费的,就必然反映在间接费用上,是一种量差。

5. 固定间接(制造)费差异

固定间接费差异除开支差异和效率差异外,还有一项能力差异。

固定间接费从其成本形态来讲与产量没有直接关系,也是一种人为建立的联系。固定间接费率是由事先预计的固定间接费和预计的工时估算出来的。预计工时实质上是一种预计使用的能力。因此，固定间接费差异中又多了一项能力差异。产销不对路、经济衰退、资源不足造成的停工都可能形成能力差异。能力差异与效率差异之和称为产量差异。

上述各种差异，应各自独立设置账户，由系统自动入账。成本差异可以按标准成本的比例分配给各类库存物料，用实际成本计价，也可以结账到销售成本。后者比较简便，国外多用此法。

由于企业的生产制造过程是动态的，成本的产生也是动态的，随着生产制造过程的进行，成本按照实际发生情况计算并累加。发生的成本从一个账户转移到另外一个账户，各种成本数据也就随之产生。有关人员要及时记录各种数据、参数、金额及标准等信息，这样就可以在掌握生产计划的同时掌握有关的成本与会计数据，并可随时根据成本执行的情况，加以必要的控制和调整。

手工管理环境下的成本管理是滞后和被动的。在 ERP 系统中，通过及时收集基础数据和分析比较，可以及时掌握成本的变化情况，并及时采取措施，控制成本向有利方向变动，或者在变动后及时采取补救措施，达到成本管理控制的目标。ERP 的成本管理可以真正使企业做到事先计划、事中控制、事后分析，可以从根本上改变我国有些企业为填写成本数据，而在产品总成本产生后，再反摊到各个组成物料上的不良做法。这种做法使得成本核算不是为了提高企业的经济效益，而是为了应付企业外部的报表而做的数字游戏。

本章思考题

1. 什么是财务会计？什么是管理会计？它们有什么不同？
2. 在 ERP 软件系统中，通常设置哪些成本类型？它们各有什么作用？
3. 作业成本法的基本原理是什么？
4. 在 ERP 软件系统中，如何进行成本核算？举例说明产品成本计算的滚加法。
5. 成本差异有哪些基本类型？

第11章 ERP系统其他管理功能

本书在前面章节详细介绍了ERP系统的几大核心功能的原理和方法。本章主要介绍ERP系统其他功能模块：财务管理、人力资源管理和质量管理。

11.1 财务管理

ERP系统深刻地把握了企业经营活动的本质，有效地实现了财务管理和生产管理、采购管理、销售管理、库存管理等功能的集成，将数据的采集延伸到生产、采购、销售和库存管理等环节。ERP系统是一个以计划为主导的信息系统，它的计划和控制功能是伴随着企业的生产经营活动而展开的，这是一个循环往复的过程。ERP系统的计划与控制就是通过对信息流的控制，实现对物流和资金流的控制。而且在企业运营中，资金流一直是企业重点关注的对象，其流动通畅与否，直接影响企业的经营绩效，对其进行有效控制也是管理中的关键工作。ERP系统通过财务管理模块（子系统），实现了企业对资金流的处理和控制。

11.1.1 财务管理的功能

在企业中，清晰分明的财务管理极其重要，在ERP整个方案中它也是不可或缺的一部分。ERP系统中的财务管理模块与一般的财务软件不同，作为ERP系统中的一部分，它和系统的其他模块有相应的接口，能够相互集成。比如，它可将由生产活动、采购活动输入的信息自动计入财务管理模块生成总账、会计报表，取消了输入凭证烦琐的过程，几乎完全替代以往传统的手工操作。一般的ERP软件的财务管理模块分为会计核算与财务管理两大块。

1. 会计核算

会计核算主要是记录、核算、反映和分析资金在企业经济活动中的变动及其结果。它由总账、应收账、应付账、现金管理、固定资产核算、多币制、工资核算等模块构成。

（1）总账模块

总账模块的功能是处理记账凭证，输入、登记、输出日记账、一般明细账及总分类账，编制主要会计报表。它是整个会计核算的核心，应收账、应付账、固定资产核算、现金管理、工资核算、多币制等模块都以其为中心来互相传递信息。

（2）应收账模块

应收账是指企业应收的由于商品赊欠而产生的正常客户欠款账。它包括发票管理、客户管理、付款管理、账龄分析等功能。它和客户订单、发票处理业务相联系，同时将各项事件自动生成记账凭证，导入总账。

(3) 应付账模块

会计里的应付账是企业应付购货款等账，它包括发票管理、供应商管理、支票管理、账龄分析等。它能够和采购模块、库存模块完全集成以替代过去烦琐的手工操作。

(4) 现金管理模块

现金管理模块的功能是对现金流入流出的控制，以及对零用现金及银行存款的核算。它包括对硬币、纸币、支票、汇票和银行存款的管理。ERP 提供了票据维护、票据打印、付款维护、银行清单打印、付款查询、银行查询和支票查询等和现金有关的功能。

(5) 固定资产核算模块

固定资产核算模块完成对固定资产的增减变动及折旧有关的基金计提和分配等核算工作。它能够帮助管理者对目前固定资产的现状有所了解，并使管理者可以通过该模块提供的各种方法来管理资产，以及进行相应的会计处理。它的具体功能有登录固定资产卡片和明细账、计算折旧、编制报表，以及自动编制转账凭证并转入总账。它可以和应付账、总账模块进行集成。

(6) 多币制模块

多币制将企业整个财务系统的各项功能以各种币制来表示和结算，且客户订单管理、库存管理及采购管理等也能使用多币制模块进行交易管理。

多币制模块和应收账、应付账、总账、客户订单、采购等各模块都有接口，可以自动生成所需数据。

(7) 工资核算模块

工资核算模块自动进行企业员工的工资结算、分配、核算及各项相关经费的计提。它能够登录工资、打印工资清单及各类汇总报表，计算计提各项与工资有关的费用，以便进行成本分析和规划。它还能用标准成本法或平均成本法按地点维护成本。

2. 财务管理

财务管理的功能主要是基于会计核算的数据，再加以分析，从而进行相应的预测、管理和控制活动。它侧重于财务计划、分析和决策。

(1) 财务计划：根据前期财务分析做出下期的财务计划、预算等。财务计划的核心作用在于分析预算和实际执行情况的差异并做出必要的调整。

(2) 财务分析：提供查询功能和通过用户定义的差异数据的图形显示进行财务绩效评估、账户分析等。财务分析可以将销售数据分别按照地区、产品类和销售员进行比较，并对影响销售的各因素（如价格）进行敏感性建模分析，从而实现科学决策。

(3) 财务决策：财务管理的核心部分，中心内容是做出有关资金的决策，包括资金筹集、资金投放及资金管理。

3. ERP 系统财务管理模块的作用

财务管理是一种综合性的管理，这种综合性表现在通过统一货币计量进行价值形态管理。财务管理渗透在企业全面的经济活动中，如产、供、销的每个环节，包括原材料、工具、设备的购进，劳动力费用的支出，支付员工工资和奖金，消耗各种材料，设备折旧及维修，产品销售，货款回收和税金缴纳等。总之，哪里有经济活动，哪里就有资金运作，哪里就有财务管理。

财务管理主要是完成了三大循环中的资金流和物流的统一。

(1) 采购付款循环中物流和资金流的统一

ERP 系统的执行过程是从采购活动开始的。采购部门根据物料需求计划采购物料，采购合同接受财务部门的监督；物料采购回来后，经质检部门验收入库，录入库存系统。此时，库存增加，同时应付账款也增加(或现金减少)。通过 ERP 系统的会计界面生成会计凭证，过账后在总账系统中同时更新应付账款和存货账户的金额，从而在采购付款循环中实现了物流和资金流的统一。

(2) 生产循环中物流和资金流的统一

车间根据生产订单从仓库中领取原材料。此时，存货减少，而在制品增加，即生产成本增加。通过 ERP 系统的会计界面生成会计凭证，过入总账，更新相应的会计科目数据。加工完成，生产出可以向客户销售的产品并入库，通过 ERP 系统的会计界面生成会计凭证，过入总账，减少总账模块中生产成本账户的金额，增加存货账户的金额，实现了生产循环中物流和资金流的统一。

(3) 销售和付款循环中物流和资金流的统一

销售部门接到客户的订单，通知仓储部门按照订单向客户发货，库存减少的同时，应收账款增加，通过 ERP 系统的会计界面生成会计凭证，过账后即可更新应收账款和存货账户的金额。收到客户付来的货款之后，通过 ERP 系统的会计界面，生成收款凭证并过账，总账模块中的现金管理和应收账款两个科目的数据同时得到更新，从而在销售和付款循环中实现了物流和资金流的统一。

利用 ERP 系统的财务管理功能进行对账、结账及编制财务报告，相较传统的手工操作，大大提高了效率，可以准确、及时地完成这些重要的财务活动。

11.1.2 财务管理的业务流程

财务管理业务是基于日常交易发生的，主要由企业日常业务处理构成，日常业务包括凭证输入、审核、记账、结账、打印账簿、银行存款对账及提供财务报告等内容。从系统处理过程看，财务管理的业务流程包括输入凭证、记账处理、输出账表 3 部分。

1. 输入凭证

凭证包括原始凭证和记账凭证。原始凭证是经济业务发生或完成的原始证据，包括发票、入库单等，一般具有法律效力。记账凭证是根据审核确认的原始凭证所编制的凭证，是登录记账的依据。

审核是指由具有审核权限的人员按照会计制度规定，对制单人填制的记账凭证进行合法性检查，主要内容是审核记账凭证是否与原始凭证相符、会计分录是否正确等。有错误或异议的凭证，应交予制单人修改后再审核。只有经过审核后的记账凭证才能作为正式凭证进行记账处理。审核一般包括出纳签字、主管签字和审核员审核凭证 3 方面的工作。

ERP 系统中的记账过程以原始凭证为基础，以记账凭证为起点，从输入临时记账凭证开始，经过审核与记账的过程形成凭证文件。因此，ERP 系统的凭证审核非常重要，只有经过审核的记账凭证才能作为正式凭证进行记账处理，它是确保财务信息准确无误的关口。

2. 记账处理

记账以会计凭证为依据，将经济业务全面、系统、连续地记录到具有账户基本结构的账簿中，是会计核算的主要方法之一。我们可以根据记账凭证中的借贷方账户和金额，登录日记账、明细分类账和总分类账；根据权责发生制的原则，调整有关账户的经济业务，处理会计期间需要递延或预计的收入和费用项目。

经过记账的凭证改变了财务系统中的业务数据，同时根据需要进行不同的处理并记入不同的文件，如记入凭证主文件、银行日记账文件和科目余额文件等，再经过分类、汇总形成所需要的各种输出。

3. 输出账表

财务报表是会计核算的最终成果。比较重要的财务报表有资产负债表、损益表、财务比率分析表，另外还有一些财务常用的报表，如试算表、科目余额表、核算项目明细表等。

输出账表是指根据既定的报告格式与时间要求，把已经处理的资料传送给特定使用者。例如，在各个会计期末，向企业内外部的使用者提供反映企业经营成果的利润表、反映企业期末财务状况的资产负债表及反映期间内财务状况变动的现金流量表，或者根据企业内部管理者的需要，随时提供关于产品的生产与销售、存货变动、费用支出的预算标准及绩效的各种报表，为各级管理者规划和控制企业的营运活动提供必要的依据。

11.1.3 财务管理模块与其他模块的关系

ERP 系统的财务管理模块与其他功能模块的关系如图 11-1 所示。

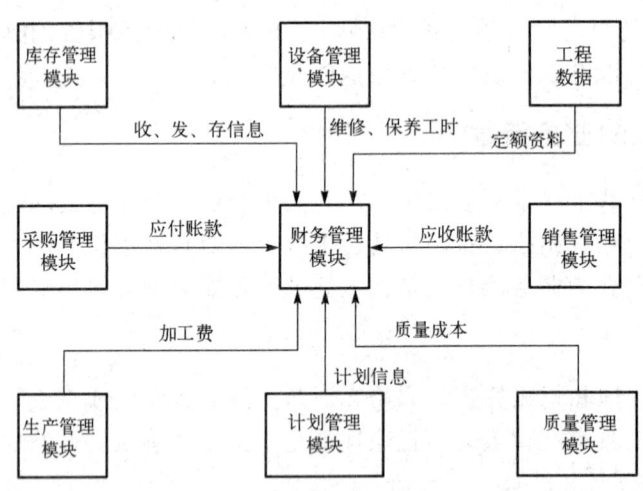

图 11-1 财务管理模块与其他功能模块的关系

11.2 人力资源管理

人力资源管理是近年来扩展的 ERP 系统模块，是关系到企业兴衰的关键工作。它不再只是停留在人事档案、职工考勤、工资等方面的管理，而是能够实现在适当的时间选择适当的人来担任合适的职位，将人力也作为一种资源来进行管理。

11.2.1 人力资源管理的功能

人力资源已经逐渐成为企业最重要的资源。世界著名心理学家、多伦多大学终身教授江绍伦博士曾说过："21世纪的竞争是人才的竞争，中国拥有大量的人才，这是中国赢得未来竞争的优势所在"。人力资源管理的重要性，为人力资源管理系统的发展提供了广阔的市场前景。市场上也有独立的人力资源管理(Human Resource Management，HRM)模块(系统)，但最好的解决方案是人力资源管理模块与ERP系统的集成。人力资源管理模块连接生产管理模块、质量管理模块、财务管理模块、计划管理模块与销售管理模块等各大模块，可以全方位地进行人力资源管理功能的实施，可以提高人力资源管理的信息共享程度。对高层管理者来说，一方面人力资源信息的提取与统计将更方便、快捷，同时人力资源管理模块还可以为决策支持系统(DDS)提供输入；另一方面，在实施过程中通过对实施顾问、咨询专家的咨询可以在一定程度上提高企业的人力资源管理水平。一般说来，人力资源管理受企业文化、市场环境影响很大，各企业对人力资源管理模块的要求各不相同。

ERP的人力资源管理包括员工数据管理、员工自助服务、管理者桌面、招聘管理、人事行政管理、员工报酬管理、时间管理、员工培训、报表和分析等功能，是一个全面且完善的人力方面的资源管理体系。其具体功能描述如下。

(1) 员工数据管理

员工数据管理是指记录每位员工从求职申请直到退休这段时间里的各种个人活动信息。对于跨国和跨地区的企业而言，需要按照本地语言、本地格式、本地法律法规政策、本地货币等对跨国和跨地区的员工数据进行维护，以满足跨国企业对于员工的数据管理的需求。

(2) 员工自助服务

员工自助服务提供基于Web的自助服务功能，可以使本企业的员工们以自我服务的方式完成诸如报销差旅费、修改个人数据、申请福利计划和报名参加培训班等事宜。

(3) 管理者桌面

管理者桌面功能使管理者能够运用相应的工具管理人力资源及其相关功能，就像在自己的办公桌旁进行事务处理一样。在管理者桌面上可以处理企业组织重组、事务的审核和批准、职务的设置、各种报告的批阅、奖金和工资的计划及调整等。

(4) 招聘管理

招聘管理的工作内容包括在因特网上动态地发布招聘广告，管理报纸、期刊、人才市场及猎头公司方面的招聘信息，随时查询应聘情况，进行招聘成本分析，筛选应聘人员，自动生成录用通知书，扫描应聘人员招聘及个人资料，进行应聘人员与招聘条件的比较，建立应聘人员及录用人员的人才数据库，对有关的招聘事务自动生成E-mail、传真及各种信件等。

(5) 人事行政管理

人事行政管理的主要内容包括一般日常事务处理，如员工工资调整，员工离职、退休、调职事务；人事政策法规标准的管理，如个人所得税法规、社会保险法规、出国事务法规等；使用扫描仪将员工照片、企业与员工签订的合同等内容扫描进系统，作为文件档案保存。

(6) 员工报酬管理

员工报酬管理包括两个方面：一是工资核算，包括工资计算，员工扣款计算，个人所得税计算、养老医疗保险计算、住房公积金和社会福利金计算，工资的现金、银行及支票发放方式的支付清单、打印支票等的处理；二是工资管理，包括制订工资计划、控制工资预算、分析市场职务价格水平、调整工资结构。

(7) 时间管理

时间管理通过输入、与考勤系统集成、员工自助服务等方式提供了时间数据的收集功能，能准确而及时地收集到时间数据，从而自动地对数据进行分析和处理，如计划缺勤时间、加班时间、休假时间、节假日等，并能及时通知员工个人进行核对和修改。对员工休假的管理也是时间管理的一个重要内容。根据相关规定，企业应给予员工相应的休假福利，员工可以查询已休假的天数和剩余假期天数，当员工提出休假要求时，主管部门可以核定他们提出的休假天数是否在可休假天数的范围之内。

(8) 员工培训

员工培训的功能有：利用一套评估系统对员工任职的职务要求及员工胜任程度进行分析，为员工的升职和加薪提供信息；制订员工的发展计划，根据员工的发展计划进一步制订详细而具体的员工培训计划，建立培训课程表，做好培训成本的计算，并安排好培训预算，同时也为每位员工建立培训记录，并将记录送入数据库之中。

(9) 报表和分析

ERP 人力资源管理模块还具备人力资源报表和分析功能，即根据人力资源管理模块所提供的数据，ERP 所提供的图形化及拖放式的报表生成器可以产生各种所需要的统计报表，如税收报告、公积金支出报告、养老保险金报告等。ERP 系统还提供个性化的查询工具，可使部门中的用户方便地定义他们所需的各种报表和分析报告。人力资源报表功能不仅能打印出各种报表，还可以将打印文件按有关部门的格式要求产生上报的磁盘文件。

此外，ERP 人力资源管理模块大都具备生成员工考勤报告、计算加班费和奖金、追查缺勤原因（如休假、生病或辞职等）等功能，有些人力资源模块还可以帮助企业差旅人员预定旅行票务和住宿服务，并处理有关差旅费用报销事宜。

人力资源管理只有服务于企业战略、部门业务、员工职业发展，才能体现价值，才能真正得到认同。引进一套先进、科学的战略人力资源管理解决方案是帮助企业提升组织能力、保障战略目标实现的最佳选择。ERP 人力资源管理模块关注如何改善员工管理、如何提升员工能力和如何引导员工思维，为企业提供响应企业战略、部门业务和员工职业发展的整体解决方案。

11.2.2 人力资源管理的业务流程

在 11.2.1 节介绍的人力资源管理功能的内容基础上，可知 ERP 系统的人力资源管理模块的功能主要包括以下方面：

- 输入基本资料；
- 授权填写职位说明书；
- 建立以战略为导向的 KPI（关键绩效指标）指标体系；
- 建立企业文化与价值观体系；
- 建立培训与开发体系；
- 薪酬关系设计，实现职位分析、能力分析、绩效考核分析；

- 升迁异动模块；
- 退休及死亡处理等。

人力资源管理模块的业务流程如图 11-2 所示。

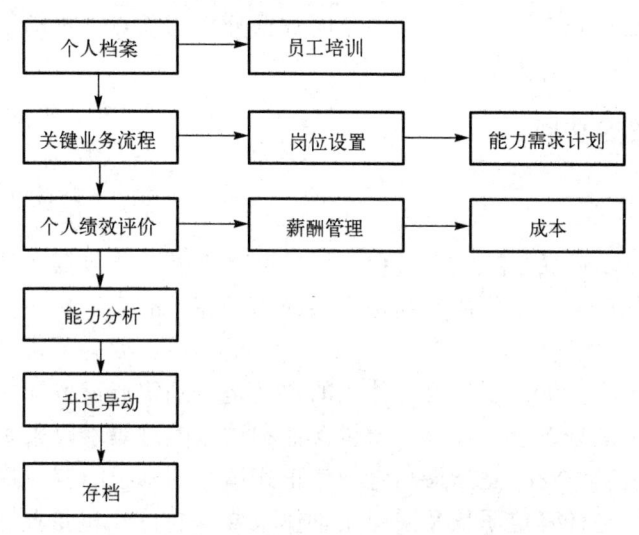

图 11-2 人力资源管理模块的业务流程

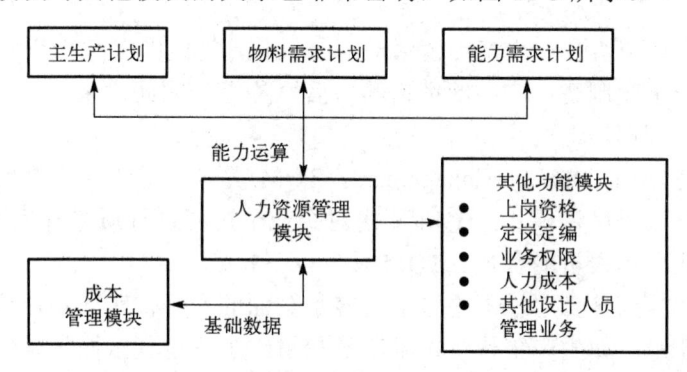

11.2.3 人力资源管理模块与其他模块的关系

由于人力资源作为企业一个重要资源渗透着企业的每一个业务活动，因此 ERP 系统中的人力资源管理模块与其他模块的关系也非常密切，如图 11-3 所示。

图 11-3 人力资源管理模块与其他模块的关系

在 ERP 系统中，人力资源管理模块为主生产计划、物料需求计划和能力需求计划提供人力资源的能力数据，并根据计划与管理的实际情况不断调整人力资源的配置与管理方法；同时，人力资源管理模块也为成本管理模块提供了成本核算基础数据，实现企业的成本管理目标。

11.3 质量管理

企业依靠提供产品与服务获取利润，由于市场竞争越来越激烈，市场的竞争同时也是技术的竞争、质量的竞争。质量是企业维持生存的根本，而对进入国际市场的产品来说，产品的高质量又是市场的"通行证"。因此，质量是企业的生命，是改善企业生产经营管理、降低成本及提高效益的重要途径。ERP 对质量管理有了进一步的深入与扩展，它集合了全面质量管理理论、ISO9000 质量管理体系的思想，同时结合了信息管理的特点，充分发挥了信息集成、数据处理量大且快与多角度数据分析的优点，推动了企业质量管理的发展，为质量持续改进提供有力的工具。

11.3.1 质量管理的功能

1. 质量与质量管理

质量可以分为产品质量、工序质量和工作质量。产品质量包括产品和服务两方面的质量，工序质量是工程质量，工作质量则是为保证和提高单品质量而在管理和技术方面所达到的水平。

对于质量管理，ISO9000 质量管理体系的定义是：确定质量方针、目标和责任，并借助质量特性中的质量策划、质量控制、质量保证和质量改进等手段来实施的管理职能的所有活动。其中，"质量方针"是指最高管理者正式颁布的本组织在质量方面的全部宗旨和方向；"质量策划"是指确定质量及采用质量体系要素的目标和要求的活动，包括产品或服务策划、管理和操作策划两个主要方面；"质量控制"是指为了达到质量要求所采取的作业技术和活动；"质量改进"是指组织及其客户为了双方的利益，为提高活动和过程的效果及效率所采取的全体组织的措施。质量管理的发展经历了单纯质量检验、统计质量控制及全面质量管理 3 个阶段。下面着重介绍全面质量管理

2. 全面质量管理

质量管理的活动覆盖企业生产经营活动的全过程，包括供应商的开发、原材料的采购、产品的设计开发和生产制造、产品的销售和售后服务等。因此，企业经营活动的全过程都需要进行全面质量管理。

全面质量管理(Total Quality Management，TQM)是质量管理的主要实施模式，世界各国的企业(公司)普遍采用该模式。TQM 要求对企业全过程进行质量管理，而且明确指出执行质量职能是企业全体人员的责任。TQM 具有以下特点。

(1)管理内容的全面性。TQM 的管理内容是全面的，不仅对产品质量进行管理，同时也对相应的工作质量，如生产工作、技术工作和组织工作进行全面管理。因为，离开了质量的改善，提高产品质量是不可能的。

(2)管理范围的全面性。TQM 要求实现全过程的质量管理，它表现在两个方面：一方面是从管理生产制造过程扩大到管理市场调研、研制、物资供应、工艺技术、劳动人事、设备维修及销售服务各环节；另一方面是从事后检验转向事前控制，做到预防为主，防检结合，把影响产品质量的因素消灭在质量形成过程中。

(3)参加管理的全员性。产品质量是企业职工素质、技术素质、管理水平和领导素质的综合反映，涉及企业各部门和全体职工。因此，提高产品质量单纯依靠质量检验部门和专职质管人员是不够的，必须依靠企业全体人员共同参加质量管理，树立"质量第一"的观念，人人重视产品质量，不断运用科学质量管理的理论和方法，做好自己的本职工作。

3. ERP 系统的质量管理模块的作用

ERP 中的质量管理模块的管理对象不仅包含产品质量，而且包含工作质量的内容，表现为统计质量控制和统计过程控制不仅用于产品质量，也用在了工作质量的方面，如管理业务中的平均值等，它用来保证各项管理工作都能随时处于良好的状态。ERP 的质量管理模块监控和管理所有与质量相关的信息并对其进行加工和分析，并且将其反馈到相应的控制点上。

围绕以上管理对象和内容，ERP 系统的质量管理模块通常可以分为质量标准管理、质量检验、质量控制和质量分析改进 4 个主要功能模块。综合而言，ERP 系统的质量管理模块的作用如下。

(1) 有效地支持企业实施全面质量管理。全面质量管理强调全体人员和部门的参与，以及对全过程的管理。要实现这个目标，一方面取决于完善的管理机制，另一方面取决于不同部门之间及时的信息交换和及时地向不同层次人员(从操作者到企业的高层决策者)提供正确而充分的信息。质量部门或营销部门需要及时了解用户的反馈意见，生产部门需要根据产品及其零部件的质量状况动态地安排生产计划。ERP 系统的质量管理模块在计算机网络的支持下实现企业内部各部门间及集团企业间质量信息的自动传递，及时地向各层次人员提供正确的产品及过程质量信息，以便及时做出响应，为实施全面质量管理提供有效的支持。

(2) 为企业实施 ERP 提供基础。面对国际市场的新挑战，为了求得生存和发展，越来越多的企业正在向先进的生产模式转变。企业在向柔性化和高效化发展的过程中，在实现产品开发、生产管理及产品制造等自动化过程中如果忽视了自动化的质量管理模块，则落后的质量控制手段、滞后的质量信息反馈及大量有用的质量信息的丢失，都将成为企业有效运行的薄弱环节。

(3) 实现对急剧增长的大量质量数据的有效管理。当前，产品性能的完善化，结构的复杂化、精细化，功能的多样化，以及消费的个性化和市场的多变性等多种原因，使产品所包含的设计信息、工艺信息和质量在线测试、监控、处理等信息猛增，产生大量的质量数据，因而质量管理模块必须能对这些数据进行有效的管理。

(4) 为本企业生产或国内外企业合作生产及时提供各类高质量的报告和文件。

(5) 为各个层次的决策者提供决策支持。

(6) 提供先进的质量控制手段，以缩短故障时间，减少故障损失。

11.3.2 ERP 系统质量管理模块的功能

在当前激烈的市场竞争中，产品质量是企业求得生存的关键，因为企业要赢得市场，必须以最经济的方式在产品性能、质量、价格、交货期、售后服务等方面满足客户的要求。在这些要求中质量又是最重要的，而要保证产品质量就需要一套完整的质量保证体系。这就是质量管理模块要实施的内容。

ERP 系统的质量管理模块与全面质量管理、ISO9000 质量管理体系的管理思想是一致的，主张质量管理应全员参与、全面控制、预防为主、防检结合，用数据说话，并要求质量管理作业规范化和标准化。ERP 系统的质量管理模块的优势主要体现在高度集成化上，对企业质量管理的整个过程提供集成信息平台，从采购供应商的开发和认证、原材料的检验、生产过程中的检验集成化控制、产品完工检验、检验与测量仪器、计量管理、产品的出货检验到质量的统计、分析等，都提供了先进、快捷的方法与手段。但它与全面质量管理、ISO9000 质量管理体系不能等同或代替，ERP 系统的质量管理模块着重于数据，它们之间是相互促进、相互补充的关系。ERP 系统的质量管理模块能有效地采集、存储、评价与处理存在于设计、制造过程中与质量有关的大量数据，从而获得一系列控制环，以进行有效的控制、促进质量的提高。

ERP 系统的质量管理模块有下述两个主要目标：
- 保证满足客户对产品的需求；
- 使客户的这些需求在实际生产或服务的各个环节得到实现。

为了实现以上两个目标，ERP 系统的质量管理模块具备如下功能：

(1) 确定产品质量的目标与标准，制订质量计划与检测计划；

(2) 在企业内部和外部，通过检测和试验设备及其他数据源收集质量数据；

(3) 把收集到的质量数据转换为所需形式，评价产品质量，诊断缺陷及其原因；

(4) 当诊断出缺陷产生的原因后，将有关纠正措施的控制信息传送到相应的部门、人员及设备；

(5) 为不同层次的质量问题决策提供依据，进行质量优化与决策。

具体来说，ERP 系统的质量管理模块的主要功能如图 11-4 所示。

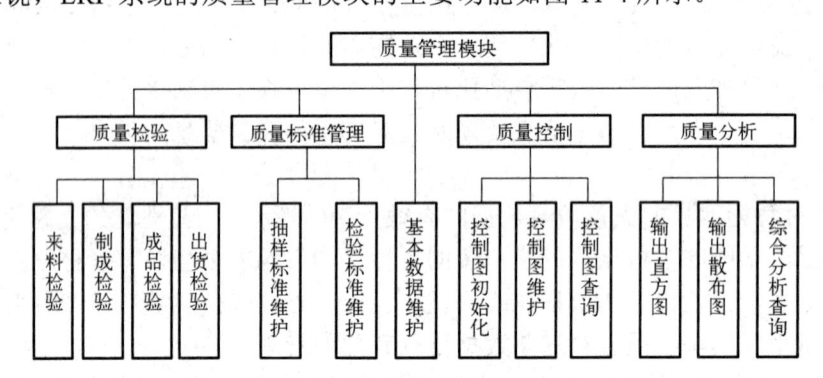

图 11-4　ERP 系统的质量管理模块的主要功能

1. 质量标准管理

质量标准是建立质量管理系统所需的基本参数和技术标准，这些标准包括质量等级、缺陷等级分类、检验方法、检验项目、抽样标准和检验标准文件等。

(1) 质量等级，是指根据不同的等级标准自动判断产品质量优劣的标准，如一等品、二等品和合格品等。

(2) 缺陷等级分类，是指对造成产品质量不合格的缺陷进行等级分类，根据检验标准的检验结果判定产品的质量缺陷等级，如轻微缺陷、轻缺陷、重缺陷、严重缺陷等。缺陷等级的分类因企业及产品不同而不同，可以根据缺陷等级来判定产品是否可被接受，也可据其判定产品的质量等级。

(3)检验方法,是指衡量单位产品质量的方法,根据产品性质及其实际情况,可采取全数检验或抽样检验、计量检验或计数检验等检验方法。

(4)检验项目,是指对检验对象的分类,如外观、性能、试验等,其中外观项目又可以细分为尺寸、色泽等检验项目。

(5)抽样标准与检验标准文件,是企业最基础的质量管理标准文件,企业要注重检验标准文件的设定和对质量数据的维护。

- 抽样标准。抽样检验就是利用所抽取的随机样本对产品或过程进行的检验。它的检验对象是连续体,产品数量多,在希望检验费用少及需要促使供应方加强质量管理等情况下采用。抽样检验可能犯两类错误:把合格批误判为不合格,把不合格批误判为合格。目前使用的抽样标准很多,如ISO2859(计数调整型抽样检验标准)。
- 检验标准文件。不同企业、不同产品都有不同的检验标准。检验标准文件中规定了物品的检验项目、检验项目的合格取值范围、所采取的抽样标准和批量等。检验项目的定义应该由统一标准规定,如长度如何编码、宽度如何编码、同一个检验项目类别又如何明细编码等,都需要在系统中设定。

2. 质量检验

质量检验与生产管理模块集成,对各个工序、工作中心的在制品与产成品的一个或多个质量特性进行观察、试验、测量,并将结果与规定的质量要求进行比较,以确定每项质量特性合格情况。一般企业会结合生产运作过程的检验需要来识别和定义质量检验流程,通常会在物流的3个不同阶段设置检验:进料时进行物料检验、制造过程中进行过程检验、对完工产品进行成品检验或出货检验。因企业行业差异和产品差异,各企业对质量检验职能的设置会有所不同。

根据检验的对象及所处的物流阶段不同划分,质量检验包括进料检验、过程检验与产成品出入库检验。

进料检验是对原材料、零部件、外协件进行的检验,以确保产品质量和产品生产过程的正常进行。

过程检验是为了防止出现成批的不合格品,避免不合格品流入下道工序而设置的。过程检验的检验工作中心的设置,一般是根据质量控制计划设定的。在质量控制计划中,检验工作中心的检验标准、检验项目、检验数据的收集和记录方法等,都有明确规定。

产成品出入库检验的目的是保证不合格品不入库或不出厂,它是产品到客户手中之前的最终检验。

ERP系统中可以设置是否连接质量管理模块,当连接质量管理模块时,只有经过检验合格的原材料才能入库,在制合格品只能流入下道工序,合格产成品才能入库与出库。每个检验工序对应一个检验工作中心,根据检验标准自动形成抽样方案,判断单项是否合格并确定最终检验结果。

3. 质量控制

对于处在制造过程中的产品,为了及时发现产生不合格品的根源,需要对制造过程中的产品进行质量控制。

产品质量发生变异的因素很多，主要包括以下两类。一类是随机因素，如温度的轻微变化、机床轻微振动、原材料的微小差异等。随机因素对产品质量的影响是微小的，在技术上也不易识别和消除，在经济上又不值得去消除。另一类是系统因素，如工艺过程的变动、原材料的变异等。系统因素对产品质量的影响是显著的，在技术上容易识别和控制。如何及时发现系统因素，是质量控制的中心问题。制造过程的质量取决于工序质量，衡量工序质量的重要标志是工序能力，用工序能力指数 C_p 表示[1]。根据 C_p 能生成控制图，而控制图是对生产现场进行质量控制、稳定和改进过程的重要手段。

控制图是判断生产工序过程是否处于控制状态的一种手段，利用控制图可以区分质量波动是随机因素引起的，还是系统因素引起的。它主要是对生产过程影响产品质量的各种因素进行控制，判断生产是否异常、生产过程是否处于受控状态。质量控制做到以预防为主，把影响产品质量的因素消灭在萌芽状态，保证质量、降低成本，同时提高生产效率[2]。

控制图的基本格式包括以下两部分。

(1) 标题部分。标题部分包括工厂、车间、班组的名称，机床设备的名称、编号，零件、工序的名称、编号，检验部位、要求，测量器具的名称，操作工、调整工、检验工及绘图者的姓名，以及控制图的名称、编号等。

(2) 控制图部分。根据概率统计原理，做出两条控制界限和一条中心线，然后把按时间顺序抽样所得的质量特性值(或样本统计量)在图上绘点，如图 11-5 所示。

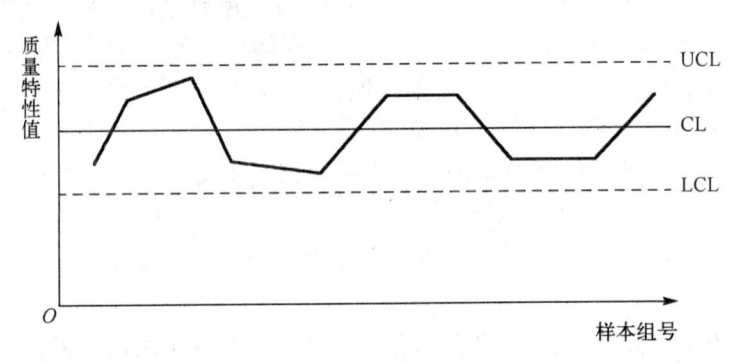

图 11-5 控制图

从图中可以看出，横坐标是以时间先后排列的样本组号，纵坐标为质量特性值或样本统计量。两条控制界限一般用虚线表示，上面一条称为上控制界限(Upper Control Limit, UCL)，下面一条称为下控制界限(Lower Control Limit, LCL)，中心线用实线表示(Control Limit, CL)。判定生产过程或工作过程处于控制状态的标准可以归纳为以下两条：

① 控制图上的点不超过控制界限，在控制范围内；

② 控制图上的点排列没有缺陷。

控制图的实现包括以下两个过程：

① 输入初始数据：UCL、CL、LCL 的值，定义 x 轴的单位间隔；

---

[1] 陈庄，张小川，黄志真. 基于分布式控制的磨工生产线集中监视系统[C]. 第一届国际机械工程学术会议论文集，2000.
[2] 霍华德，吉特洛，奥本海姆，等. 质量管理(原书第 3 版)[M]. 张杰，译. 北京：机械工业出版社，2008.

②按时间顺序收集样本组数据，即获得收集点的坐标值。

使用控制图进行质量控制，必须满足两个条件：一是所研究的控制过程必须具有重复性，否则难以应用控制图进行控制；二是能够定量地确定控制对象。常用的控制图分为计量控制图(如均值-极差图和中位数-极差图等)和计数控制图(如不合格品率图、产品单位缺陷图等)。

4．质量分析

质量分析是指对质量管理过程形成的各种数据进行归纳、整理、加工与分析，以获取有关产品质量或生产加工过程的状态等信息，从而发现产品与生产过程的质量问题，改进产品的设计质量和加工工艺水平，并对各种产生影响的因素加以控制，最终达到保证产品质量与提高产品质量的目的。

质量分析的方法有很多，主要有排列图、直方图、散布图、数据分层法、因果图等[①]。

(1) 排列图

排列图也称柏拉图(Pareto 图)，基于帕累托原理，中心思想是"关键的占少数，次要的占多数"。其主要功能是帮助人们确定那些相对少数但重要的问题，使人们把精力集中在这些问题的改进上。在任何过程中，大部分缺陷通常是由相对少数的问题引起的。对于过程质量控制，排列图常用于不合格品数或缺陷数的分类分析。

(2) 直方图

直方图是指把数据的离散状态分布用竖条在图表上标出，以帮助人们根据显示出的图样变化，在缩小的范围内寻找出现问题的区域，从中得知数据平均水平偏差并判断总体质量分布情况。

(3) 散布图

散布图又称散点图、相关图，是表示两个变量之间相互关系的图表法。横坐标通常表示原因特性值，纵坐标表示结果特性值，交叉点表示它们的相互关系。相互关系可以分为正相关、负相关、不相关。

(4) 数据分层法

数据分层法又称分类法、分组法。数据分层法就是把性质相同的、在同一条件下收集的数据归纳在一起，以便进行比较分析。因为在实际生产中，影响质量变动的因素有很多，如果不把这些因素区别开来，就难以得出变化的规律。数据分层法可根据实际情况按多种方式进行，如按不同时间、不同班次进行分层，按使用设备的种类进行分层，按原材料的进料时间、成分进行分层，按检查手段、使用条件进行分层，按不同缺陷项目进行分层，等等。

(5) 因果图

因果图也称鱼刺图，示例如图 11-6 所示。它是利用"头脑风暴法"，集思广益，寻找影响质量、时间、成本等问题的潜在因素，然后用图形的形式来表示的一种常用的方法。它能帮助我们集中注意力搜寻产生问题的根源，并为收集数据指出方向。画因果图的方法

---

① 郑称德. 运作管理[M]. 南京：南京大学出版社, 2003.

如下：在一条直线(也称为脊)的右端写上所要分析的问题，在该直线的两旁画上与该直线成 60 度夹角的直线(称为大枝)，在其端点标上造成问题的大原因，再在这些直线上画若干条水平线(称为中枝)，在线的上方写出中原因，还可以对这些中枝上的原因做进一步分析，提出小原因，如此便形成了一张因果图。

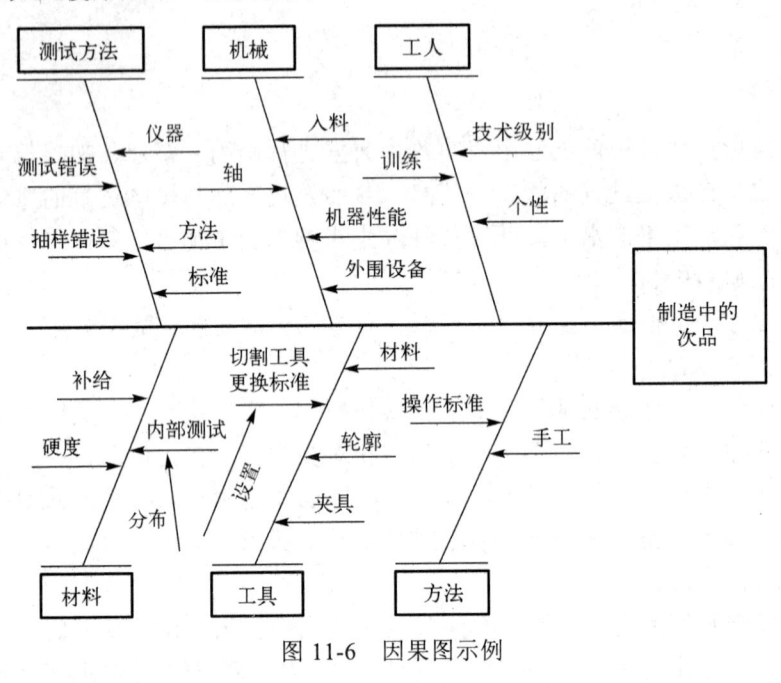

图 11-6　因果图示例

11.3.3　质量管理模块与其他模块的关系

ERP 中质量管理模块与其他模块的关系如图 11-7 所示。质量管理模块与采购、车间、销售、财务等管理模块有着紧密的联系。采购进来的物料需要经过进料检验，生产过程中的产品质量则由过程检验进行监控，产成品要通过产成品出入库检验。产品生产过程中产生的质量成本由财务管理模块进行成本核算。

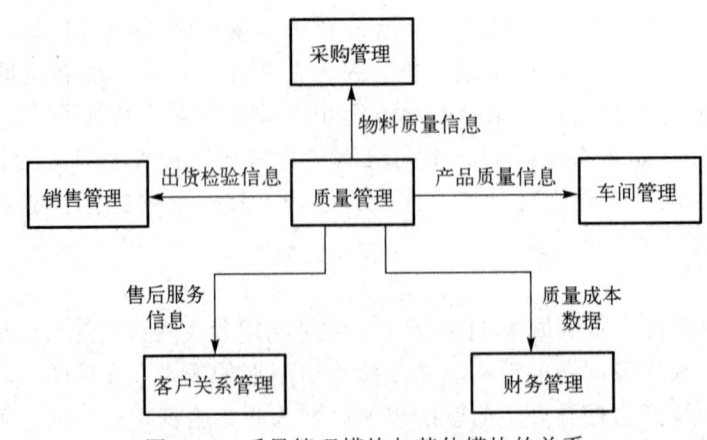

图 11-7　质量管理模块与其他模块的关系

本章思考题

1. ERP 系统的财务管理模块有哪些功能？
2. 财务管理模块是如何实现资金流和物流的统一的？
3. ERP 系统的人力资源管理模块有哪些功能？
4. 简述人力资源管理模块与其他模块的关系。
5. ERP 系统的质量管理模块的作用是什么？包括对哪些主要业务的支持？
6. 全面质量管理的核心思想是什么？

第 12 章 高级计划与排程

随着企业外包思想的出现，企业开始从纵向一体化战略转向横向一体化战略，供应链与物流管理成为企业重新赢得竞争优势的利器。如何管理好供应链并对供应链进行整合是当前企业管理的一大热点。本书前面的章节讲述了 ERP 的主生产计划、物料需求计划、能力需求计划的基本原理，以及销售、采购、人力资源、财务等基本功能模块。目前，ERP 还关注企业内部或供应链上单个节点的管理，其供应链管理模块主要是采用分销需求计划（DRP）进行的。事实上，ERP 和 DPR 本身都是基于 MRP 原理的，MRP 在做生产计划时，只考虑了能力可用性，并没有说明做出的计划是否在成本或交货期等目标上最优。因此，为了能在整个供应链上制订计划并对 ERP 进行补充，20 世纪 90 年代后期开始出现了一种新的计划技术——高级计划与排程（Advanced Planning and Scheduling, APS）。APS 与传统的 ERP 不同的是，APS 试图在直接考虑潜在瓶颈的同时，应用各种优化技术，它是企业内部和企业外部计划排程的一个革命性的进步[1]。本章将重点介绍 APS 的概念与基本原理。

12.1　APS 概述

12.1.1　供应链计划问题

在第 4 章"主生产计划"中提到，根据决策时间跨度和所做计划的重要程度可以将生产计划分为长期、中期和短期计划 3 种。长期计划也称战略层计划，中期计划也称战术层计划，短期计划也称作业层计划。制订计划的步骤可以分为几个阶段：认识和分析决策问题、定义目标、预测未来状况、识别和评估可行活动，最后是选择最优方案。

但计划制订并不是件容易的事情，主要是因为以下几点。

(1) 计划活动常常存在多个目标，这些目标之间有时还存在悖反效应，计划结果难以使得多个目标同时最优，从而增加了决策的难度。例如，客户服务水平应尽可能高，而与此同时又要保持库存最少，这种情况就没有最优解。

(2) 计划的可行方案数量巨大。例如，在前面"车间作业计划"一章中，讲述了一台加工中心上的多个任务的优先加工顺序决策问题。实际上，一台加工中心的顺序决策问题还

---

[1] VANECK M. Advanced Planning and Scheduling: Is Logistics Everything[J]. Working Chapter, Vrije Universiteit Amsterdam, 2003.

是比较简单的,当多个任务同时在两台或两台以上加工中心决定加工顺序时,决策不但非常复杂,算法非常多,所得出的可选方案数量也是一个组合大数。对于该类问题如果仅仅想通过简单枚举来找到最优方案是不可能的,甚至要找到一个可行的方案都很困难。

(3) 不确定性。在计划过程中,存在着很多不确定性因素。例如,市场需求发生波动导致实际订单与预测的不一致,由于交通拥堵原材料提前期变得比 ERP 系统预先设定的要长,机器设备的非正常损坏或工人辞职导致生产能力的突然缺失等。这些不确定性使得"计划不如变化"。企业保留安全库存就是用来缓冲实际需求与预测之间的误差,避免降低客户服务水平;滚动采购计划法也是企业控制不确定性的常用方法。

传统的计划方法包括统计库存控制、MRP、DRP、MRPⅡ、ERP 等。虽然这些方法计划功能很强,尤其是 ERP,但它们在计划方面依然存在各种不足。尤其当它们面对供应链层面进行计划时,则更显得"心有余而力不足"。

1. 统计库存控制

统计库存控制(Statistical Inventory Control,SIC)是独立需求物料库存计划方法,包括 EOQ、定期订货法、单周期订货法等数学统计方法。而这些统计方法基于未来可以预测的需求。但事实上,未来的需求不是经常能用历史数据进行预测的,因此这些在静态环境下起作用的方法当面对复杂情况时常常难以达到预期目的。另外,当在供应链环境下,每个链上主体均采用统计库存控制进行决策时,会导致需求变异加速放大效应(牛鞭效应)。

2. MRP/MRP Ⅱ 和 DRP

这三者都是基于 MRP 制订生产计划的(DRP 是制订分销计划)。计划制订是一个串行的过程:先通过预测或实际订单制订主生产计划,接着通过反推法计算各物料的订货数量和订货时间,接着运行 CRP 做能力平衡。它们存在以下不足。

(1) 由于计划必须提前做出,利用当前能力数据来执行以后的计划,但等到计划执行时若能力已经发生改变,则常常需要车间作业计划临时调整能力,甚至会导致计划难以执行。

(2) 所有的客户、产品和原材料都是以同等重要性对待的。但实际上,有些重要的客户(如"金牌客户")需要赋予更高的权数,优先满足其需求。

(3) 提前期固定且已知,这与实际情况经常不相符。且 MRP 并没有努力缩短提前期的机制。

(4) 计划流程串行,发现问题需要回头再修改计划,增加了修改次数,延长了计划时间。

(5) MRP/MRPⅡ运行是批处理方式,需要较长时间,通常只能在晚上或周末进行。当计划需要调整时,却不得不等到第二天才能看到 MRP 结果。

(6) MRP/MRPⅡ不提供任何决策支持或模拟功能。

(7) MRP/MRPⅡ的运行报告多且冗长,终端用户不得不睁大眼睛去发现问题。

(8) 在 MRP 运算中,物料分配采用"先到先服务"模式,这将导致计划排程结果次优。例如,目前库存中还有 25 单位物料,客户 A 和客户 B 下达订单订购这种物料。客户 A 先到,要 50 单位物料;客户 B 后到,要 25 单位物料。MRP 的计算结果是先将 25 单位物料给客户 A,然后再去生产 50 单位物料。这样客户 A 和客户 B 都不得不等待,且将导致两个客户均不满意。实际上,我们可以先把库存中的 25 单位物料交给客户 B,然后只为客户

A 生产 50 单位物料。这样至少客户 B 是满意的，因为他的订单立即得到了交付。

3. ERP

同样，ERP 也是在静态环境下运行的系统，它在企业内部能够很好地对信息进行集成。它的不足主要体现在以下几点。

(1) ERP 的细节层次对于充分的决策来说过于粗糙。事实上，当前 ERP 中已应用的技术也难以获得更详细的实时分析和模拟所用的信息。

(2) ERP 没有考虑各种原材料或能力可得性的相互依赖关系。

(3) 对于具有多个工厂的企业，ERP 系统难以同时进行计划。

(4) 系统不提供根据实际情况进行的流程和数据优化。事实上，ERP 系统中甚至很少用到用于进行优化的目标函数，更不用说考虑各种实际约束。

(5) 没有动态计算提前期，而是使用手工输入的静态数据。

12.1.2 APS 的概念与特点

由于传统的 MRP/MRP II /ERP 存在上述缺陷，因此应该动态地考虑各种约束条件，根据选定的目标，运用各种复杂算法，在供应链层次上对计划与排程进行优化的高级计划与排程系统——APS 便应运而生。APS 自产生以来，已经在企业中得到广泛的应用。其原因大致有以下两个。

(1) 服务器常驻内存的发展。常驻内存是指整个计划引擎、模块和数据库都完全驻留在内存当中，这使得非常复杂的制造和供应链操作模块能够在内存中极快地运行，而不需要在处理数据时频繁地慢速访问硬盘。

(2) 供应链管理的兴起。供应链管理要求企业在整个链条上协同地进行计划，而 APS 由于打破了传统系统聚焦于单个企业或单个流程的做法，将供应商和客户都集成到系统模块中，从而能够在供应链层次上进行计划。

APS 具有以下 3 个主要特点。

(1) 它是整个供应链的综合计划，从企业(包括企业网络)的供应商到企业的客户。

(2) 它是真正优化的计划，定义了各种计划问题的选择、目标和约束，使用精确的或启发式的优化算法，以最低的成本满足客户需求。APS 通过设置供应链的硬约束(如供应链、工厂、分销中心、外加工厂、客户、供应商、物料清单、工艺路线、分销路径、提前期，以及每一个供应链经营或资源的成本。这些硬约束形成了计划的能力约束、供应约束、运输约束等)和软约束(如客户或优先区域、安全库存、批量等)，结合供应链中所有的需求(包括销售预测、客户订单和补充订单)和供应链中所有的供货渠道(包括原材料库存、半成品库存、成品库存)等信息确认分销订单、生产订单和采购订单。将这些约束与需求进行比较，实时智能平衡、优化供应链上的需求、供应和各种约束，帮助决策者重新计划，自动解决问题。一旦有未意料到的变化改变了需求、供应、约束，APS 就能立刻看到它的影响。APS 的约束、规则和目标参见后文。

(3) 它是一个层次计划系统。所谓层次计划，是指把总的计划任务分解成许多计划模块(即局部计划)，然后分配给不同的计划层(长期、中期和短期)，每一层都涵盖整个供应链，但层与层之间的任务不同。顶层只有一个模块，是企业范围的、长期的、粗略综合的发展规划。层次越低，计划涵盖的供应链局部受到的限制越多，计划时间范围越短，计划也越详细。在层次计划系统的同一计划层中，供应链各局部计划之间通过上一层的综合计划来协调。图 12-1 给出了 APS 的供应链层次计划矩阵。图中横向所示的"采购""生产""分销"和"销售"是整个供应链的主要流程，纵向是各个流程在不同计划层次上的子计划模块。APS 在每个计划模块运算时，均要采用其他模块(不仅仅是相邻模块)的信息。信息的来源包括两个方向：水平和垂直。水平信息流主要是指从供应链下游向上游的信息传递，包括客户订单、销售预测、仓库补货订单、各部门之间的内部生产订单、给供应商的采购订单。整个供应链受客户需求驱动。计划模块之间更多信息的双向交换能够大大改进供应链的性能(如"牛鞭效应")，这些信息主要包括实际库存、可用能力、提前期和销售点数据。垂直信息流包括两个方向：从上层向下流动，通过高层计划的结果协调下层的从属计划，主要信息包括分配给生产车间、部门或流程的综合数据，而协调则通过能力分配和设定交付日期来取得；从下层向上流动，提供上层有关供应链性能更详细的数据，如实际成本、生产率、设备使用率、提前期等，这些信息在上层计划中用来预测下层更详细的流程结果。

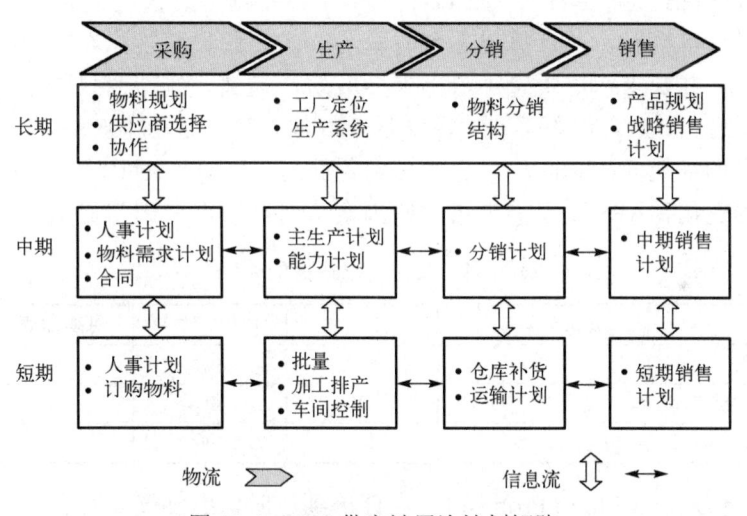

图 12-1 APS 供应链层次计划矩阵

对于上述 3 个特点，我们还可以更为详细地进行描述，这些特点实际上构成了 APS 和传统计划方法的主要区别。下面所列的是 APS 具体的特点。

(1) 并行计划：传统的 MRP 计划过程考虑了 3 个变量：需求、物料和能力。先根据需求制订 MPS，再根据物料运行 MRP，接着根据能力确定 CRP。这种串行的方法使得生产往往基于一个过时的计划，因为计划制订后到生产这段时间可能又有了新的订单或其他变化。而 APS 则采用最新的数据，同步考虑这 3 个变量，做出整个供应链上的最优计划。两种计划方法的比较如图 12-2 所示。

(2) 基于约束的计划：APS 通过考虑各种约束(如物料可得性、可用能力、企业政策、成本等)构建生产和分销环境，从而使得计划更具时效性和可行性。

(3) 计划生成的快速性：基于内存的计算结构，比 MRP Ⅱ/DRP 的计算速度快 300 倍。这种计算结构可以持续进行计算，彻底改变了 MRP Ⅱ/DRP 的批处理计算模式。

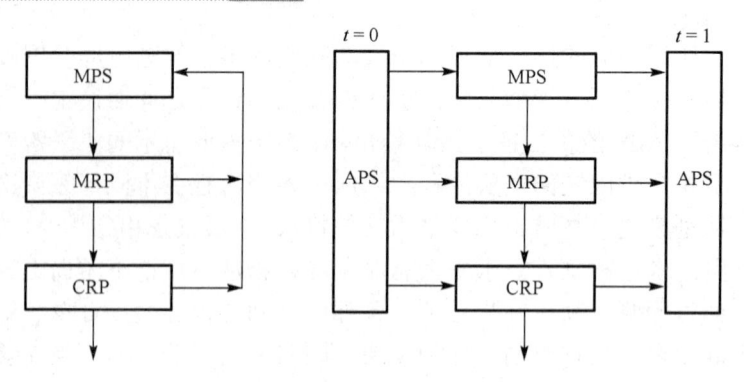

图 12-2 MRP 与 APS 计划流程比较

(4) 优先权：不仅仅重要的客户要给予优先权，有时候物料也同样如此。例如，对于光盘制造，盘片比光盘盒应该具有更高的优先权。

(5) What-If 模拟：APS 可以通过改变约束、规则和目标，模拟出不同的环境，为计划员提供最可行的方案。

(6) 更好的可供销售量(ATP)：表 12-1 列出了某印刷电路板制造商的 4 个时段的计划产出量、已交付订单情况，并计算出各个时段的 ATP。假设某客户在时段 2 下达一份 500 块电路板的订单，并要求运送批量不得小于 200 块。显然，制造商只能在时段 2 先送 200 块，再在时段 4 送 300 块，而不能在时段 2 送 200 块、时段 3 送 100 块、时段 4 送 200 块，因为客户的运送批量最低为 200 块。除了受到各种约束影响，ATP 还会在客户下达订单又取消订单后发生变化。APS 由于能考虑这些因素从而能给销售部门提供更好的 ATP。

表 12-1 某印刷电路板的 ATP

	初始库存(块)	时段 1(块)	时段 2(块)	时段 3(块)	时段 4(块)
计划产出量	100	600	800	1000	1000
已交付订单		500	800	900	800
可供销售量(ATP)		200	200	300	500

(7) 可承诺能力(Capable to Promise)：当订单到达时，不仅仅要看当前的 ATP，还需要考虑当前的生产能力可用性和原材料可得性。在前面的印刷电路板例子中，如果有另外一个客户要求必须在时段 2 交付 300 块电路板，那么可承诺能力会自动产生一个合适的计划增加生产能力以满足交货。

(8) 可承诺获利(Profitable to Promise)：ATP 和可承诺能力主要考虑如何准时地满足客户订单。实际上，是否要满足订单还需要考虑财务因素。如果省下的资金用于将来满足订单且能获得更多利润，那么可承诺获利将拒绝接受当前到来的订单。因此，可承诺获利能够保证在正确的时间接受正确客户的正确订单，并给企业带来最大利润。

(9) 双向/多维变化传递：APS 能实时地对生产过程的变动(如生产线上加工中心突然宕机)做出反应，计划员可以据此立即对上下游已经实行的计划进行调整，这就是双向变化传递。例如，计划员如果要延迟生产订单，就会影响下游的活动，如最终产品的交付，也会影响上游的活动，如其他生产订单可能的推迟、原料的库存水平和将来的采购需求。除此之外，APS 还可以提出其他解决方案，如可将订单转移到另外一条生产线加工、用空闲的好机器接着加工剩余的订单，这称为多维变化传递。

（10）无时界计划：在 APS 系统中，传统的时界计划概念被抛弃，取而代之的是连续的短期计划。计划的制订不是根据各时界需求预测，而是根据实际订单快速地做出。

（11）可靠性：例如，由于是根据最近数据做出决策的，因此 APS 能很有把握地告诉客户准确的交货日期。

（12）链方法：APS 涵盖了整个供应链并力求供应链保持可视性。计划员能够通过图形界面观察整个供应链及每个节点，当问题出现时，便及时发出警告。例如，当某个订单不能生产时，计划员可以深入到生产系统中查看出现问题的机器，然后再根据当前状况重新进行订单排程。

（13）优化：APS 利用目标函数、复杂的数学方法及约束，能对每个问题提出相应的优化方案。例如，在战略层次上，APS 能对供应链网络结构进行优化；在战术层次上，APS 可对制造计划和运输计划进行优化。

（14）可选路径：例如，在分销计划中，如果原先的分销中心 A 难以满足其客户的交货期，那么 APS 检查其他分销中心的送货可行性，选择其中的最优者。

（15）全面订单管理（Total Order Management）：APS 中有许多智能客户流程（Intelligent Client Processes，ICP），这些 ICP 起着智能代理（Intelligent Agents）的作用，用于收集计划决策所需的信息。这里用一个例子说明全面订单管理的过程。例如，当某订单进入 APS 系统时，相应的智能代理将检查组件的可得性，每个 ICP 为所需的组件返回一个交付排程，这些排程还包含有关的成本数据。根据这些组件的排程信息，APS 就能产生该订单的交付排程，并可为该订单定价。全面订单管理包括从订单进入到订单发运的所有流程。

从上述特点可以看出，APS 能够在供应链的复杂环境下有效地进行计划。当应用在企业内部进行计划排程时，APS 能够使得 MPS-MRP-CRP 计划流程同步进行，从而取得更好的结果。事实上，APS 所带来的真正利益来自在企业供应链上的应用。它同步地集成了链上供应商和客户的供应与需求信息，为整个供应链产生优化计划。APS 在动态的环境下作用更大，因为它能在任何需要的时候重新进行快速的运算。

因此，APS 专家范·阿姆斯特尔指出，APS 就像覆盖在整个供应链上的一把伞，根据从供应链上获得的实时信息计算出可行的计划，从而更快、更可靠地响应客户。APS 的作用不仅仅是以秒级速度响应客户，更为重要的作用是使企业拥有更好的出产期、交付时间、库存水平和出产率，以及更好的营运结果和更高的客户服务水平[①]。

表 12-2 给出了在不同环境下各种计划技术的应用情况。

表 12-2 不同环境下的计划技术的应用情况

环境	职能部门	企业内部集成	供应链集成
静态	SIC MRP DRP	ERP APS	APS
动态		APS	APS

---

① AMSTEL P, VAN, SNEL. Aps-Systeem Schiet Logistiek Manager Te Hulp[J]. Tijdscrift voor Inkoop & Logistiek, 1998, 5: 18-23.

12.1.3　APS 的具体功能

APS 不仅可用于企业内部计划，同时也为供应链集成发挥着重要的作用。APS 的功能分为两部分：高级计划与高级排程，具体如下[①]。

(1) 战略和长期计划(Strategic and Long-term Planning)。该功能为长期计划回答以下问题：应该生产什么产品？企业应该跟踪什么市场？目标之间的冲突如何解决？资产如何部署才能获得最好的 ROI(投资回报率)？

(2) 供应链网络设计(Supply Chain Network Design)。该功能对当前网络中的供应商、客户、制造工厂和配送中心的资源利用进行优化。通过"What-If"模拟，可以获知新建或移动某些节点对客户服务和利润的影响。同时，它还能告诉设计者如何选址可以最大限度地满足客户要求。虽然供应链网络设计方法有多种，但 APS 的供应链网络设计方案大多数是基于库存成本与运输成本的平衡得出的。

(3) 需求计划与预测(Demand Planning and Forecasting)。APS 同样应用统计和时间序列数学方法在历史数据基础上对需求进行预测。根据预测结果，APS 能告诉管理者在需求远小于最大产量时是否需要通过促销手段产生更多需求。

(4) 销售和运作计划(Sales and Operations Planning)。该功能将需求预测转化为可行的运作计划。

(5) 库存计划(Inventory Planning)。该计划在预期客户服务水平下确定最优产成品库存水平和存储地点，也就是计算每个地点的最优安全库存水平。

(6) 供应链计划(Supply Chain Planning)。供应链计划在 APS 层次计划中属于长期计划。它将预测与实际需求进行对比，考虑供应链上的物料可得性和能力约束，产生一个多工厂约束主计划(Multi-Plant Constrained Master Schedule)。该主计划覆盖多个制造和分销点，使得它们的制造、分销和运输资源能够同步优化。Bermudez 将供应链计划描述为"考虑资源可用性，对生产什么进行决策以达到业务目标"。

(7) 制造计划(Manufacturing Planning)。在物料可得性、工厂能力和其他业务目标基础上为单个或一组类似的工厂产生约束主计划。制造计划比供应链计划考虑了更为细节的约束。显然，制造计划属于战术层次，它包含了 MRP 流程。Bermudez 将制造计划描述为"在物料和资源约束条件下决定如何和何时生产以满足客户需求"。

(8) 分销计划(Distribution Planning)。分销计划功能是指根据实际运输成本和物料分拨要求，制订一个可行的计划以将成品库存配送到不同的库存点或客户手中。该功能同时支持供应商管理库存(Vendor Managed Inventory，VMI)。

(9) 运输计划(Transportation Planning)。运输计划的目的是根据当前货运费率最小化运输成本，或者根据物料进出流向最小化空箱率。

(10) 生产排程(Production Scheduling)。生产排程是指依照详细的产品属性、工作中心能力和物料流向，对车间的生产订单加工顺序和路线进行优化。

(11) 货运排程(Shipment Scheduling)。该功能考虑客户交货期，产生一个在货运方法

[①]BERMUDEZ J. Advanced Planning and Scheduling: Is It as Good as It Sounds[J]. The Report on Supply Chain Management, 1998, 1(12): 3-18.

和时间上具有优化效果的排程。

APS 具体功能及其计划展望期如图 12-3 所示。

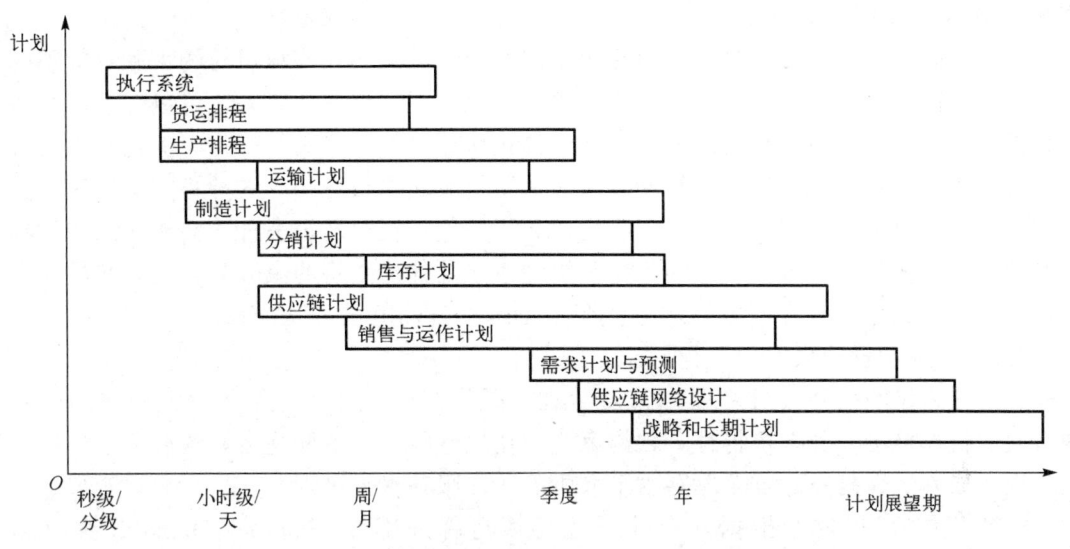

图 12-3 APS 具体功能及其计划展望期

12.2 APS 的计划功能分析

12.2.1 APS 的计划选项

所谓 APS 的计划选项是指制订计划时是否考虑约束或财务优化,计划员可根据不同情况选用不同的选项制订计划。在 APS 计划系统中,有以下 3 个计划选项。

(1)无约束计划:这实际上就是传统的 MRP 计划方法。当某时段负荷超过能力时,计划员将该时段负荷分配一部分到其他时段,然后重新进行 MRP 和 CRP,看是否仍然有超负荷时段,因此该计划过程耗时很长。由于前面章节已经对 MRP/MRPⅡ进行了讲述,这里不再赘述。

(2)有约束计划:计划过程中考虑具体的约束,但没有考虑目标优化。

(3)优化:该选项充分考虑各种计划目标和各种约束。由于优化是基于成本和利润的,如果某约束(主要是软约束)将降低总体成本,那么在计划时不需要考虑这个约束。

下面重点讲述有约束计划和优化两个选项的计划过程。

1. 有约束计划

(1)约束的概念

所谓约束是指来自物理和财务领域的一系列限制(Limitations)、规则(Rules)和目标(Objectives),其目的是保证业务计划得以实现。限制包括物料可得性、机器能力、分销中心处理订单的能力等,甚至还包括加工某特殊部件所需的最低劳动技能。规则用于当计划生成后有多个方案可供选择时进行决策。规则的例子有:客户订单应比预测需求更为重要、生产 x 小时后机器必须进行清洗等。规则通常要赋予优先权,以表明不同规则的优先考虑程度不一样。目标是指企业业务计划所要达到的目的,如安全库存水平、客户服务水平和销售收入等。

APS 软件将上述限制、规则和目标进行组合作为约束。用户可以对约束赋目标值并设定其权重表示重要程度。有些软件对于约束控制采用"滑动条"方式,可以任意改变每个约束的权重。用户也可以通过这些滑动条对约束进行"开""关"操作。但也有人对滑动条方式提出了异议,质疑者认为滑动条方式只不过看起来很花哨,这种将变量约束视为可无限改变的计划与排程算法没有任何实用性。于是他们提出通过另外一些方式来控制约束的影响,如开关约束、改变约束的次序、给约束赋具体值、将约束分为软约束和硬约束。目前,软、硬约束的分类已经得到几乎所有 APS 开发商的认可。

(2) 硬约束和软约束

约束分为硬约束和软约束两类。硬约束通常是指在计划展望期内不能改变的物理限制,如有限的机器能力、物料可得性。软约束是非物理性限制,主要是指业务目标,如最小化生产准备成本、保持目标安全库存水平或所需客户服务水平等。

APS 为用户提供了根据其企业所处环境选择外部域(External Domain)或内部域(Internal Domain)作为硬约束的功能。当外部域作为硬约束时,客户和供应商的交货时间大为改善,此时内部的物料可得性和能力应假定为无限。当内部域作为硬约束时,能力被视为改变困难。

用户可以首先在满足硬约束条件下获得一个可行的计划,接着在此基础上加入所有的约束对计划结果进行优化。用户在此过程中可以决定是否放宽约束条件以使计划更为优化(关于优化见后文)。

软、硬约束的区别和计划展望期有关。如果计划展望期足够长,那么任何约束都是软约束。例如,当能力是硬约束,但在计划展望期允许能力扩展时,则该约束就变成了软约束。

(3) 有约束计划的一个简单例子

图 12-4 中有两个约束,机器能力约束和人工工时约束。在时段 3,需求很大,但受到机器能力约束,产量大大小于需求,此时有订单被延迟。此时段部分被延迟的订单可以提前到时段 2 以最大机器能力进行生产,但仍然有部分订单被迫推迟到后面时段生产。时段 4 机器能力得到补充,但人工工时成为限制产量的约束。这个时段还没有完成的时段 3 订单再次被推到时段 5 完成。可见,在约束条件下,时段 3 的订单被推迟了 2 个时段,这将大大影响客户服务水平。那么是否能在时段 4 通过加班增加人工工时将全部延迟订单完成呢?如果加班的话,成本上是否划得来?这就是下面所要讲述的 APS 计划优化选项。

2. 优化

在优化选项中,计划根据目标和约束进行优化。但相对于有约束计划,优化计划的约束增加了另两个规则:决策变量和惩罚成本因素。

决策变量是计划者需要做出决策的控制参数。下面是一些决策变量的例子。

- 何时向供应商下达原材料订单?
- 订购多少?

- 客户订单何时生产？
- 产成品何时运送到客户或配送中心？
- 运送多少量？

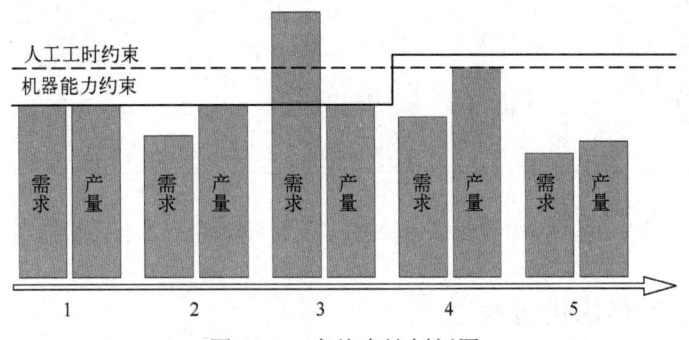

图 12-4　有约束计划例图

优化计划中的决策变量不仅仅是生产什么、何时订货、订货/生产数量，也包括运输方法、安全库存水平、工艺路线等。这些决策变量均与成本相关。例如，在图 12-4 所示的例子中，如果决定在时段 4 加班，那么就要发加班工资，引起成本增加。如果不加班，订单进一步延迟，又会招致客户对订单逾期的罚款。因此，APS 把这些超出能力或订单推迟等引起额外成本的因素称为惩罚成本因素。最典型的惩罚成本因素是缺货成本，即当需求出现时没有足够的现货来满足需求而导致的成本。其他的惩罚成本因素还有物料能力的超出、运输能力的超出和生产能力的超出等。APS 设定惩罚成本因素的目的是在做决策时比较因素之间成本的大小，并选择使得惩罚成本较小的方案。

在 APS 中还有另外一个概念：优化目标。优化目标的作用是指导系统寻找一个好的、期望能接近最优的计划方案。这些目标主要包括以下几个：

- 最大化准时交货；
- 利润最大化；
- 供应链成本最低；
- 最大化客户服务水平；
- 订单延迟最小；
- 最大化产量；
- 满足所有客户需求。

决策人员如果想要同时追求以上几个优化目标，使每个目标都达到最优，这将导致目标函数无解，也就是说多数情况下是不现实的。因此，APS 更多的是采用折中办法，即对各个优化目标根据其重要程度进行加权，把这个组合目标函数像单目标函数一样进行求解。

图 12-5 给出了一个 APS 优化计划的简单例子。图中，时段 1、2、3 和有约束计划没有区别。在有约束计划中，计划结果是将时段 3 的订单一直延迟到时段 5 完成。但优化计划可以将时段 4 的人工加班成本与将订单延迟到时段 5 的成本进行比较。如果订单量大，客户或许会允许订单延迟 2 个时段，这样订单延迟成本比较小。但如果人工加班成本相对较小，则就如图中所示，在时段 4 加班增加人工工时能力完成订单。

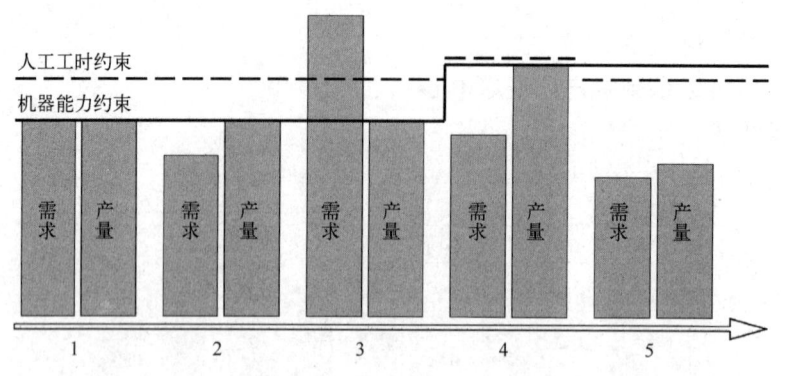

图 12-5　APS 优化计划例图(优化目标：最大化准时交货)

12.2.2　APS 的计划优化过程

APS 的计划优化过程大致如下：先建模，也就是设定目标函数，然后对约束中的变量根据实际环境或自行进行设定，模拟计划需要执行的状况，接着根据不同的算法进行求解。实际上，在第 3 章中采用线性规划法制定生产计划大纲和第 7 章中的作业排序都属于 APS 的优化例子。下面我们就以一个车间生产排程的 APS 优化步骤为例说明 APS 的计划优化过程。

生产计划排程的目的是为车间生成一个详细的短期排产计划。排产计划指明了计划范围内的每一个订单在所需资源上的加工开始时间和结束时间，也指出了在给定资源情况下订单的加工工序。由 APS 车间模型生成排产计划的一般程序可描述为以下 7 个步骤(如图 12-6 所示)。

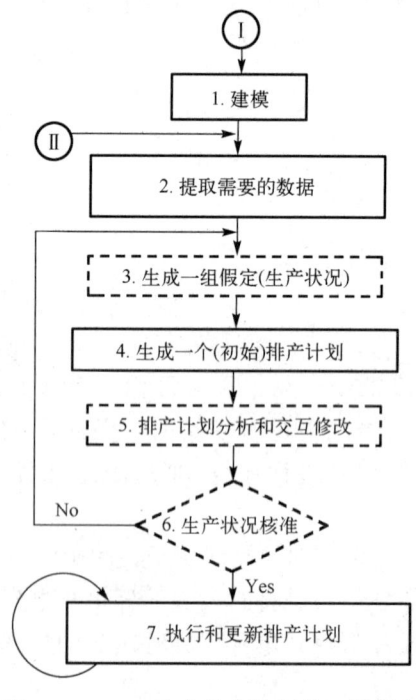

图 12-6　APS 生成排产计划的一般程序

步骤 1：建模

车间模型必须详细地捕捉生产流程的特征和相应的物流，以便以最小的成本生成可行的计划。由于一个系统的产出率只受潜在关键资源的限制，因此只需对车间现有全部资源的一部分(即那些可能成为瓶颈的资源)建立一个清晰的模型。

步骤 2：提取需要的数据

生产计划排程使用的数据来自 ERP 系统、主生产计划和物料需求计划。生产计划排程仅利用这些模块中可用数据的一个子集。在建立一个给定生产单元的模型时，必须指明它实际需要哪些数据。

步骤 3：生成一组假定(生产状况)

除从 ERP 系统、主生产计划和物料需求计划这些数据源中接收的数据外，车间或生产单位的决策者或许对车间当前或未来的状况会有更进一步的指示或期望，这些信息在其他地方(如软件模块中)是无法得到的。再者，对车间的可用能力或许也可以有多种选择(如柔性的倒班安排等)。因此，决策者必须有能力修改数据和建立某种生产状况(图 12-6 中的步骤 3，点划线框表示这一步必须由决策者执行，并且是可选的)。

步骤 4：生成一个(初始)排产计划

在有了模型和数据之后，就可以针对给定的生产状况，利用线性规划、启发式算法、遗传算法和约束理论等各种复杂的优化方法来生成排产计划。关于优化方法问题，实际上，我们在前面章节中已经涉及了 APS 的优化问题。采用线性规划法制定生产计划大纲和"车间作业计划"的作业排序都属于 APS 的优化例子。

步骤 5：排产计划分析和交互修改

针对一种生产状况产生的排产计划可以通过结合决策者的经验和知识交互地改进。APS 采用了例外管理(Management By Exception)的技术，如果出现不可行性问题(如超过订单交货期或资源过载)，APS 就会发出警告。这些警告首先被"过滤"，然后正确的警告被传递到供应链中正确的组织单位。

步骤 6：生产状况核准

当决策者确定已经评估了所有可选方案时，他/她将选择那个体现最佳生产状况的排产计划去执行。

步骤 7：执行和更新排产计划

决策者选定的排产计划将被传递给 MRP 模块(分解计划)、ERP 系统(执行计划)和运输计划模块(在客户订单完成时安排装运车辆)。MRP 模块把在关键资源上计划的所有活动分解成在非关键资源上生产的那些物料或由供应商交付的物料；此外，对某些加工订单所必需的物料也将被预订。

排产计划将持续执行，直到某个事件信号发生时才进行更新(见图 12-6 中的 Loop Ⅱ)。这个事件可以是一个新订单的到来、机器故障或冻结的计划部分已执行完毕。

图 12-6 的 Loop Ⅰ 表示车间模型的更新，实际上这种情况不经常发生。如果模型结构

保持不变或只是变量值变化(如一个机床组中的机床数或某些已知产品的新变种),那么通过下载 ERP 系统中的新数据,APS 能自动更新模型。但当变化很大时(如具有某些新特征的新生产阶段的引入),专家有必要对模型进行手动调整。

最后要指出的是,APS 只是计划和排程优化程序,它较之 ERP/MRPⅡ/DRP 在制订计划时,考虑了目标函数及多种约束,使得做出的计划更具有可行性,并在利润上有更大的收益。但是,它并不能代替 MRPⅡ/ERP,因为 APS 不能对业务进行日常管理,如货物的接收、原料的消耗、发货、开发票、文档管理、财务、生产订单的下达、采购订单的下达、客户订单的接收。同时,APS 也不能实现数据的维护,如物料主文件的维护,BOM 的维护,工艺路线的维护,货源和设备的维护,能力表及供应商、客户、资源的优先级的维护。更为重要的是,APS 决策的所需数据都是来自 ERP/MPRⅡ 系统的,如订单状况、新订单和当前的生产与分销信息等,这些信息来自 ERP/MRPⅡ 系统的物料清单、资源清单、工艺路线表。因此可以说,ERP 是 APS 的基础,而 APS 则是 ERP/MRPⅡ 等系统的有力补充。

本章思考题

1. 什么是 APS?
2. 为什么需要应用 APS?
3. 简述 APS 的特点。
4. 简述 APS 的具体功能。
5. 什么是有约束计划?
6. 简述 APS 的计划优化过程。

延伸阅读

某轮胎工厂 APS 系统导入

一、基本信息

米其林(Michelin)公司于 1889 年在法国克莱蒙费朗创建。在 100 多年的时间中,米其林公司经历了持续不断的创新和发展。米其林公司拥有遍布世界五大洲的运营中心及位于欧洲、北美和亚洲的研发中心,全球共有超过 10 万名员工、72 家制造工厂和 13 个橡胶种植园,年产 1.5 亿条轮胎,并在全球超过 170 个国家中开展产品营销业务。米其林 A 轮胎工厂位于美国俄克拉何马州,员工约 220 人,主要产品为载重子午轮胎及其他旅行车轮胎。

二、面临的问题与困境

A 轮胎工厂面临的一些问题如下:

- 有多条生产线,其中多条生产线是双负荷的,人工方式无法协调安排工作任务,保证均衡生产;
- 预测和按订单生产并存,当接到新订单时,及时做出较为困难;
- 对一些共用原料做库存管理,如成品、胶部件按订单生产,通用原料备库采购,采购周期较长,专用原料按订单采购;

- 生产计划需要分层制订，分为月计划、日程计划；遇到生产异常情况时，制订起来工作量较大；月计划精确到每天，日程计划精确到工序或设备；
- 当订单来时，如何解决突发情况确保交货期，如人员缺岗、设备故障。保证既有任务完成的情况下，怎么调整使得现场变动最少、生产效率较高是一个比较难以解决的问题；
- 每日进行报工，报工精确到生产线；
- 集团公司在用 ERP 系统，该工厂也在用 ERP 系统的部分模块进行成本管理、库存和采购管理；不能精确地预测在什么情况下可以选购物料。

三、导入目的

1. 期望均衡生产，确保不使得某些设备负荷过重

A 轮胎工厂有多条针对特定工序的生产线，在某些生产线或工序，如胎侧压出、薄胶片压延等生产过程中的某些机器设备经常面临双重负荷，这导致这些设备经常出现负荷过重的情况，因此也经常会出现设备故障。除增加生产机器外(这样会增加生产成本，这并不是 A 轮胎工厂所希望的)，如何在现有资源条件下，合理地安排工作生产、有效降低某些关键设备的过重负荷，是一个我们必须解决的问题。APS 系统给出了合理利用资源、均衡生产的解决方案。

2. 优化库存管理，降低成本

A 轮胎工厂针对一些共用原料做库存管理，如成品、胶部件按订单生产，通用原料备库采购(采购周期较长，如生胶采购周期为 6 个月)，专用原料按订单采购；"复杂的制造工艺，本来就很难控制成本"，如果再增加一些本来可以降低的库存成本，就会使得我们的经济利益受损。APS 系统使原料进货和产品的出货透明化，可以实现完整的跟踪，订购计划可以在小时级别内完成，大大缩短了采购计划制订的时间和进货时间。

3. 提高计划制订的效率，保证生产物料供给

APS 系统完全可以实现与当今主流 ERP 系统的相互连通，当企业已有 ERP、MES 等系统时，APS 系统可与 ERP、MES 系统集成使用，计划人员通过数据接口获取生产数据，并将所得的生产计划传输给 ERP、MES 系统，由 ERP 或 MES 系统执行计划下达(打印的纸质计划单或电子看板显示)。因此，可以根据已运行的工厂数据，快速地制订生产计划。APS 系统可以及时地反映出在一个工作日中，什么时间，用了什么样的材料，产出了什么样的产品。因此，可以掌握物料的消耗情况，使得生产管理者一目了然。对部分共用原料可以进行生产前订购，保证连续生产。

4. 应对生产异常处理，确保订单交期

在 A 轮胎工厂的很多情况下，人员的出工时间和出勤率是很难保证的。但在有紧急的生产任务时，人员岗位缺失必然会导致生产无法按计划顺利进行，再重新调整生产计划是一件极其困难的事情。因为，这需要重新计算设备负荷、分派资源和物料，才能确保按订单交期准时交货。所有这些问题都一直困扰着 A 轮胎工厂，APS 系统给其带来了新的途径和高效的工作效率。由于 APS 系统可以及时接收派工计划并反馈现场加工结果，这使得销售部门、计划部门能实时掌控生产的执行情况。

四、实现价值

1. APS 系统帮助工厂及时响应紧急订单、小批量生产日益增多等情况。生产计划部门

的管理人员说："当需求发生变化，面对紧急订单时，往往不能及时调整生产进度和满足物料供给计划。"因为，轮胎生产工艺流程繁杂，密炼工序把炭黑、天然/合成橡胶、油、添加剂、促进剂等原材料混合到一起，在密炼机里进行加工，生产出"胶料"。密炼机每锅料的重量大约为 250 千克。轮胎里每一种胶部件所使用的胶料，都是根据客户需求满足特定性能的。胶料的成分决定了轮胎的使用性能。这些需求主要包括牵引力、驾驶性能、路面情况等。因此，工厂的生产很大程度上取决于配套厂家及市场需求的变化。管理人员说："在确保订单交期的情况下，我们想尽量集中具有相同或相似生产要求的产品或订单一起生产，APS 系统帮助我们合理、快速地安排计划。"APS 系统也帮助工厂减少了不必要的时间和物料浪费，降低成本，提高效率。

2. 复杂的工艺流程和制造 BOM，靠人工方式来安排生产，很难实现生产过程的均衡化，APS 系统可以帮助工厂不断加强管理和进一步提升产品质量。

胶部件准备工序包括很多子工段，主要有 6 个部分，这个工序将准备好组成轮胎的所有半成品胶部件，其中有的胶部件是经过初步组装的。这 6 个子工段分别为：①挤出；②压延；③胎圈成型；④帘布裁断；⑤贴三角胶条；⑥带束层成型。合理的工时安排可以保证生产均衡地进行，所有的胶部件都将被运送到"轮胎成型"工序，以备轮胎成型使用。完成轮胎成型工序以后，还要经过硫化工序、最终检验工序、轮胎测试工序等，最终进入仓库。当面对如此复杂的制造 BOM 时，生产计划人员往往一筹莫展，他们面临的问题不是不能安排生产，而是不能均衡地安排生产。管理人员说："APS 系统均衡生产的能力不容置疑，这一点让我们很信服。"同时，APS 系统使得工厂的管理变得透明化，只要流程规范，就可以精确管控到生产线上的工序级别。

3. 当需求发生改变时，面对复杂的生产流程、大量的测试工作和程序，我们如何提高工作效率，APS 系统可以给出合理安排。

在设计新的轮胎规格过程中，要经过大量的轮胎测试，这样才能确保轮胎性能达到行业技术标准及客户的配套要求。当轮胎被正式投入生产之后，我们仍将继续做轮胎测试来监控轮胎的质量，这些测试与发行新胎时所做的测试是相同的。用于测试轮胎的是"里程实验"，通常做的实验有高速实验和耐久实验。在很多情况下，这些工作都需要耗费大量的时间，APS 系统可以帮助工厂给出合理的工作安排，保持测试工作准时完成，确保新产品的质量和交付时间，按客户要求给其带来新产品和新体验。管理人员说："APS 系统在整个测试工作的过程中起了不可或缺的作用，APS 系统使我们的工作变得更高效，它带给大家切身的体验。"

（根据相关资料整理）

参 考 文 献

[1] 周玉清, 刘伯莹, 杨宝刚, 等. ERP 原理与应用[M]. 北京：机械工业出版社，2003.
[2] 李健, 王颖纯, 苑清敏, 等. 企业资源计划(ERP)及其应用[M]. 北京：电子工业出版社，2004.
[3] 陈启申. ERP——从内部集成起步[M]. 2 版. 北京：电子工业出版社，2005.
[4] 程控, 革扬. MRPⅡ/ERP 原理与应用[M]. 北京：清华大学出版社，2002.
[5] 罗鸿, 王玉荣, 彭一. ERP 原理·设计·实施[M]. 北京：电子工业出版社，2005.
[6] 朱江, 陆娜, 韦海英. 企业资源计划 ERP[M]. 广州：广东经济出版社，2006.
[7] 周玉清, 刘伯莹, 周强. ERP 与企业管理——理论、方法、系统[M]. 北京：清华大学出版社，2005.
[8] 周玉清, 刘伯莹, 周强. ERP 与企业管理——理论、方法、系统[M]. 2 版. 北京：清华大学出版社，2012.
[9] 吴国林. ERP 原理与应用教程[M]. 北京：电子工业出版社，2003.
[10] 李丹丹, 章桥新. 谈供应链中的分销网络[J]. 合作经济与科技，2006(20)：8-9.
[11] 郑称德. 运作管理[M]. 南京：南京大学出版社，2003.
[12] JACOBS F, BENDOLY E. Enterprise Resource Planning：Developments and Directions for Operations Management Research[J]. European Journal of Operational Research, 2003, 146(2)：283-296.
[13] 田英, 黄辉, 夏维力. 生产与运作管理[M]. 西安：西北工业大学出版社，2005.
[14] 荀娟琼, 常丹. ERP 原理与实践[M]. 北京：清华大学出版社，2005.
[15] 闪四清. ERP 系统原理和实施[M]. 4 版. 北京：清华大学出版社，2013.
[16] 张涛, 邵志芳, 吴继兰. 企业资源计划(ERP)原理与实践[M]. 3 版. 北京：机械工业出版社，2020.
[17] 王晨光. 顾问 ERP[M]. 北京：电子工业出版社，2009.
[18] 玛丽·萨姆纳. ERP——企业资源计划[M]. 张玉亭, 杨晓云, 译. 北京：中国人民大学出版社，2005.
[19] 罗鸿. 企业资源计划(ERP 教程)[M]. 北京：电子工业出版社，2006.
[20] 苏选良, 祝枫, 时遇辉. 企业资源计划高级教程——应用导向的理论与实践[M]. 北京：电子工业出版社，2007.
[21] 周三多. 管理学：原理与方法[M]. 4 版. 上海：复旦大学出版社，2005.
[22] 王小云, 杨玉顺, 李朝晖. ERP 企业管理案例教程[M]. 北京：清华大学出版社，2007.
[23] 饶艳超. 我国 ERP 系统实施应用问题研究——来自国内已实施企业的经验数据分析[M]. 上海：上海财经大学出版社，2005.
[24] 许建钢, 王新玲, 张清华, 等. ERP 应用教程[M]. 北京：电子工业出版社，2005.
[25] 刘伯莹, 周玉清, 刘伯钧. MRPⅡ/ERP 原理与实施[M]. 2 版. 天津：天津大学出版社，2001.
[26] 王晨光. 七种角色与 ERP[M]. 广州：广东经济出版社，2004.
[27] 朱岩, 荀娟琼. 企业资源规划教程[M]. 北京：清华大学出版社，2008.
[28] 杨建华, 张群, 杨新泉. 企业资源规划与流程再造[M]. 北京：清华大学出版社，2007.
[29] 刘翔. ERP 与协同决策[M]. 上海：上海交通大学出版社，2006.
[30] 杜栋, 蒋亚东. 企业信息资源管理[M]. 北京：清华大学出版社，2006.

[31] 罗伯特·蒙茨卡, 罗伯特·特伦特罗, 伯特·汉德菲尔德. 采购与供应链管理[M]. 3版. 王晓东, 刘旭敏, 熊哲, 译. 北京: 电子工业出版社, 2008.

[32] 孙福权, 王晓煜, 吴迪, 等. ERP 实用教程[M]. 北京: 人民邮电出版社, 2009.

[33] 孙滨. ERP 原理与应用[M]. 北京: 电子工业出版社, 2008.

[34] 李健. 企业资源计划(ERP)及其应用[M]. 2版. 北京: 电子工业出版社, 2009.

[35] 孙长东. ERP 管理思想及其实施风险分析[J]. 管理世界, 2002(8): 143-144.

[36] 谢小红, 梁四安. ERP 计算机信息系统在我国企业中实施的问题及对策[J]. 现代管理科学, 2006(9): 94-95.

[37] 王惠芬. ERP 系统中的管理模式构件识别及其先进性分析[J]. 管理学报, 2005(S2): 271-274.

[38] 郑称德, 宋由由, 郭印, 等. 我国企业 ERP 系统实施绩效的实证研究[J]. 科学学与科学技术管理, 2008(4): 148-151.

[39] 靳志宏, 关志民. 运营管理[M]. 北京: 机械工业出版社, 2007.

[40] 叶茂林, 孙志恒. 企业信息化管理及应用[M]. 北京: 社会科学文献出版社, 2006.

[41] 钟斌. 企业信息化怎么办[M]. 北京: 清华大学出版社, 2007.

[42] 胡小龙, 华中生. ERP 的产生、发展和前景[J]. 华东经济管理, 2001(S1): 24-27.

[43] 叶迎春, 邹士忠. 基于 ERP 的企业管理变革分析[J]. 华东经济管理, 2008(4): 81-86.

[44] 王惠芬, 洪新华, 孙大彬. 用管理理念完善 ERP 软件系统的功能[J]. 科技进步与对策, 2004(1): 118-120.

[45] 张竞. ERP 和企业运营管理[J]. 科技管理研究, 2003(6): 36-38.

[46] 吴洪波. 面向供应链管理的内涵及 ERP 系统的实施[J]. 管理现代化, 2000(2): 32-35.

[47] 邵晓峰. 库存管理的总趋势: JIT 与 MRP II [J]. 管理现代化, 1997(6): 13-15.

[48] 周玉清, 刘伯莹, 周强. 解读 ERP[M]. 天津: 天津大学出版社, 2003.

[49] 王惠芬, 徐少春, 黎文. 企业应用 MRP II /ERP 的理论与案例分析[M]. 北京: 北京出版社, 2001.

[50] 叶红谟. 企业资源管理 ERP——整合资源管理篇[M]. 北京: 电子工业出版社, 2002.

[51] 上海现代物流人才培训中心. 企业资源计划(ERP)与 SCM、CRM[M]. 北京: 电子工业出版社, 2002.

[52] 张毅. 企业资源计划(ERP)[M]. 北京: 电子工业出版社, 2001.

[53] 张世洄. ERP 精髓与实施[M]. 北京: 电子工业出版社, 2005.

[54] 汪定伟. 敏捷制造的 ERP 及其决策优化[M]. 北京: 机械工业出版社, 2003.

[55] 管理资源企业管理实务研究工作室. 成功企业生产管理表格范例[M]. 广州: 广东经济出版社, 2001.

[56] 刁柏青, 麻兴斌, 唐林炜, 等. ERP 项目实施中的管理问题研究[M]. 济南: 山东大学出版社, 2004.

[57] 姚宝根. 现代企业信息化管理 ERP/eBusiness 及其实践[M]. 上海: 上海大学出版社, 2001.

[58] 赵启兰, 刘宏志. 生产计划与供应链中的库存管理[M]. 北京: 电子工业出版社, 2003.

[59] 马克·戴. 采购管理手册[M]. 3版. 许春燕, 译. 北京: 电子工业出版社, 2004.

[60] 郝渊晓, 王茜草, 郝彬, 等. 现代物流采购管理[M]. 广州: 中山大学出版社, 2003.

[61] 刘红军. 企业资源计划(ERP)原理及应用[M]. 北京: 电子工业出版社, 2008.

[62] 姬小利, 孟凡丽. 面向供应链的 ATP 系统分析与计算[J]. 工业工程与管理, 2009, 14(3): 50-54.

[63] 胡双胜, 陶松桥, 杨明忠. 制造业 ERP 系统中 BOM 表现形式研究[J]. 中国制造业信息化, 2005(5): 102-104.

[64] 甄文祥. DRP(配送资源计划)系统及其应用[J]. 工业工程与管理, 2001(2): 35-37, 41.

[65] 赵风多. ABC 分类法在备件管理中的应用[J]. 设备管理与维修，2009(6)：11-12.

[66] 王炼，江卫英. ERP 环境下的企业采购绩效评价体系[J]. 财会月刊，2006(15)：64-65.

[67] Sources Messenger. 采购绩效评价与评价内容分析[J]. 国际市场，2008(5)：52-53.

[68] 吴锋，刘文煌. 车间作业计划编制问题的统一描述与应用[J]. 系统工程理论与实践，1998(12)：31-35.

[69] 谷东峰. JIT 采购在企业的应用研究[J]. 吉林省经济管理干部学院学报，2009，23(2)：47-49.

[70] 陈孟建. 企业资源计划(ERP)原理及应用[M]. 北京：电子工业出版社，2006.

[71] 吴华勤. 企业作业成本管理与 ERP 的融合[J]. 决策与信息(财经观察)，2008(5)：123.

[72] 狄为. 作业成本法与目标成本法的比对、融合[J]. 中国管理信息化(会计版)，2007(12)：53-55.

[73] OLHAGER J, SELLDIN E. Enterprise Resource Planning Survey of Swedish Manufacturing Firms[J]. European Journal of Operational Research, 2003, 146(2)：365-373.

[74] MABERT V A, SONI A, VENKATARAMANAN, M. Enterprise Resource Planning Survey of Us Manufacturing Firms[J]. Production Inventory Management Journal, 2000, 41(2)：52.